江苏科技大学人文社科优秀学术专著资助计划项目

U0659220

中国船舶与海洋工程装备制造业专利指数发展报告（2019）

陶永宏　刘惠宇　钱　伟　著

哈尔滨工程大学出版社

Harbin Engineering University Press

内 容 简 介

本书是对我国船舶与海洋工程装备制造业专利发展状况进行介绍分析、指数编制与评价研究的专业报告。报告从国家、地区、企业三个层面对船海制造业的专利数据进行了全面分析,编制了专利指数,进行了指数分析,研究了发展差异,揭示了发展短板,有利于促进我国船海知识产权事业高质量发展。

图书在版编目(CIP)数据

中国船舶与海洋工程装备制造业专利指数发展报告.
2019 / 陶永宏,刘惠宇,钱伟著. —哈尔滨:哈尔滨
工程大学出版社,2019.12
ISBN 978 - 7 - 5661 - 2580 - 4

Ⅰ.①中… Ⅱ.①陶… ②刘… ③钱… Ⅲ.①船舶工
程 – 装备制造业 – 专利 – 研究报告 – 中国 – 2019②海洋工
程 – 装备制造业 – 专利 – 研究报告 – 中国 – 2019 Ⅳ.
①F426.474

中国版本图书馆 CIP 数据核字(2019)第 292522 号

选题策划　史大伟　　薛　力
责任编辑　唐欢欢
封面设计　李海波

出版发行　哈尔滨工程大学出版社
社　　址　哈尔滨市南岗区南通大街 145 号
邮政编码　150001
发行电话　0451 – 82519328
传　　真　0451 – 82519699
经　　销　新华书店
印　　刷　北京中石油彩色印刷有限责任公司
开　　本　787 mm × 1 092 mm　1/16
印　　张　14.75
字　　数　383 千字
版　　次　2019 年 12 月第 1 版
印　　次　2019 年 12 月第 1 次印刷
定　　价　95.00 元
http://www.hrbeupress.com
E – mail:heupress@ hrbeu.edu.cn

序

　　船舶与海洋工程装备制造业是为海军建设、水运交通、能源运输和海洋开发提供装备的现代化大型总装型工业，是关系到国防安全及国民经济发展的战略性产业。进入21世纪以来，我国造船业抓住世界造船中心向中国产业转移的历史发展机遇，迅速崛起，于2010年成为世界第一造船大国。目前，我国造船业正处于由大到强发展的关键时期，也是产业实现转型升级的关键机遇期。我国造船业只有以创新发展和产业升级为核心，以知识产权、智能制造技术与互联网信息技术深度融合为重要抓手，大力推进造船业供给侧结构性改革，稳增长、去产能、补短板、降成本、调结构、提质量、强品牌，才能进一步提升我国造船业国际竞争力，早日实现世界造船强国的目标。

　　根据世界知识产权组织的统计，全世界最新的发明创造信息90%以上首先是通过专利信息公开的，充分利用专利信息，能够节约40%的研发经费，缩短60%的研发周期。因此，专利情报也是知识经济时代船舶与海洋工程装备制造业最重要的战略资源之一，它涉及所有技术领域最新、最活跃的技术创新信息，蕴含丰富的技术、经济和法律情报。准确掌握船舶与海洋工程装备制造业专利情报并进行分析，可以从技术研发、市场发展和法律保护三个角度帮助政府或者船海企业制定客观的发展战略，从而以较小的代价获得最大的收益。我国造船业要实现由造船大国向造船强国的转变，最大的短板就是创新和研发设计，船舶制造企业作为船舶工业最重要的创新主体，迫切需要增强自主创新能力和对专利技术的分析、保护及运用。

　　从我国知识产权30多年的发展历程来看，更多的是关注专利申请量增长而忽略了专利质量提升，专利结构不合理、专利质量不高、专利应用程度不够、专利分析不深入等问题逐渐凸显。同样，对我国造船与海洋工程装备制造业领域的知识产权研究才刚刚开始，目前尚缺少对造船与海洋工程装备制造业相关知识产权（专利）发展状况的报告，也没有相关的专利指数以及海洋工程与造船企业专利竞争力排名。

　　本书的目的在于编制一套力求科学反映船舶与海洋工程装备制造业知识产权（专利）发展状况和未来发展趋势的中国造船与海洋工程装备制造业专利指数体系以及船海企业专利竞争力排名。综合运用反映造船与海洋工程领域的专利结构、数量、质量、有效性等方面的专利指数，有利于提高质量、补齐短板，促进我国船舶与海洋工程装备制造业领域专利事业的健康发展，为早日建成世界造船和海洋工程强国保驾护航。

　　本书在撰写过程中得到了很多学者、专家及相关人员的帮助和支持，在此表示诚挚的谢意！同时，本书在撰写过程中，参阅了许多专家、学者的论著和文章，得到了江苏科技大学人文社科优秀学术专著基金的资助，在此一并表示感谢！

由于本书力求开拓新领域和新方法，加之撰写时间匆忙，以及作者水平所限，书中难免存在不足和错误之处，敬请读者批评指正！

著 者

2019 年 12 月

目　　录

第一章　报告概述 ……………………………………………………………… 1

　　第一节　研究背景与研究内容 …………………………………………… 1

　　第二节　理论依据和研究方法 …………………………………………… 2

　　第三节　本书撰写方法及步骤 …………………………………………… 4

　　第四节　专利数据检索与处理 …………………………………………… 4

第二章　我国船舶与海洋工程装备制造业发展现状 ………………………… 6

　　第一节　船舶产业 ………………………………………………………… 6

　　第二节　我国船舶产业发展现状 ………………………………………… 10

　　第三节　海洋工程装备产业 ……………………………………………… 14

　　第四节　我国海洋工程装备产业发展现状 ……………………………… 18

第三章　我国船舶与海工装备制造业专利信息分析 ………………………… 21

　　第一节　我国总体发展概况 ……………………………………………… 21

　　第二节　主要地区发展情况 ……………………………………………… 28

　　第三节　主要企业发展情况 ……………………………………………… 35

第四章　重点省市船舶与海工装备制造业专利信息分析 …………………… 43

　　第一节　上海情况 ………………………………………………………… 43

　　第二节　江苏情况 ………………………………………………………… 55

　　第三节　广东情况 ………………………………………………………… 69

第五章　我国船舶与海工装备制造业专利指数构建 ………………………… 81

　　第一节　国内外相关研究现状 …………………………………………… 81

　　第二节　评价指标体系的建立 …………………………………………… 81

　　第三节　权重及指数计算方法 …………………………………………… 85

第六章　我国船舶与海工装备制造业专利指数发展分析 …………………… 93

　　第一节　2018 年船舶与海工装备制造业全国专利指数发展分析 ……… 93

第二节　2018 年船舶与海工装备制造业地区专利指数发展情况 ⋯⋯⋯⋯⋯ 96

第三节　2010—2018 年船舶与海工装备制造业地区专利指数发展情况 ⋯⋯⋯ 100

第四节　2010—2018 年船海制造业重点地区核心专利指标发展情况 ⋯⋯⋯⋯ 111

第七章　我国船舶与海工装备制造企业专利指数及排名分析 ⋯⋯⋯⋯⋯⋯⋯ 120

第一节　船舶与海工装备制造企业专利实力等级 ⋯⋯⋯⋯⋯⋯⋯⋯⋯ 120

第二节　2018 年排名在前十位的企业专利指数发展比较 ⋯⋯⋯⋯⋯⋯⋯ 134

第三节　部分优秀船海制造企业专利指标发展分析 ⋯⋯⋯⋯⋯⋯⋯⋯ 138

附录 A　本报告专利指数评价指标解释 ⋯⋯⋯⋯⋯⋯⋯⋯⋯⋯⋯⋯⋯ 158

附录 B　我国拥有专利的船舶与海工装备制造企业名录 ⋯⋯⋯⋯⋯⋯⋯⋯ 160

附录 C　我国船舶与海工装备制造业地区专利指数及排名 ⋯⋯⋯⋯⋯⋯⋯ 167

附录 D　我国船舶与海工装备制造企业专利指数及排名 ⋯⋯⋯⋯⋯⋯⋯⋯ 173

参考文献 ⋯⋯⋯⋯⋯⋯⋯⋯⋯⋯⋯⋯⋯⋯⋯⋯⋯⋯⋯⋯⋯⋯⋯⋯ 227

第一章 报告概述

第一节 研究背景与研究内容

船舶与海洋工程(以下简称"海工")装备制造业是为海军建设、水运交通、能源运输和海洋开发提供装备的现代化大型总装型工业,是关系到国防安全及国民经济发展的战略性产业。改革开放以来,中国的船舶工业一步一步实现了从无到有、从小到大的历史性跨越。进入21世纪以来,我国造船业抓住世界造船中心向中国产业转移的历史发展机遇,迅速崛起,于2010年成为世界第一造船大国。目前,我国船舶工业正处于由大到强发展的关键时期,也是产业实现转型升级的机遇期。我国船舶工业只有以创新发展和产业升级为核心,以知识产权、智能制造技术与互联网信息技术深度融合为重要抓手,大力推进造船业供给侧结构性改革,稳增长、去产能、补短板、降成本、调结构、提质量、强品牌,才能进一步提升我国造船业国际竞争力,早日实现世界造船强国的目标。

党的十九大报告指出,"我国经济已由高速增长阶段转向高质量发展阶段","建设现代化经济体系,必须把发展经济的着力点放在实体经济上"。制造业是立国之本、强国之基。习近平总书记也明确指示"把我国制造业和实体经济搞上去,推动我国经济由量大转向质强"。船舶与海工装备制造业是我国重要的实体经济、传统制造业的典型代表,也是国之重器,更应该坚决贯彻中央部署,加快转型升级,实现高质量发展。

船舶与海工装备制造业实现快速转型升级需要知识产权的保驾护航。知识产权不仅代表企业的核心竞争力,更是保护企业自主创新的有力武器。国务院印发的《船舶工业深化结构调整加快转型升级行动计划(2016—2020年)》提出船舶工业新时期的发展要求是以创新发展和产业升级为核心,以制造技术与信息技术深度融合为重要抓手,坚持创新驱动。把科技创新摆在行业发展全局的核心位置,面向世界船舶和海工装备科技前沿,突破关键技术瓶颈,提高自主创新能力,以科技创新带动全面创新,使创新成为产业结构调整和转型升级的主动力。因此,坚持创新驱动,就是坚持以知识产权驱动、保护创新,支持、促进企业长远发展,坚定不移走自主创新之路。

船舶与海工装备制造业是我国装备制造业的重要组成,也是发展海洋经济的基础、先导性产业。船舶与海工装备制造业知识产权事业的发展对于船舶和海工装备制造业顺利实现转型升级具有至关重要的作用。因此,有必要对我国船舶与海工装备制造业知识产权发展状况进行全面考察与监测,明确我国船舶与海工装备制造业知识产权事业发展规律和方向,为相关部门制定针对性发展战略提供理论与数据支撑。

根据世界知识产权组织的统计,全世界最新的发明创造信息90%以上首先是通过专利信息公开的,充分利用专利信息,能够节约40%的研发经费,缩短60%的研发周期。因此,专利情报是知识经济时代最重要的战略资源之一,它涉及所有技术领域最新、最活跃的技术创新信息,蕴含丰富的技术、经济、法律情报。准确掌握专利情报并进行分析,可以从技术研发、市场发展和法律保护三个角度帮助政府或者企业制定客观的发展战略,从而以较小的代价获得最大的收益。我国要实现由造船大国向造船强国的转变,最大的短板就是创新和研发设计,船舶与海工装备制造企业作为船舶工业最重要的创新主体,迫切需要增强自主创新能力和对专利技术的分析、保护及运用。

随着我国知识产权制度不断发展和完善,我国知识产权事业取得了前所未有的辉煌成就,全社会已经进入了一个"创新保护"的新时代,日益形成以专利为纽带的创新发展格局。从我国知识产权 30 多年的发展历程来看,更多的是关注专利申请量增长而忽略专利质量提升,专利结构不合理、专利质量不高、专利应用程度不够、专利分析不深入等问题逐渐凸显。同样,对我国船舶与海工装备制造业领域的知识产权研究才刚刚开始,目前尚缺少针对船舶与海工装备制造业知识产权(专利)发展状况的报告及相关的客观评价企业专利实力的研究。

综上,在海洋强国、知识产权强国建设双重背景下,本书试图从创新主体的视角出发,通过深入挖掘专利信息,对当前我国船舶与海工装备制造业的知识产权现状进行系统的梳理与分析。本书主要目的:一是对全国拥有专利申请的船舶与海工装备制造企业的专利数据各项统计指标进行全面统计分析、综合比较,使读者对我国船舶与海工装备制造业与企业知识产权现状及发展规律形成全面而直观的了解;二是在前者的基础上,建立指导本行业企业知识产权事业科学发展的指标体系,编制专利指数,综合、客观地反映我国船舶与海工装备制造企业的技术创新产出成效及其技术创新水平。及时监测评价国家、地区和船舶与海工装备企业的知识产权发展状况,可以反映差异、提高质量、补齐短板,促进我国船舶与海工装备制造业领域知识产权事业的健康发展,为深入实施海洋强国战略、建设海洋强国保驾护航。

第二节　理论依据和研究方法

1. 理论依据

专利数据是信息时代的宝贵资源,尤其在大数据时代,专利数据作为大数据的一种,具有与新技术联系紧密、产业领域覆盖范围广、内容信息丰富、数据翔实准确、数据获取方便等优势,是技术创新的基础性、战略性信息资源。用大数据分析方法,以新的视角和新的手段审视并充分利用专利数据,将专利信息分析与产业运行决策深度融合,将有利于市场有效配置技术创新要素,有利于技术创新成果服务实体经济,驱动新常态下的产业经济转型升级。

专利既是创新技术的重要载体,也是反映知识产权发展状况的重要考察对象。客观评价一个企业和行业的技术竞争力,需要以量化的数据指标进行分析和对比,利用量化分析指标,找出差异,企业就可以此为基础调整自己的研发方向,选择恰当的竞争战略,最终达到企业利益的最大化;管理部门也可借此了解特定企业,乃至整个行业、地区的创新能力,进而有针对性地制定技术和创新发展策略。

由此,我们将基于我国船舶与海工装备制造业的企业专利数据展开分析,通过检索目标企业专利数据信息,并以量化指标评价考察企业的知识产权发展状况,进而了解本领域知识产权发展整体情况,及创新资源要素的分布情况,为企业和相关部门科学决策提供依据。

2. 研究方法

（1）专利信息分析法

一般来说，专利信息分析法可以分为定量分析与定性分析两种。

定量分析又称统计分析，主要是通过对专利文献的外表特征来进行统计分析，也就是通过专利文献上所固有的项目（如申请日期、申请人、分类类别、申请国家等）来识别有关文献，然后将这些专利文献按有关指标如专利数量、同族专利数量、专利引文数量等来进行统计分析，并从技术和经济的角度对有关统计数据的变化进行解释，以取得动态发展趋势方面的情报。例如，根据某类专利数量统计，可得知哪些技术领域活跃，哪些技术获得突破，哪些技术将被淘汰；根据某类专利的地区和国别分布统计，可知晓产品的技术格局；根据某项专利的实施年限的统计可以得知其经济价值等。通过对专利文献的定量分析，预测技术发展方向和企业所处的位置，以便制定相应的企业发展战略。

定性分析也称技术分析，一般是以摘要、专利说明书、权利要求、图纸等技术内容或专利的"质"来识别专利，并按技术特征来归并有关专利并使其有序化，多用来获得技术动向、企业动向、特定权利状况等方面的情报。定性分析更适用于微观的技术分析与竞争对手分析。定性分析具有很强的技术性、专业性，需要专利工作者与专业技术人员密切配合。

通常情况下，在进行专利分析时，需要将定量分析与定性分析结合起来使用，也就是将外表特征及内容特征结合起来进行分析，才能达到较好的分析效果。

本书主要采用定量分析方法。

（2）多指标综合评价方法

综合评价是针对研究的对象，建立一个进行测评的指标体系，利用一定的方法或模型，对搜集的资料进行分析，对被评价的事物做出定量化的总体判断。综合评价方法或多指标综合评价方法，是指使用比较系统的、规范的方法对于多个指标、多个单位同时进行评价的方法。它不只是一种方法，而是一个方法系统，是指对多指标进行综合的一系列有效方法的总称。

本书主要采用综合评价方法。

（3）专利信息分析的工具

专利研究中，快速准确地获取目标企业的专利数据是一切工作的前提。经过比较，本书选用合享智慧（incoPat）专利数据库检索专利数据。合享智慧是行业内较为领先的知识产权信息服务商。合享智慧专利数据库是一款全球专利检索数据库，全面整理并汉化112个国家、组织和地区自1782年以来的1.2亿项专利技术，并以每24小时添加1.4万项最新技术的速度不断增长，具有更新速度及时、检索方便、效率高、支持检索结果多种方式输出等特点，可为科学研究提供高质量的第一手研究数据。

利用该系统可以方便、快速导出大量的专利数据，包括著录项目、全文文本、全文图像以及引文、同族、法律状态等相关数据信息。此外，该系统可以对专利信息进行加工处理，对技术发展趋势、申请人状况、专利保护地域等专利战略要素进行定性、定量分析研究，对行业技术领域的各种发展趋势、竞争态势有一个综合的了解。

第三节　本书撰写方法及步骤

如图1-1所示,本书撰写分为五个阶段:第一个阶段为"获取可分析的规范化专利数据";第二个阶段为"全面考察分析各项指标";第三个阶段为"构建专利评价指标体系";第四个阶段为"确定专利指数计算方法";第五个阶段为"分析专利指数"。

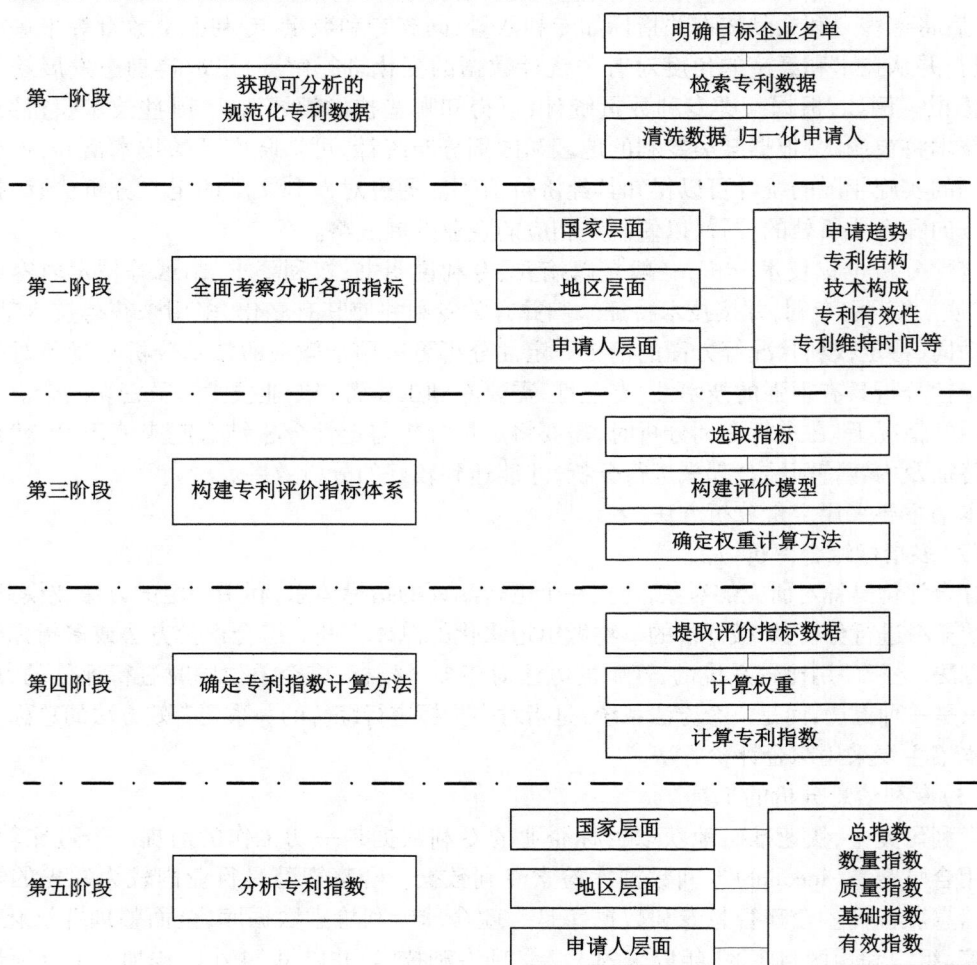

第一阶段	获取可分析的规范化专利数据	明确目标企业名单
		检索专利数据
		清洗数据 归一化申请人

第二阶段	全面考察分析各项指标	国家层面	申请趋势 专利结构 技术构成 专利有效性 专利维持时间等
		地区层面	
		申请人层面	

第三阶段	构建专利评价指标体系	选取指标
		构建评价模型
		确定权重计算方法

第四阶段	确定专利指数计算方法	提取评价指标数据
		计算权重
		计算专利指数

第五阶段	分析专利指数	国家层面	总指数 数量指数 质量指数 基础指数 有效指数
		地区层面	
		申请人层面	

图1-1　本书撰写步骤

第四节　专利数据检索与处理

1. 梳理企业名单

由于本书是从创新主体——企业的视角出发,通过挖掘、分析企业申请的专利数据信息,进而了解目标企业的知识产权状况,因此本书的首要任务是对我国的船舶与海工装备制造企业进行梳理。

由中国船舶工业行业协会编辑出版的《中国船舶工业及海洋工程装备企事业单位名录（2016 版）》①（以下简称《名录》）广泛收集、整理了船舶及海工装备企业的相关信息，是行业内广泛认可的重要参考资料，也是本书主要的船舶与海工装备制造企业名单获取途径。通过提取《名录》中造修船及海工装备制造两大类别下的企业，共获得 491 家企业信息。考虑到近年来船舶行业变化剧烈，船舶企业变动频繁，出现一些船舶企业破产、倒闭、重整、并购等情况。为确保研究对象范围全覆盖和研究内容的严谨性，本书同时以船舶领域的专业门户网站——国际船舶网发布的船厂资料及《中国船舶工业年鉴》②重点关注的造船、海工装备制造企业为补充，对《名录》中还未及时收录的船舶企业及发生变动的企业名称进行修订，较为全面地收集、整理了国内船舶与海工装备制造企业名单，以备后续检索专利数据使用。

近年来，我国船舶与海工装备制造业经历了市场繁荣转入低迷，产能过剩，重新洗牌，船舶与海工企业破产、倒闭、重整、并购等复杂情况。虽然研究考察企业中，一些企业已经破产、倒闭，但是从发展的角度来看，这些企业在船舶与海工装备制造业知识产权事业的发展中都做出了相应的贡献，不应该被剔除；同时本书设计的评价指标体系能充分考察到专利发展动态变化过程，从而间接探查到这些企业"由兴而衰"的发展历程。

为了全面考察知识产权发展变化情况，检索的专利数据时间跨度较长，在此期间一些发生变动的企业（如破产、倒闭）申请的专利数据，会根据变动情况进行归一化申请人。

此外，本书研究的企业范围不包含非钢质游艇制造企业，对于有投资关联关系的企业按是否具有独立的法人资格作为是否为独立的创新主体的评判标准。

2. 检索专利数据

由于企业的名称变化会对检索结果产生直接影响，为了查准、查全专利数据，在检索专利数据时对每一家企业使用"现用名 + 曾用名"方式检索，确保不会因为企业名称的变更而造成检索专利数据时的遗漏。检索出的专利数据包含专利的申请时间、申请（专利权）人、法律状态、专利类型等著录信息。

此外，检索出的专利数据不可避免地会带有一定的噪音数据，需要进行人工筛查，将不在本次研究范围的数据剔除。而且，数据中同一公司的名称存在多种表述方式时，便于今后统计分析、计量评价，对数据中存在以曾用名申请过专利的申请人（企业），以及发生重组、合并的申请人进行合并，按最新名称做统一规范处理。

专利数据检索时间截止到 2018 年 12 月 31 日（公开公告日）。采用专利申请量作为统计对象（专利授权量要滞后 2～3 年），其中 2016—2018 年的专利申请量要低于实际申请数量，这是由于发明专利存在延迟公开的属性，部分申请日在检索终止日之前 18 个月内的发明申请因未公开而未被检索到，实用新型专利在授权后才能被公布。所以，实际的专利申请文献数据可能略大于本研究检索到的数据。同时，由于专利的法律状态发生变化时，专利公报的公布及检索数据存在滞后性，本书提供的法律状态信息仅供参考，但是该样本数据及分析结果仍具有一定的参考价值。

---

① 《中国船舶工业及海洋工程装备企事业单位名录》每三年修订一次，2016 版是当前公开出版的最新版本。

② 《中国船舶工业年鉴》是我国船舶工业首部具有综合性、资料性、史册性的大型编年性工具书，旨在客观、全面地反映我国船舶及海工装备业每一年的发展状况，真实地记载中国船舶工业发展进程。

第二章　我国船舶与海洋工程装备制造业发展现状

第一节　船舶产业

我国造船企业主要分布在江苏、上海、辽宁、山东、浙江、广东等地区。2018 年,我国船舶制造业拥有 1 万吨以上船台、船坞 489 座,其中 30 万吨级及以上船坞 38 座,10 万~15 万吨级船坞、船台 17 座,15 万~25 万吨级船坞、船台 5 座。

1. 船舶产业概念

船舶产业属于装备制造业,是国防工业的重要组成部分,是重要的战略性产业,担负着为海军现代化建设提供舰船装备的神圣使命。同时,船舶产业又是国民经济产业体系的重要组成部分,对相关产业、区域经济以及国民经济都具有巨大的拉动作用。船舶产业是现代化大工业的缩影,在世界各国工业化进程中起过重要作用,并作为一个先导、支柱产业予以重点发展。

2. 船舶产业特征

船舶产业具有以下显著特点:

(1)生产要素密集性

船舶产业集劳动、资金和技术三要素于一体。首先,造船生产的焊接和舾装等工作量最大的生产工序还要依赖手工操作,需要大量的劳动力;其次,造船设施(如船台、船坞等)一次性固定资产投资大,船舶生产周期长(一般为几个月、甚至十个月以上),先期需要垫付的资金量大;再次,船舶是技术密集的超大型装备型产品,其所需技术涉及船舶力学、船舶设计技术、船舶制造技术、船用设备技术、船用仪器技术、船用材料技术、舰艇武备技术、管理技术与信息技术等专业技术,也包含机械、电子、材料、化工、能源、通信、环境等共性专业技术的广泛应用,而且新技术应用面广、应用密度高。因此,船舶产业又具有极强的技术密集性。

(2)先导性

由于船舶产业在资金的有机构成方面低于电子、飞机、汽车等工业部门,而又高于纺织等轻工部门,较适合后起工业化国家的优先发展,加之自身对外贸易的需要,后起工业化国家都把船舶作为优先发展的产业。有关的资料表明,日本、韩国、新加坡等后起工业化国家,船舶产业的发展均先于汽车、电子等工业。

(3)整体相关性

船舶制造业属于大型装备制造业,产业关联性强,与机械、电子、化工、冶金、轻工等工业部门关联巨大。船舶工业的发展为这些关联部门的发展开拓了广阔的前景。

（4）区域集中性

船舶产业的发展对自然条件有着苛刻要求,必须沿江临海。同时,造船业对于岸线的要求很高,岸线、水深、气候等条件均要求优良,因而船舶产业带有很强的区域集中性。

3. 船舶产业体系结构

船舶产业是一个集劳动密集、资金密集和技术密集于一体的综合性产业,涉及面的综合性非一般产业所能比,尤其要求产业内各方面之间的互相支撑和互相促进。因此,船舶产业体系是由船舶造修、船舶配套、船舶服务等方面相互作用、相互促进和相互依赖的具有提升船舶产业定位、增强船舶产业竞争力、促进船舶产业发展、推动船舶产业现代化进程和带动区域经济发展功能的有机整体。

船舶产业体系是一个系统,系统内各个部分彼此具有紧密的共性与互补性,使得技术、信息、人才、政策及相关产业要素能充分共享,并大大提高整个产业的竞争力。船舶产业体系内部关系如图 2 – 1 所示。

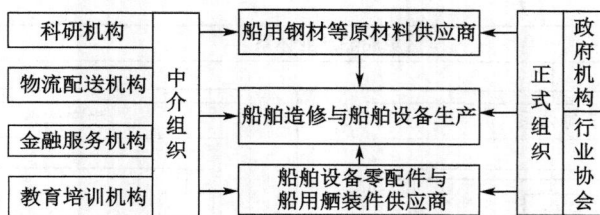

图 2 – 1　船舶产业体系内部关系图

4. 船舶产业体系构成

区域船舶产业体系应由两部分组成:一是以造修子体系和配套子体系为主体的生产体系;二是由政策支持子体系、技术创新子体系和市场服务子体系组成的支撑体系。支撑体系是以生产体系正常运行为基础的,生产体系的正常运行又离不开支撑体系的支持。两者互相依存、不可分割,组成一个完整的体系。

具体而言,区域船舶产业体系构成分为"两大体系、五大子体系",即生产体系(包括造修子体系、配套子体系)、支撑体系(包括政府支持子体系、技术创新子体系、市场服务子体系),其中市场服务子体系又可分为行业管理体系、人才培养体系、融资服务体系、船舶物流体系和售后服务体系。

船舶产业体系构成关系见表 2 – 1。

表 2 – 1　船舶产业体系构成表

名称	体系	子体系	对应产业链机构	对应船舶产业机构
区域船舶产业体系	生产体系	造修子体系	生产商	造船与修拆船企业
		配套子体系	供应商	船用材料、船舶设备零配件、船舶设备、船舶舾装企业

名称	体系	子体系	对应产业链机构	对应船舶产业机构
区域船舶产业体系	支撑体系	政策支持子体系	规制机构(政府机构、检测与监督机构等)	船舶管理部门船级社、船检等
		技术创新子体系	研发机构(大学、研究所、技术中心等)	船舶类院校、船舶技术研发机构、企业技术中心等
		市场服务子体系	中介机构(协会、金融机构、运输机构、教育培训中心等)	船舶行业协会、船舶产业投资基金、船舶教育培训中心

依据船舶产业链的关系和区域船舶产业体系的构成,结合船舶产业的特点,区域船舶产业体系结构关系如图2-2所示。

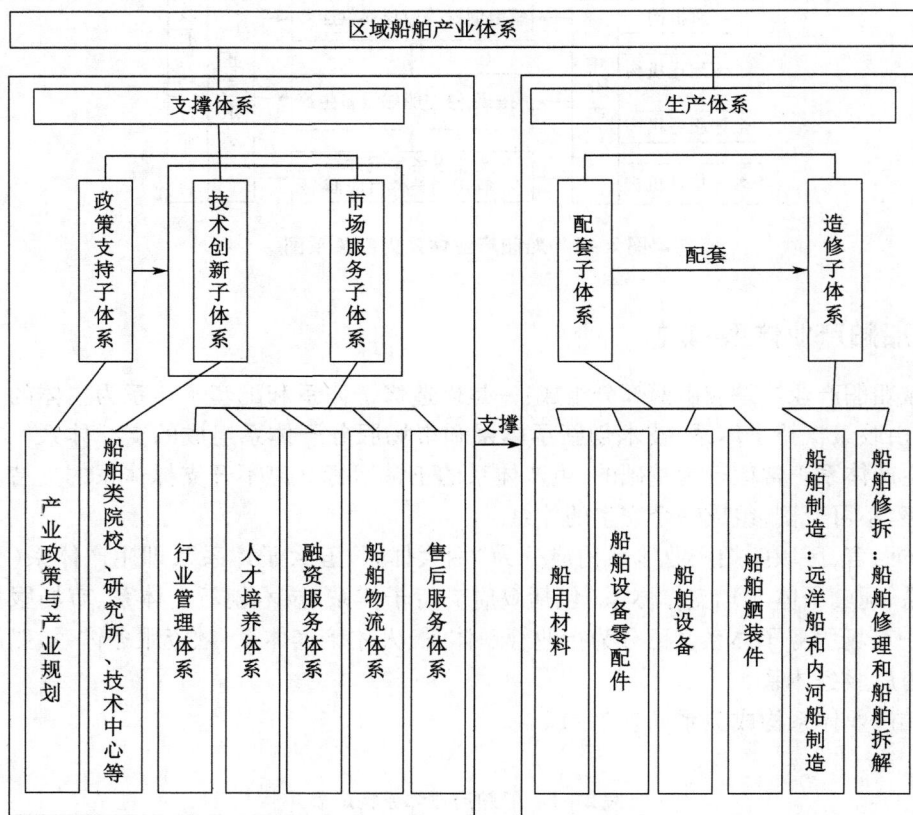

图2-2 区域船舶产业体系结构关系图

5. 船舶产业体系功能

(1)生产体系功能

区域船舶产业生产体系的功能如图2-3所示。

```
                          ┌─────────────────────────────────┐
                   ┌──────┤ 通过造船业的发展和壮大，带动船舶配│
              ┌────┤造修子体系│ 套及船舶支撑服务的发展，进而拉动区│
              │    └──────┤ 域经济增长                        │
              │           └─────────────────────────────────┘
              │           ┌─────────────────────────────────┐
              │           │ 通过船舶修拆业的发展，发掘新的市  │
              │           │ 场，完善区域船舶产业体系          │
              │           └─────────────────────────────────┘
   ┌──────┐   │           ┌─────────────────────────────────┐
   │区域船舶产业│           │ 船用钢材等原材料的供应是船舶设备及│
   │生产体系├──┤           │ 造船企业正常运行的基础            │
   └──────┘   │           └─────────────────────────────────┘
              │           ┌─────────────────────────────────┐
              │           │ 通过船舶设备零配件研发和生产的投  │
              │           │ 入，能够提高船舶设备产品的层次，优│
              │           │ 化船舶设备产品结构                │
              │    ┌──────┤─────────────────────────────────┘
              └────┤配套子体系│ ┌─────────────────────────────────┐
                   └──────┤ 船舶设备直接配套造船企业，通过提升│
                          │ 其技术水平及产品质量，形成船舶产业│
                          │ 核心竞争力                        │
                          └─────────────────────────────────┘
                          ┌─────────────────────────────────┐
                          │ 通过船舶舾装水平的提高，改善船舶建│
                          │ 造的质量和精细化程度              │
                          └─────────────────────────────────┘
```

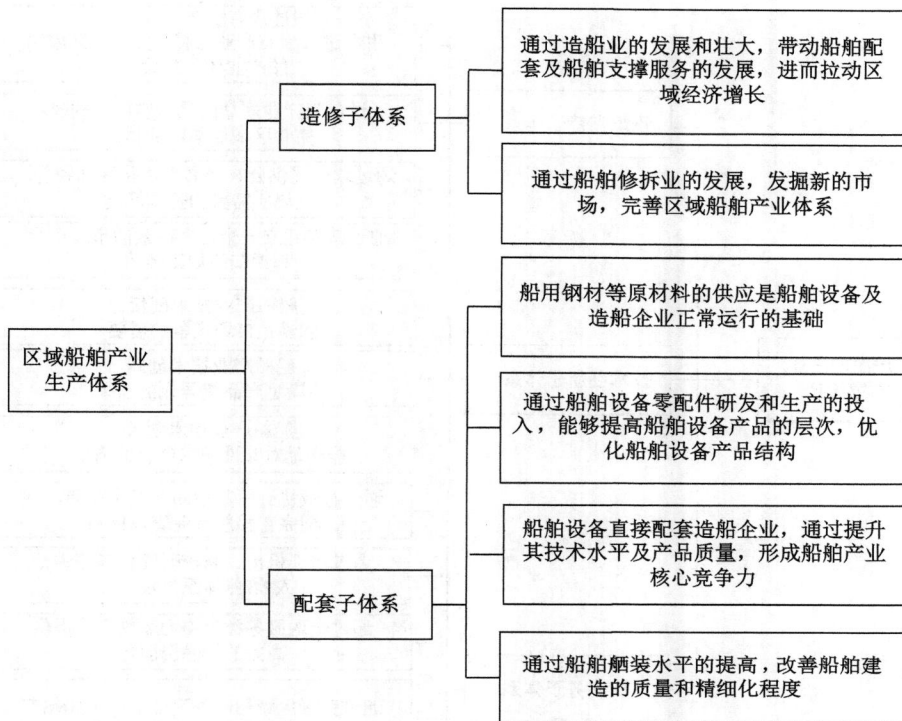

图 2-3　区域船舶产业生产体系功能图

①船舶造修子体系功能

船舶制造是整个船舶产业体系的核心,在船舶产业体系构建中居主导地位。一方面船舶制造业本身带动了地区就业、消费等多项经济指标的发展,另一方面船舶制造业具有广泛而密切的产业关联,对于其他行业的带动性处于较高水平,对机械、电子、化工、冶金、轻工等工业部门需求巨大,同时带动了船舶配套及服务业的发展。

船舶修拆业也是船舶产业体系重要的一环,通过船舶修拆业的发展,一方面更加完善区域船舶产业体系,另一方面也可以在其他子行业景气不佳时形成互补关系。

②船舶配套子体系功能

完善的船舶配套体系不仅是船舶产业发展到一定阶段的必然要求,也是船舶产业由大变强的分水岭。船舶配套体系包括船用材料、船舶设备零配件、船舶设备、船舶舾装四个方面。船用材料包括船用钢材、船用有色材料、船用油漆、船用橡胶塑料制品等,这些原材料的供应是船舶设备及造船企业正常运行的基础和保障;船舶设备零配件包括船用柴油机零件、甲板机械配件等,通过船舶设备零配件研发和生产的投入,能够提高船舶设备产品的层次,优化船舶设备产品结构;船舶设备包括船舶主机、船舶辅机、导航设备、甲板机械等,用于直接配套造船企业,通过提升其技术水平及产品质量,形成船舶产业核心竞争力;船舶分段、船用家具与卫生设施,厨房冷库和空调系统等舾装设备,在船舶建造中占据一定的比重,通过船舶舾装水平的提高,可改善船舶建造的质量和精细化程度。

（2）支撑体系功能

区域船舶产业支撑体系包括政策支持子体系、技术创新子体系、市场服务子体系,每个子体系都有相应的功能,如图 2-4 所示。

		通过政府的产业政策 引导进行重点产业选择,并引导区域船舶产业体系建设
	政策支持子体系	通过部门产业规划的具体实施,构建和完善区域船舶产业体系
		通过政府提供公共产品来优化区域经济,发展所需要的基本环境
		通过政府建立一个行之有效的市场运行和调节的规则体系
区域船舶产业支撑体系	技术创新子体系	船舶产业技术创新能满足市场竞争的需要
		船舶产业技术创新能满足产品差异化的需要
		船舶产业技术创新能满足对共性技术创新的需要
	市场服务子体系	通过行业协会、其他团体及企业等,共同完善船舶行业管理体系
		通过培训机构、高校研究机构等进行人才培养体系建设
		通过金融服务类机构为船舶产业提供高效的投融资服务
		通过完善区域船舶物流体系,为船舶产业生产要素等的流动提供保证
		通过建立完善的全球化售后服务网络,适应船舶配套设备国际市场竞争要求
		通过公共交通、邮电、通信、情报信息服务以及各种供应商、代理代销商等,完善船舶产业体系的商业服务体系

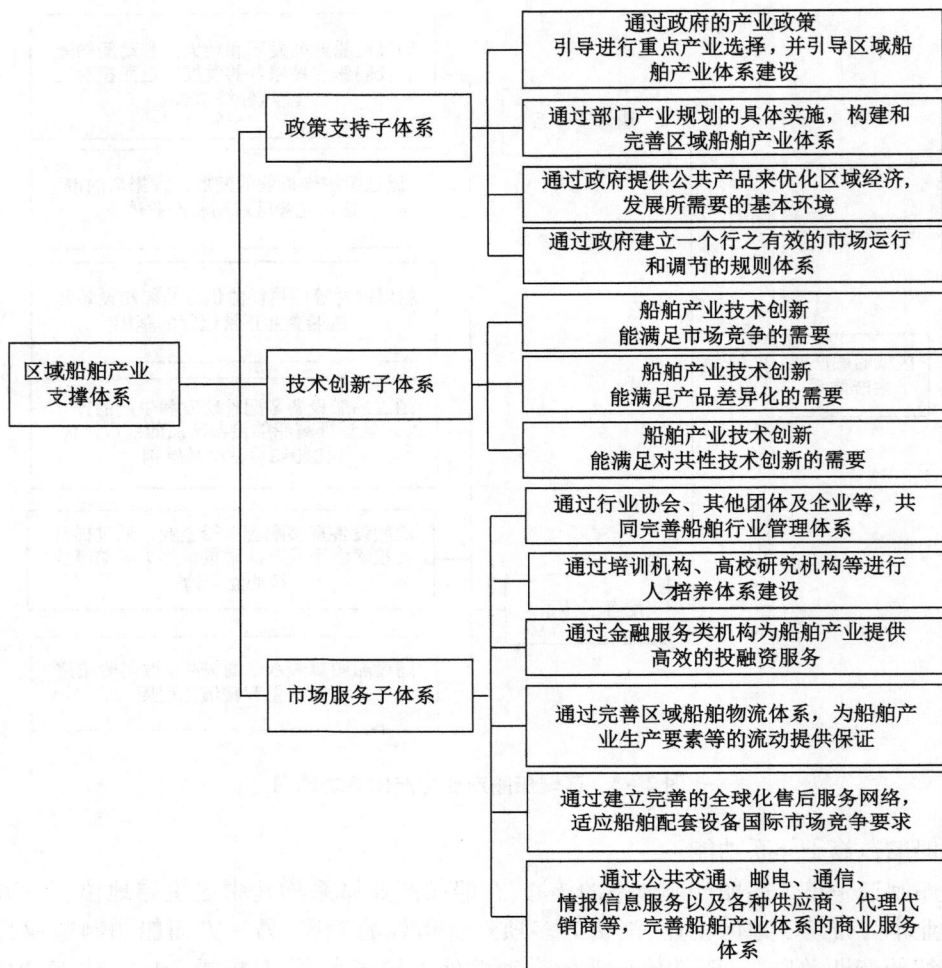

图 2－4　区域船舶产业支撑体系功能图

第二节　我国船舶产业发展现状

1. 总体发展概况

（1）中国造船世界第一

自 2010 年我国三大造船指标全面超越韩国之后,我国已经连续九年稳居世界第一（2010—2018 年造船完工量见表 2－2）,世界第一造船大国名副其实,未来必将成为世界第一造船强国。

表2-2　造船完工量(按国家分)　　　　(单位:万载重吨)

国家	2010年	2011年	2012年	2013年	2014年	2015年	2016年	2017年	2018年
韩国	4 655.7 (31.9%)	5 291 (31.1%)	4 844 (32.8%)	3 336 (30.4%)	2 591 (28.5%)	2 936 (30.5%)	3 630 (36.3%)	3 146 (32.4%)	1 972 (24.6%)
日本	3 138.8 (21.5%)	3 182 (18.7%)	2 930 (19.8%)	2 468 (22.5%)	2 264 (24.9%)	2 109 (21.9%)	2 185 (21.9%)	2 031 (20.9%)	2 012 (25.1%)
中国	6 120.5 (41.9%)	7 665 (45.1%)	6 021 (40.7%)	4 335 (41.4%)	3 629 (39.9%)	3 922 (40.8%)	3 594 (35.9%)	3 804 (39.1%)	3 471 (43.3%)
其他	692.4 (4.7%)	867 (5.1%)	982 (6.6%)	618 (5.7%)	602 (6.7%)	657 (6.8%)	588 (5.9%)	737 (7.6%)	557 (7.0%)
世界总量	14 607.4	17 002	14 777	10 757	9 086	9 624	9 997	9 718	8 012

资料来源:依据中国船舶工业年鉴编辑委员会编制的《中国船舶工业年鉴》(2010—2018)年计算得到。

(2)三大船舶工业基地

从地区分布来看,中国造船业主要集中在长江口、渤海湾和珠江口,三大造船基地占据全国造船总量的绝对多数。我们对2018年我国海洋运输船制造业的国内产量分布进行了统计分析,结果显示:长江三角洲(长三角)占全国总量的68.9%,珠江三角洲(珠三角)占全国总量的6.4%,环渤海湾占全国总量的22.4%。

我们以《中国船舶工业年鉴》为依据,对2010—2018年全国造船产量进行了统计分析。统计结果见表2-3。表2-3表明,长三角所占比重不断增加,已经占据全国总量一半以上。这种发展趋势的形成是长三角地方造船业的快速发展所致。可以说,中国造船业在分布上具有明显的区域相对集中现象,且有进一步向三大造船基地集中的趋势。

表2-3　长三角、珠三角和环渤海湾地区造船量分布表

年份	长三角 造船量/万戴重吨	比重/%	珠三角 造船量/万戴重吨	比重/%	环渤海湾地区 造船量/万载重吨	比重/%	三地区合计 造船量/万戴重吨	比重/%	全国合计 造船量/万戴重吨
2010	4 752.7	70.3	—	—	1 179.6	17.5	—	—	6 756.6
2011	5 468.2	71.1	485.2	6.3	1 311.7	17.0	7 265.1	94.4	7 696.1
2012	4 474.9	69.5	373.5	5.8	1 229.3	19.1	6 077.7	94.4	6 439.6
2013	2 906.2	64.4	277.6	6.2	1 089.7	24.1	4 273.5	94.7	4 513.6
2014	2 868	71.6	235.8	5.9	755.7	18.9	3 859.5	96.3	4 007.3
2015	3 115.3	72.1	339.1	7.9	742.7	17.2	4 197.1	97.2	4 318.2
2016	2 751.7	64.6	469.6	11.0	924.9	21.7	4 146.2	97.3	4 262.8
2017	2 737.0	68.1	373.6	9.3	810.2	20.2	3 920.8	97.6	4 019.3
2018	2 414.7	68.9	225.1	6.4	784.3	22.4	3 424.1	97.7	3 503.4

资料来源:依据中国船舶工业年鉴编辑委员会编制的《中国船舶工业年鉴》(2010—2018)年计算得到。

（3）八大省市集群区域

从省市分布来看,我国主要造船企业都集聚于沿海和沿江省市。如东南沿海的上海、浙江、江苏、广东和东北的辽宁,都已具有相当规模的船舶工业发展基础,成为中国船舶工业的中坚。其中上海、辽宁、江苏、广东四省的造船业销售收入连续多年排名全国前四位。表2-4为2018年我国主要省市造船完工量一览表。从表中可以看出,前六位省市的造船完工量占全国总量的95%以上,而且还有进一步提高的趋势。相比而言,船舶工业总产值的区域集中性比造船完工量的区域集中性要略差,其主要原因是修船业分布相对分散,船舶配套业的集中性也不及造船业。

表2-4 2018年我国主要省市造船完工量一览表

省市	载重吨/万吨	占全国总量比重/%	累计百分数/%
江苏省	1 483.0	42.33	42.33
上海市	640.5	18.28	60.61
辽宁省	458.6	13.09	73.7
山东省	325.7	9.30	83.0
浙江省	279.9	7.99	90.99
广东省	225.1	6.43	97.42
福建省	40.4	1.15	98.57
湖北省	16.6	0.47	99.04

（4）七个核心集聚城市

从城市分布来看,我国造船业主要集中在上海、大连、南通、泰州(以靖江为主)、广州、青岛和舟山等城市。据不完全统计结果表明,我国造船业的城市分布是很不均衡的,上海、大连、南通、泰州、广州、青岛和舟山七个城市造船量合计占全国造船总量的70%以上。中国造船业具有明显的城市集中现象。

（5）集群发展趋势加快

中国造船业产业集中度较高,集群现象开始显现。我们以《中国船舶工业年鉴》为依据,对2010—2018年中国造船业产业集中度进行了统计分析。统计结果见2-5。表2-5显示,近年来中国造船业产业集中度 CR_5 达到50%以上,CR_{10} 达到近70%。中国造船业企业通过个体规模的不断扩大,产业集中度明显提升,存在显著的集聚现象,产业集群明显,特别在长三角地区,这种集群现象更为明显。

表2-5 2010—2018年中国造船业产业集中度

年份	CR_5	CR_{10}
2010 年	32.9	47.5
2011 年	33.4	47.0

续表

年份	CR$_5$	CR$_{10}$
2012 年	31.5	46.7
2013 年	28.6	42.7
2014 年	33.4	49.3
2015 年	35.3	51.8
2016 年	33.2	48.0
2017 年	44.0	61.7
2018 年	50.4	68.8

资料来源:依据中国船舶工业年鉴编辑委员会编制的《中国船舶工业年鉴》(2010—2018)年计算得到。

2. 2018 年发展情况

依据《中国船舶工业年鉴》(2019),2018 年我国造船业完成情况如下:规模以上船舶制造企业实现主营业务收入3 256.5亿元,比上年下降25.7%;实现利润总额45.0亿元,比上年下降16.3%。

2018 年,中国船舶出口金额250.4亿美元,比上年增长10.2%。出口船舶产品中,集装箱船、散货船、油船、消防船等船型为主力船型,出口额合计157.3亿美元,占出口总额的62.8%。中国船舶产品出口到全球 186 个国家和地区,亚洲为中国船舶出口的主要地区。其中,中国向亚洲出口船舶金额148.1亿美元,占出口总额的59.1%;向欧洲出口船舶金额35.7亿美元,占14.3%;向拉丁美洲出口船舶金额31.8亿美元,占12.7%。

(1)造船完工量与船舶订单

2018 年,中国船舶制造业三大指标两升一降。中国造船完工量3 503.4万载重吨,比上年下降12.8%,其中出口船舶完工量3 215.3万载重吨,占全年造船完工总量的 91.8%;新承接船舶订单量3 931.4万载重吨,比上年增长 6.7%,其中出口船舶订单3 666.8万载重吨,占新承接船舶订单总量的 93.3%;年末手持船舶订单量9 547.4万载重吨,比上年增长2.0%,其中出口船舶手持订单8 669.0万载重吨,占手持船舶订单总量的 90.8%。

2018 年,我国造船三大指标的主力船型仍然为散货船、油船和集装箱船。其中造船完工量中船型结构明显优化,见表 2 - 6。

表 2 - 6　2018 年中国建造船舶主要船型构成

船型	造船完工量/%		新承接订单量/%		手持订单量/%	
	2017	2018	2017	2018	2017	2018
散货船	55.3	47.1	57.0	76.4	50.3	62.0
油船	26.7	27.4	24.0	11.7	24.7	19.3
集装箱船	10.2	20.6	9.2	7.1	16.0	11.3

（2）主要造船地区发展情况

2018年,造船完工量前四名的省（市）为江苏、上海、辽宁和山东,合计造船完工量2 907.8万载重吨,占全国造船完工总量的83.0%,占比较2017年上升8.1个百分点;四省（市）新承接订单量合计3 269.5万载重吨,占全国新承接订单总量的83.2%,占比较2017年上升7个百分点;2018年末,四省（市）手持船舶订单量合计7 672.6万载重吨,占全国手持船舶订单总量的80.4%,占比较2017年年末下降1.6个百分点,见表2-7。

表2-7　2018年主要造船地区三大指标

地区	造船完工量		新接订单量		手持订单量	
	数量/万载重吨	占比/%	数量/万载重吨	占比/%	数量/万载重吨	占比/%
江苏省	1 483.0	42.3	1 892.4	48.1	3 998.6	41.9
上海市	640.5	18.3	482.9	12.3	1 653.5	17.3
辽宁省	458.6	13.1	474.5	12.1	1 335.4	14.0
山东省	325.7	9.3	419.6	10.7%	685.1	7.2

（3）船舶与海工装备制造业产值情况

据中国船舶工业行业协会《2018年船舶工业经济运行分析》,2018年全国规模以上船舶与海工制造企业,实现船舶制造业3 256.5亿元,海洋工程专用设备制造410.2亿元。

第三节　海洋工程装备产业

中国海洋工程装备产业是依托大型造修船基地和新建专业海洋工程装备产业基地共同发展起来的。企业主要分布在辽宁、天津、山东、江苏、浙江、上海、广东等地区。形成了渤海湾地区、长三角地区、珠三角地区三大产业集聚区。

1. 海洋工程装备产业

从产品方面来分,海洋工程产业所涉及的产品可以分为两大类:海洋工程装备和其他海上设施,其中海洋工程装备又可分为勘探开发装备、生产装备和工程施工装备三大类;其他海上设施是指不可归类为装备的其他海上结构物。

从海洋工程所在的海域和深度来分,海洋工程可分为海岸工程、近海工程和深海工程三类。

从海洋工程装备上下游产业链来分,海洋工程装备产业可以分为海洋工程装备制造业、海洋工程装备配套业和海洋工程服务业。

（1）海洋工程装备制造产业:主要包括各类钻井平台、生产平台;各类海洋工程模块;各类海上浮式生产储油装置;起重船、三用工作船、平台供应船、远洋救助船、平台支援船、铺管船、海洋调查勘探船、海上风电安装维护船等海洋工程船舶。

（2）海洋工程装备配套产业:主要包括海洋工程定位系统与海洋平台系泊链、主动力发电与传动系统、应急发电系统、甲板机械与起重系统、通信导航系统、电气与控制系统、安全系统、消防系统、空调系统、救生系统、水处理系统、照明系统、管道泵阀、海工灯具等。

（3）海洋工程服务产业：主要包括海洋工程认证、设计、信息服务、人才与劳动力服务等。

2. 海洋工程装备产业构成

用于海洋油气钻采的海洋工程装备主要包括两大类，一类为海洋钻井平台，另一类为海上浮式生产设施。另外，还有平台供应船及铺管船等海洋工程船。

（1）海洋钻井平台

海洋钻井平台包括移动式平台和固定式平台两类。

（2）海上浮式生产设施

①单圆柱生产平台（SPAR）

SPAR 主要由四个系统组成：顶部模块、壳体、系泊系统和立管（生产、钻探、输油等）。顶部模块是一个多层桁架结构，它可以用来进行钻探、油井维修、产品处理或其他组合作业。水线以下部分为密封空心体，以提供浮力，称为浮力舱，舱底部一般装压载水或用于储油，中部由锚链呈悬链线状锚泊于海底。

②浮式生产储卸油装置（FPSO）

FPSO 集生产处理、储存外输及生活、动力供应于一体。它俨然一座"海上油气加工厂"，把来自油井的油气水等混合液经过加工处理成合格的原油或天然气或成品原油储存在货油舱，再经过外输系统输送到穿梭油轮。FPSO 系统主要由系泊系统、载体系统、生产加工系统及外输系统组成，涵盖了数十个子系统。

（3）海洋工程船

海洋工程船是指用于海洋工程装备安装、维护、供应、服务等工作的船舶。

3. 海工装备产业特点

海洋工程装备产业具有知识密集、技术密集、资本密集、成长潜力大、综合效益好等特点。

（1）高投入

一般来说，海洋工程装备造价都比较高，甚至达到几亿、十几亿美元，即使是一些海洋工程辅助船，其造价也远远高于同型传统船舶，因此海工企业必须具备强大的调配资金和融资能力。

（2）高收益

作为具有特殊结构的装备，海洋工程装备与船舶相比，附加值更高，平均每吨的产值要比船舶高出很多，其高收益、高回报的特点，对造船企业具有很大的吸引力。

（3）高技术

海工装备对技术要求非常高，其系统集成度更高，工序更为复杂，建造进度不易控制，各类海洋工程船的技术含量都很高，必须具有很好的技术水平。其中海洋工程装备是典型的高技术、高附加值产品，动辄投资数亿美元，处于海洋产业链的高端。

（4）高风险

以上"三高"使得海洋工程装备对于制造企业来说，既是高收益，又是高风险，既有很强的吸引力，又有很大的挑战性。

（5）深水化

全球研究开发的深海探测器探测水深已近万米，可到达世界任何海底，深远海的半潜式石油开采平台工作水深早已突破 3 000 米。

4. 海工装备产业链

（1）海洋工程装备产业链

广义的海洋工程装备从产业链方面来说，可以分成设计、制造、安装和维护四个主要业务领域。其中设计包括工程设计、海工装备设计和其他海上设施设计。设计是指针对海洋资源开发项目的整体或专项工程进行规划和设计；制造包括海工装备制造、海工配套制造和其他海上设施的建造；安装是指利用海洋工程船舶和其他工具设备对海工装备或其他海上设施进行海上固定和装配的过程；维护是指对海工产品进行检测、保养、维修、拆除和改造，包括码头维护和海上海工装备维护两种方式。勘探开发装置（如海洋勘探船）和工程施工装备（如海洋深海铺管船）一般采取码头维护，生产装备（如海洋石油平台）和其他海上设施一般采取海上维护。

狭义的海洋工程从产业链方面来说，是指围绕海洋油气开发设备（石油平台）制造及其安装、维护的产业链。

（2）海洋工程装备产业链特点

狭义的海洋工程装备产业链特点如下：

①是以采油平台为核心的产业链

海洋工程装备产业链是以海上油气开采装置（采油平台）为核心，通过钻采设备、海工配套设备和海洋工程结构的总装，形成海洋石油平台，再通过海上油井工程建设，建成海上油田，进行海上石油的开采。其产业链形成如图 2-5 所示。

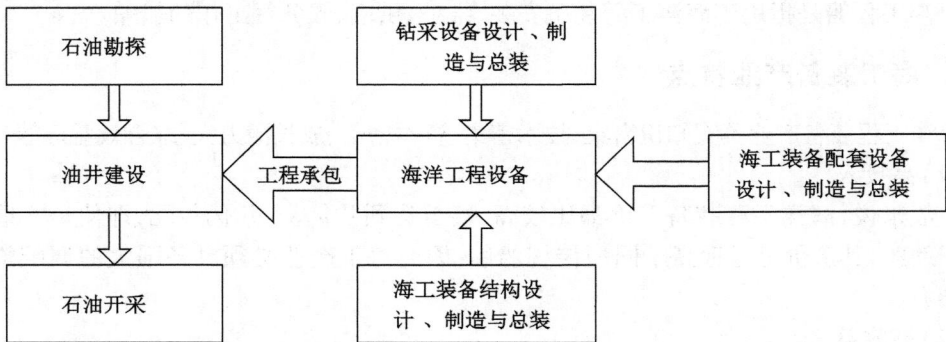

图 2-5　海洋工程装备产业链形成图

海洋工程装备产业链核心装备有：前期勘探装备（海洋地质调查船、工程地质取芯船和物探船）、固定式或浮式海洋油气钻采生产平台（自升式、半潜式平台和钻井船等）、海洋水下作业装备（水下基盘、水下管汇、海底采油树等）、海洋油气采集输送装备（海底输油管线、海上输油终端站、海上浮式储油装置、各类原油和液化气运输船等）。除此之外，海洋工程装备产业链还拥有极其庞杂的配套设备，如勘探设备、钻采设备、集输设备、动力及传动系统、电力系统、定位系统、通信导航系统、安全系统、生活系统、水处理系统、系泊系统和甲板机械等。

②是三类核心海工装备的平行链

海洋工程装备产业链包括海洋工程装备产业链制造系统、海洋工程装备产业链供应系统、海洋工程装备产业链服务系统。其中海洋工程装备产业链制造系统由海洋石油平台、FPSO 和各类海洋工程船及海洋勘探船构成,它们又各自形成平行产业链,最后综合形成海洋工程装备产业链,如图2-6所示。

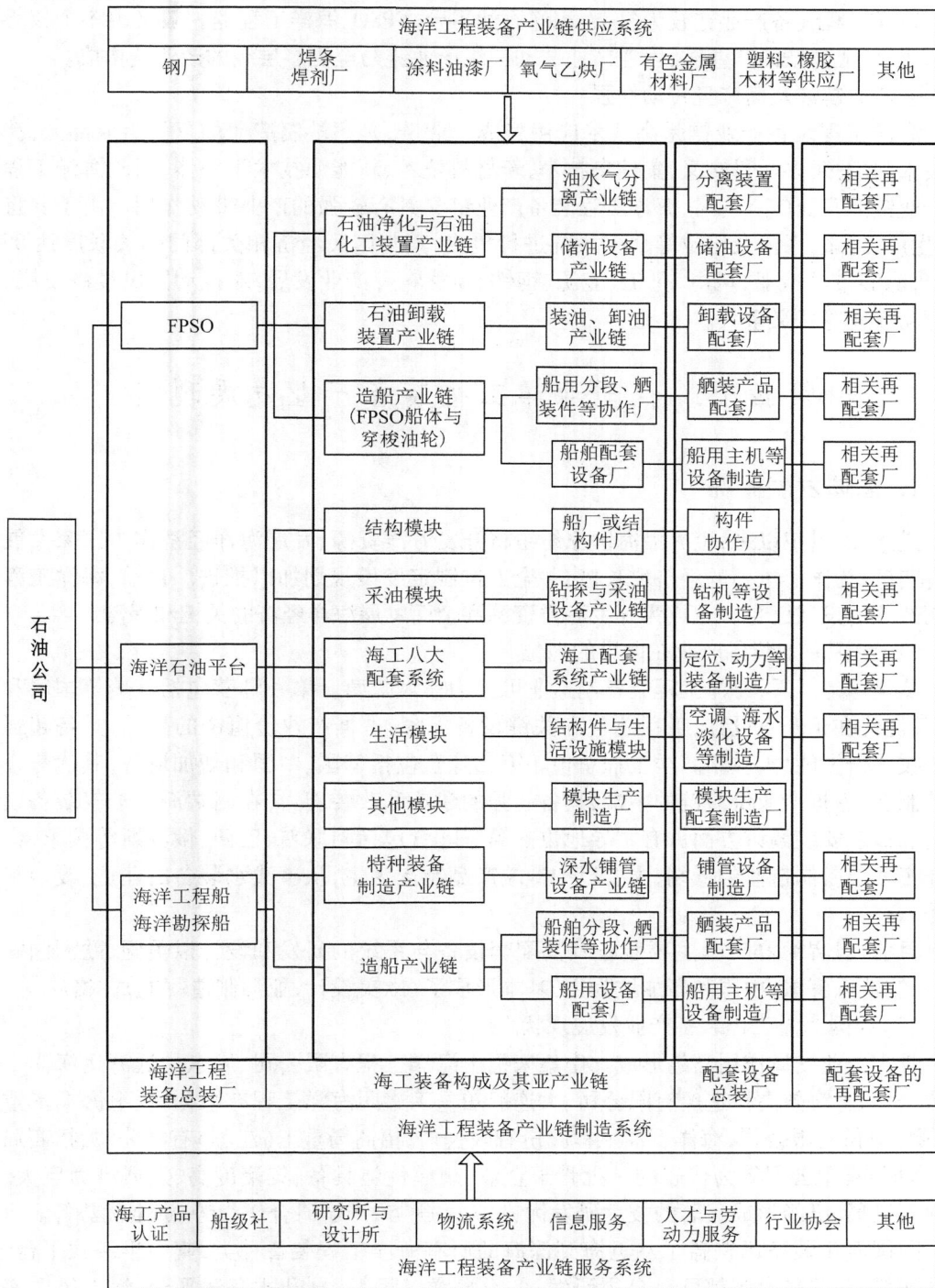

海洋工程装备产业链供应系统						
钢厂	焊条焊剂厂	涂料油漆厂	氧气乙炔厂	有色金属材料厂	塑料、橡胶木材等供应厂	其他

石油公司	FPSO	石油净化与石油化工装置产业链	油水气分离产业链	分离装置配套厂	相关再配套厂
			储油设备产业链	储油设备配套厂	相关再配套厂
		石油卸载装置产业链	装油、卸油产业链	卸载设备配套厂	相关再配套厂
		造船产业链(FPSO船体与穿梭油轮)	船用分段、舾装件等协作厂	舾装产品配套厂	相关再配套厂
			船舶配套设备厂	船用主机等设备制造厂	相关再配套厂
	海洋石油平台	结构模块	船厂或结构件厂	构件协作厂	
		采油模块	钻探与采油设备产业链	钻机等设备制造厂	相关再配套厂
		海工八大配套系统	海工配套系统产业链	定位、动力等装备制造厂	相关再配套厂
		生活模块	结构件与生活设施模块	空调、海水淡化设备等制造厂	相关再配套厂
		其他模块	模块生产制造厂	模块生产配套制造厂	
	海洋工程船海洋勘探船	特种装备制造产业链	深水铺管设备产业链	铺管设备制造厂	相关再配套厂
		造船产业链	船舶分段、舾装件等协作厂	舾装产品配套厂	相关再配套厂
			船用设备配套厂	船用主机等设备制造厂	相关再配套厂
海洋工程装备总装厂	海工装备构成及其亚产业链			配套设备总装厂	配套设备的再配套厂
海洋工程装备产业链制造系统					

海工产品认证	船级社	研究所与设计所	物流系统	信息服务	人才与劳动力服务	行业协会	其他
海洋工程装备产业链服务系统							

图2-6　海洋工程装备产业链构成图

③海工装备产业链长而且复杂

海洋工程装备产业链由海洋工程装备总装、核心配套设备总装、设备的一级配套、配套厂的再配套等组成,产业链相当长,通常比造船产业链还要长。

海洋工程装备产业链较为复杂,海洋石油平台、FPSO、海洋工程船一般又由多个核心模块构成,形成复杂的产业链,由亚产业链和三级产业链乃至更多层级的产业链构成。

④产业链涉及面广且带动性强

海洋工程装备产业链是高技术应用集成产业链,是高端制造业的重要组成部分,涉及的技术门类多,多学科交叉,集信息技术、新材料技术、新能源技术于一体,因此海洋工程装备产业链涉及面广。同时,海洋工程装备产业链又具有较强的产业带动作用。由于要将钻采、生产、处理、系泊及定位等众多系统进行集成,其与国民经济相关部门的关联度达85%以上,能够带动造船、机电、化工、能源、钢铁、新材料等产业发展,对拉动国民经济发展、促进劳动就业等意义重大。

第四节　我国海洋工程装备产业发展现状

1. 总体发展概况

进入21世纪以来,世界沿海国家纷纷将开发海洋资源、发展海洋经济作为国家发展战略,使其成为国家重要的经济增长极,并全方位制定发展规划加以推进。目前,海洋工程装备制造业的发展已越来越成为开发海洋资源和全面发展海洋经济的关键和保障。

(1)我国海工装备产业在世界的地位

从全球范围看,海洋工程装备制造业可分为三大阵营。第一阵营包括欧美等国家和地区,其优势在于开发设计、工程总包和关键设备配套,占据产业价值链的高端,具备超强的核心技术研发能力,主宰海洋工程总包。第二阵营包括韩国、中国和新加坡等,其优势在于总装制造,占据产业价值链的中端,具备超强的建造和改装能力,在高端海洋油气装备模块建造、总装、安装调试方面占有主导地位。第三阵营包括阿联酋、巴西、俄罗斯等国家,位于海洋工程装备制造业的低端,主要以中低端产品制造为主,从事浅水装备的建造、改装和修理等。

目前,世界海洋工程主要装备及其配套设备与系统的研发和设计以美国、欧洲国家为核心,制造以韩国、中国和新加坡为主,基本形成了"欧美设计,亚洲制造"的总体格局。

(2)我国海洋工程装备产业发展现状

骨干企业支撑作用已经形成。中集来福士海洋工程有限公司、启东中远海运海洋工程有限公司、上海外高桥造船有限公司、大连船舶重工集团海洋工程有限公司、上海振华重工(集团)股份有限公司、海洋石油工程股份有限公司、招商局重工(江苏)有限公司、招商局重工(深圳)有限公司等为代表的一批骨干企业,规模优势具备、集聚度高、发展潜力巨大、发展速度迅猛,已经形成显著的技术研发优势、人才优势、产学研合作优势、资金优势等。

我国海工装备已覆盖了从近海到深海的所有海洋工程装备种类,其中半潜式平台、浮式储油船、钻井平台等都可以自主研发;各类海洋工程船、自升式海洋平台、海上风电安装船、穿梭油轮等多种海工装备在国际上具有很强的竞争力,这标志着我国海洋工程装备产业步入稳步提升发展轨道。

目前我国海洋工程配套产业已实现同步发展,已基本形成门类齐全、规模显著、产业链较为完整、市场占有率较高的船舶配套产业基础,一批船舶设备骨干企业正在加快向海工配套发展,已经形成中低速柴油机及发电机组、船舶及海洋石油平台救生装置、海洋石油平台系泊链、海工电器等一批科技含量高、规格型号多、市场占有率高的海工配套产品,将有力支持我国海工装备制造的发展。

海上能源利用装备发展前景广阔。海上风力发电已经实现大规模产业化,发展速度快,前景好。在海洋能利用方面,目前我国在利用潮汐能、波浪能方面已有示范工程,面临产业化突破。

而在深海资源探测开发装备方面,我国研制了最大下潜深度达7 062米的"蛟龙"号,实现中国载人深潜技术的重大突破。

2. 2018年发展情况

(1)生产经营情况

2018年,中国海洋工程装备制造业迎来触底反弹,接单金额和接单数量双双出现回升,库存压力得到一定程度缓解,产业转型初见成效。中国海洋工程装备制造业新承接订单金额约61亿美元,完工交付金额77亿美元,截至2018年底,手持订单金额355亿美元。

(2)完工交付情况

2018年,中国完工交付海洋工程装备108艘(座),各类海工装备产品见表2-8。具体包括:海洋调查类装备2艘;移动钻井装备5座,包括自升式钻井平台4座,半潜式钻井平台1座;建造施工类装备46艘(座),具体包括起重、铺管、铺缆类船舶7艘,重物运输类船舶6艘,自升式支持平台、风电安装船/平台15艘(座),潜水支持、多功能支持类船舶11艘,生活支持船/平台4艘(座),其他施工类船舶3艘;浮式生产储卸油装置(FPSO)5艘;浮式储运装备2艘;平台供应船、三用工作船、维修船等支援类船舶48艘。

表2-8 2018年交付的主要海洋工程装备产品

产品类型	企业
移动钻井装备	招商局重工(深圳)有限公司、大连船舶重工集团有限公司、中集来福士海洋工程有限公司
起重、铺管、铺缆类船舶	上海振华重工(集团)股份有限公司、招商局重工(江苏)有限公司、江苏韩通船舶重工有限公司等
自升式支持平台	招商局重工(深圳)有限公司、青岛海西重机有限责任公司、中船黄埔文冲船舶有限公司等
风电安装船	招商局重工(江苏)有限公司、上海振华重工(集团)股份有限公司、厦门船舶重工股份有限公司、江苏韩通船舶重工有限公司、中船黄埔文冲船舶有限公司等

续表

产品类型	企业
海工支持船	武昌船舶重工集团有限公司、福建省马尾造船股份有限公司、福建东南造船有限公司、广东中远海运重工有限公司、广东粤新海洋工程装备股份有限公司等

（3）新接订单情况

2018年，中国海洋工程装备接单数量为51艘（座），见表2-9。具体包括：海洋调查船3艘；半潜式钻井平台1座；建造施工类装备22艘（座），主要船型有潜水支持船、起重船、生活居住船、风电运维船等多种类型；浮式生产装备7艘（座），主要船型有FPSO、半潜式生产平台；浮式储运装备6艘；平台供应船12艘。

表2-9　2018年新承接的主要海洋工程装备产品

产品类型	企业
浮式生产装备	上海外高桥造船有限公司、海洋石油工程股份有限公司、中集来福士海洋工程有限公司、舟山中远海运重工有限公司等
起重、铺管、铺缆类船舶	上海振华重工(集团)股份有限公司、招商局重工(深圳)有限公司、中船黄埔文冲船舶有限公司、泰州口岸船舶有限公司等
自升式支持平台	招商局重工(江苏)有限公司、中船黄埔文冲船舶有限公司、中集来福士海洋工程有限公司等
风电安装船	上海振华重工(集团)股份有限公司、山海关船舶重工有限责任公司、江苏大洋海洋装备有限公司等
海工支持船	武昌船舶重工集团有限公司、大连辽南船厂等

（4）新型海工装备取得突破

2018年，我国骨干海工装备企业紧盯市场变化，承接5艘高价值的FPSO，同时在液化天然气(LNG)动力守护供应船、LNG浮式再气化驳船等LNG相关海工装备，以及海上风电安装平台、自升式海洋牧场平台、海上风电多功能抢修船、海上风电安装船和智能化渔场等新型海工装备领域取得突破。

第三章　我国船舶与海工装备制造业专利信息分析

第一节　我国总体发展概况

进入 21 世纪，我国船舶与海工装备制造业不断发展，船舶与海工装备制造企业数量也日益增加，专利申请量也随之迅速增长，但通过对专利数据的检索发现，申请过专利的企业只占少数。目前，我国拥有自主知识产权的船舶与海工装备制造企业主要分布在 15 个省区市，沿海省市居多，具体企业名单参见附录 B。

经过统计整理，在 1985—2018 年，有 208 家船舶与海工装备制造企业申请了专利，共计 16 063 件。其中，发明专利申请 5 980 件，实用新型专利申请 9 938 件，外观设计专利申请 145 件，其中 PCT 国际专利申请 87 件。

1. 申请趋势

通过对我国船舶与海工装备制造业的逐年专利申请数量与时间趋势图及专利申请增长率曲线进行分析，可以把握船舶与海工装备制造业整体专利申请状况、所处阶段以及从宏观层面把握分析对象在各时期的专利申请热度变化。

总体上，我国船舶与海工装备制造业的专利发展呈平稳增长趋势，整体表现为初期增长缓慢，中后期增长迅速（见图 3 - 1，由于 1985—1999 年专利申请数量极少，且在时间上不连续，故 2000 年之前的申请情况未在图中给出）。根据不同时期企业专利申请数量增长所体现出的不同特点，大致可分为三个阶段：萌芽起步期（1985—2004 年）、成长发展期（2005—2009 年）和平稳增长期（2010—2018 年）。

第一阶段——萌芽起步期（1985—2004 年）。我国船舶与海工装备制造业专利申请与我国专利法实施同步，都是从 1985 年开始的，是我国专利发展的初始期。这一阶段的特点表现为，国家相应的知识产权保护法律体系还不完善，企业基本没有知识产权保护意识，所以在 2000 年之前仅有少量的企业申请了专利，如南京金陵船厂有限公司（1985 年）、福建省马尾造船股份有限公司（1986 年）、中船澄西船舶修造有限公司（1987 年）、湖南长沙船舶有限公司（1988 年）、中船黄埔文冲船舶有限公司（1989 年）等企业，这些企业走在了我国船舶与海工装备制造业知识产权保护的前列。由于该阶段专利数量极少，基数小，故在增长率上表现出波动较大的特点。

第二阶段——成长发展期（2005—2009 年）。这一阶段是我国知识产权事业逐步迈向正轨的阶段，也是相关法律法规体系不断完善的阶段。2008 年，国务院发布《国家知识产权战略纲要》，决定实施国家知识产权战略，同时国家出台了一系列促进船舶与海工装备制造业发展的利好政策。在专利申请量上表现为，专利申请数量不断上升，申请专利的企业数量迅速增加，企业知识产权意识不断提升，对自身知识产权保护的重视程度也在同步提高。这一阶段专利申请数量增长较快，但也呈现增幅波动较大的特点。

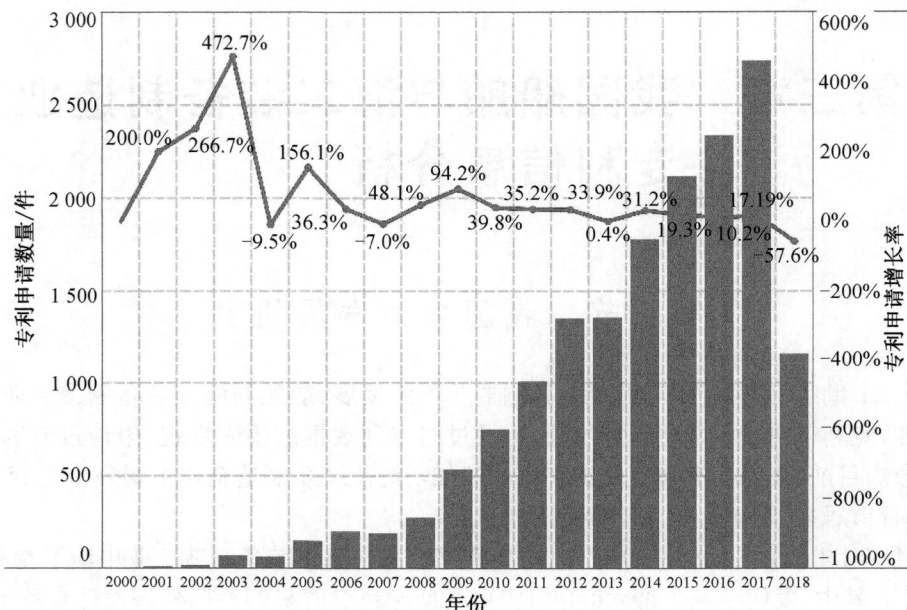

图 3 - 1　我国船舶与海工装备制造业专利申请总体发展趋势

注:期末统计数量下降是由于一些专利未公开所致,并非申请量下降。

第三阶段——平稳增长期(2010—2018 年)。2010 年以后是我国船舶与海工装备制造业专利发展的平稳增长阶段,经过了前期的快速生长发展,专利产出已进入快速积累期。随着我国造船完工量、新接订单量和手持订单量三大造船指标连续稳居世界第一,成为名副其实的造船大国,我国的造船技术也在日新月异地发生变化,大型造船企业纷纷展开了技术争夺战,申请专利保护,合理展开专利布局,以谋求占领造船技术的制高点。这一阶段的专利申请数量迅猛增长,也和我国出台了一系列鼓励自主创新的政策有着密不可分的关系。可以看出,企业申请专利数量在逐年增加,随着专利申请量基数的增大,增长率曲线呈现较为平稳的增长趋势,而由于数据收集日期及专利公开的限制对 2018 年专利申请数据的准确性产生一定影响,预计 2018 年我国船舶与海工装备制造业专利申请量将再创新高。

2. 专利结构

根据《中华人民共和国专利法》(以下简称《专利法》),专利可以分为三种类型:发明专利、实用新型专利、外观设计专利。图 3 - 2 为我国船舶与海工装备制造业不同类型专利申请总体情况,可以看出我国船舶与海工装备制造业申请专利类型以实用新型为主,达到专利申请总量的 62%;发明次之,占比为 37%;最后为外观设计型专利,仅占 1%。

上述情况是由于不同类型专利的自身特点和行业特性造成的。一般而言,发明专利技术含量高,审批程序多(经受理、初审、公布、实审、授权五个阶段),审查时间长,因此授权率低。而实用新型专利和外观设计专利审批程序少(受理、初审、授权),审查时间短,初步审查合格即授予专利权,因而授权率高。

实用新型是指对产品的形状、构造或者其结合所提出的适于实用的新的技术方案。同发明一样,实用新型保护的也是一个技术方案。但实用新型专利保护的范围较窄,它只保护有一定形状或结构的新产品,不保护方法以及没有固定形状的物质。实用新型的技术方案更注重实用性,其技术水平较发明而言要低一些,多数国家实用新型专利保护的都是比较简单的、改进性的技术发明,可以称为"小发明"。实用新型适用于低成本、研制周期短的小发明的创造,从而更快地适应经济发展的需要。由于实用新型专利申请的技术含量不高,且由于实用新型专利不经过实质审查,其权利稳定性差,这需要引起重视。

外观设计1%

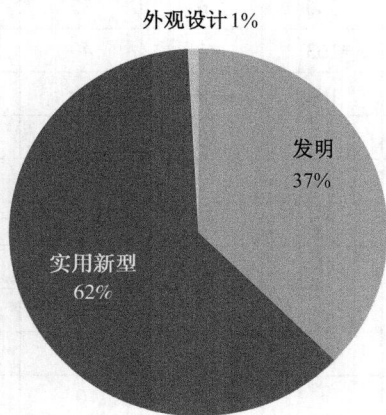

图 3-2　我国船舶与海工装备制造业不同类型专利总体情况

由于我国目前核心技术、原创技术、基础原理的重大突破比较少,小创新、小改进比较多,技术更新快,因而实用新型专利申请数量较多,符合现阶段"中国制造"国情。此外,外观设计类专利申请数量占比少,是由于船舶与海工装备产品的特殊性造成的。

表 3-1 为我国船舶与海工装备制造业逐年专利申请中不同类型专利构成的变化情况(2000—2018 年),可以看出发明专利的比例峰值最高达到 73%(2002 年);实用新型专利除去极端情况在 2000 年达到 100%,在 2011 和 2012 年也达到 73%。二者的比例变化关系大致是此消彼长的,从发明专利的比例来看,呈现出随时间先下降后上升的趋势,在 2012 年以后,比例逐渐上升,说明这一阶段,我国船舶与海工装备制造业从注重专利数量逐渐转为注重专利的质量和发明创新。而外观设计专利的比重一直较低,在 2010 年达到峰值 7%(2001 年外观设计比重也较高,但由于总量较少,不具代表性)。

表 3-1　我国船舶与海工装备制造业专利申请结构变化(2000—2018 年)

年份	申请总量/件	发明/件	实用新型/件	外观设计/件	发明比重/%	实用新型比重/%	外观设计比重/%
2018	1 158	745	412	1	64	36	0
2017	2 733	1 129	1 589	15	41	58	1
2016	2 333	869	1 457	7	37	62	0
2015	2 118	794	1 310	14	37	62	1
2014	1 775	589	1 172	14	33	66	1
2013	1 353	425	924	4	31	68	0
2012	1 347	361	983	3	27	73	0
2011	1 006	253	737	16	25	73	2

年份	申请总量/件	发明/件	实用新型/件	外观设计/件	发明比重/%	实用新型比重/%	外观设计比重/%
2010	744	219	475	50	29	64	7
2009	532	170	356	6	32	67	1
2008	274	110	163	1	40	59	0
2007	185	74	102	9	40	55	5
2006	199	96	103	0	48	52	0
2005	146	69	77	0	47	53	0
2004	57	33	23	1	58	40	2
2003	63	34	28	1	54	44	2
2002	11	8	3	0	73	27	0
2001	3	1	1	1	33	33	33
2000	1	0	1	0	0	100	0

3. 技术构成

发明和实用新型专利的技术分类号是采用 IPC 国际专利分类表对其进行标识的。同一专利可能具有若干个分类号时,其中第一个称为主分类号。如一件发明专利申请或者实用新型专利申请涉及不同类型的技术主题,并且这些技术主题构成发明信息时,则应当根据所涉及的技术主题进行多重分类,给出多个分类号,将最能充分代表发明信息的分类号排在第一位。

通过分析对象覆盖的技术类别,可以了解各技术分支的创新热度。本报告考察的发明和实用新型专利数据覆盖 94 个 IPC 技术大类、296 个 IPC 技术小类。图 3 - 3 为我国船舶与海工装备制造业专利申请的技术领域(前 20)构成情况。可以看出我国船舶与海工装备制造业的专利申请主要集中在 B63B(船舶或其他水上船只;船用设备)、B23K(钎焊或脱焊;焊接;用钎焊或焊接方法包覆或镀敷;局部加热切割,如火焰切割;用激光束加工)、B66C(起重机;用于起重机、绞盘、绞车或滑车的载荷吊挂元件或装置)、B63C(船只下水,拖出或进干船坞;水中救生;用于水下居住或作业的设备;用于打捞或搜索水下目标的装置)、B63H(船舶的推进装置或操舵装置)、F16L(管子;管接头或管件;管子、电缆或护管的支撑;一般的绝热方法)等技术领域。其中 B63B 领域申请的专利比例最多,达到 23.46%。

综上分析可以看出,船舶与海工装备制造业在技术领域方面有其自身的特点:涉及的技术领域广泛、技术十分密集,并且技术主要涉及船舶或其他水上船只、船用设备建造技术、焊接及连接装置、水下作业、船舶动力等方面,可见船舶与海工装备制造是一项非常复杂的系统工程。

研究不同技术方向专利申请量的分布情况和发展趋势、分析各阶段的技术分布情况,有助于了解特定时期的重要技术分布;挖掘近期的热门技术方向和未来的发展动向,有助于对行业有一个整体认识,并对研发重点和研发路线进行适应性的调整。对比各技术方向的发展趋势,有助于识别哪些技术发展更早、更快、更强。

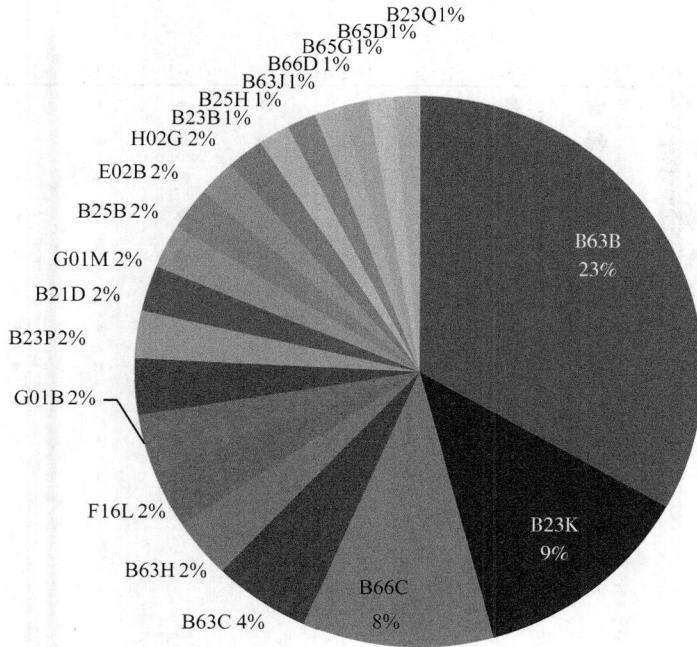

图 3-3　我国船舶与海工装备制造业专利申请技术构成

注:所占比重低于1%的 IPC 分类(小类)统一归为其他类,未在图中标出。

从我国船舶与海工装备制造业技术(前10)发展变化态势来看(图 3-4),在 2006 年之前,B66C(起重机;用于起重机、绞盘、绞车或滑车的载荷吊挂元件或装置)领域的专利申请增长较快,数量较多,而在 2006 年之后增速趋缓;B63B(船舶或其他水上船只;船用设备)领域的专利申请逐渐成为企业申请的主流技术领域,专利申请数量增长势头显著,行业特性凸显;B23K(钎焊或脱焊;焊接;用钎焊或焊接方法包覆或镀敷;局部加热切割,如火焰切割;用激光束加工)、B66C(起重机;用于起重机、绞盘、绞车或滑车的载荷吊挂元件或装置)逐渐发展为不相上下的第二、第三技术领域。

4. 专利有效性

专利的法律状态一般可以简单地分为"有效""无效""审查中"三种。

有效专利是指专利申请被授权后,仍处于有效状态的专利。要使专利处于有效状态需满足两个条件:首先,该专利权还处在法定保护期限内;其次,专利权人需要按规定缴纳年费。在本报告中,有效专利是指截至考察期仍维持有效,享有专利权的专利,并且专利是否有效是随时间变化的。例如,当在考察期,某件专利没有继续缴纳年费,则专利权会终止,相应的该件专利会变为失效专利。

无效专利是指已被专利局授权或公布的专利,经过一定的法律进程,失去专利权保护或自始至终未获得专利权的保护(后者严格地说应该叫作无效申请),具体包括在审查过程中未通过的专利申请,即未获得授权的专利,和依法获得授权后已经失效的专利。对于已授权的专利,专利权的终止情况主要有下列三种:一是期限届满终止,发明专利权自申请日起算维持满 20 年,实用新型或外观设计专利权自申请日起算维持满 10 年,依法终止;二是专利权人没有按照规定缴纳年费而导致的专利权的终止;三是专利权人主动放弃专利权,则该专利权终止。

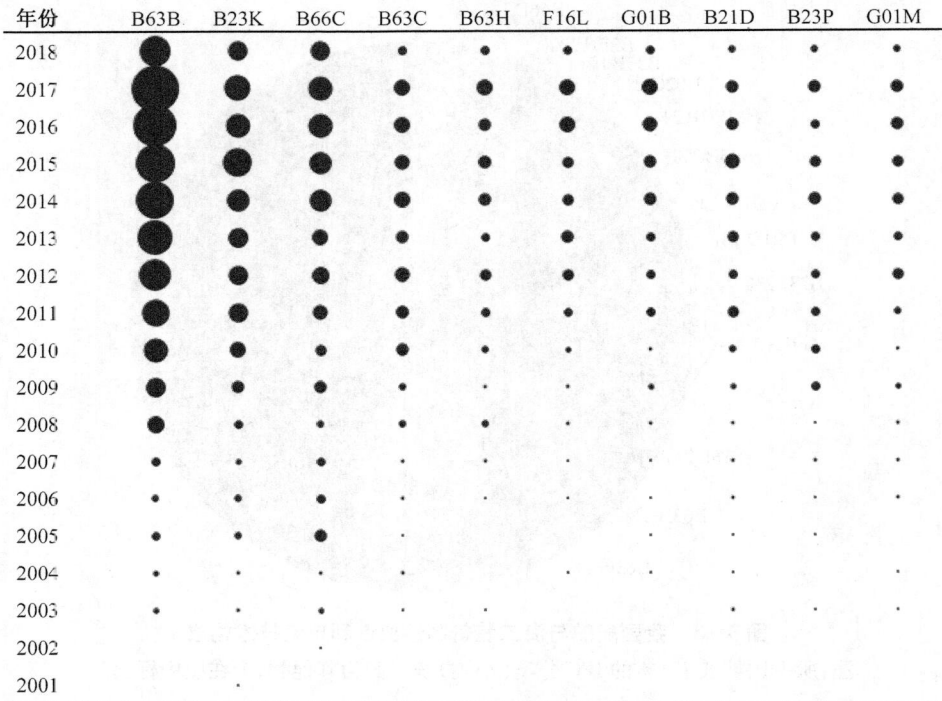

年份	B63B	B23K	B66C	B63C	B63H	F16L	G01B	B21D	B23P	G01M

图3-4 我国船舶与海工装备制造业技术(前十)发展态势

审查中专利是指截止数据收集期还处于审查阶段的专利申请,一般是发明专利申请,在实质审查阶段可以被查询到,但此时的法律效力还待定。

通过对全国船舶与海工装备制造业专利数据的法律状态进行统计分析,见表3-2,截至数据收集期(2018年12月31日),有效专利9 110件,无效专利4 829件,在审查中专利2 019件,占比分别为56.71%、30.06%、12.58%;在有效专利和无效专利中,实用新型专利的比重都是最高的,外观设计因数量最少,相应比重也最低;处于审查中的专利都是发明申请。

表3-2 我国船舶与海工装备制造业申请专利有效性情况

法律状态	总量/件	比重/%	不同类型专利数量/件			不同类型专利比重/%		
			发明	实用新型	外观设计	发明	实用新型	外观设计
有效	9 110	56.71	2 302	6 763	45	25.27	74.24	0.49
无效	4 829	30.06	1 554	3 175	100	32.18	65.75	2.07
审查中	2 019	12.58	2 019	—	—	100.00	—	—
其他	105	0.65	105	—	—	100.00	—	—

注:其他法律状态为PCT国际专利申请及法律状态缺失的专利数据。

在无效专利中有1 379件未获得授权的发明专利申请(在审查阶段驳回、撤回、放弃最终没有完成授权程序),3 450件是失效专利。为进一步考察专利失效原因,对失效专利的法律状态进行分析,列出我国船舶与海工装备制造业专利失效主要原因(表3-3)。表3-3中可以看出未缴年费是专利失效的普遍原因,比重达到80.66%;实用新型专利为避免重复授权而放弃的比例达到10.69%;因专利有效期届满而失效的专利比重为8.65%,仅涉及实用新型、外观设计专利。

表3-3　我国船舶与海工装备制造业专利失效主要原因

失效原因	数量	比重	包含专利类型
未缴年费	2 778	80.66%	发明、实用新型、外观设计
放弃	368	10.69%	实用新型
有效期届满	298	8.65%	实用新型、外观设计

5. 维持时间

专利维持是指在专利法定保护期内,专利权人依法向专利行政部门缴纳规定数量维持费使得专利继续有效的过程。专利维持费用随着维持年限的延长而增加,是否长时间维持专利取决于专利带来的预期收益与专利维持成本之间的权衡结果,通常专利权人愿意为技术水平和经济价值较高的专利长久支付维持费用。专利维持时间是指专利从申请日或者授权之日至无效、终止、撤销或届满之日的实际时间。为了全面考察所有专利的维持时间总体情况,在本书中,对维持时间进行了概念扩展,即对于已经失效的专利,维持时间按专利从申请日至无效、终止、撤销或届满之日的实际时间计算;而对于截至数据收集期还维持有效的专利,则计算专利从申请日至数据收集期的实际时间。维持时间计算单位为年。

表3-4为不同类型专利维持时间情况。可以看出不同类型的专利维持时间的差距,发明专利平均维持时间为5.9年,实用新型专利平均维持时间为4.1年,外观设计专利平均维持时间为2.9年。从不同维持时间的专利所占比重的比较可以看出,能维持3年以上的专利类型,发明专利达到76%,实用新型专利为49%,外观设计专利仅为29%;而维持5年以上的专利相应的占比更少。综上,一般情况下,发明专利维持时间较长,实用新型专利次之,维持时间最短的是外观设计专利。由于考察时间的限制,各专利的平均维持时间仅作阶段性参考,随着时间的发展变化,上述数值也会发生相应变化。

表3-4　不同类型专利维持时间

专利类型	平均维持时间/年	3年以上占比/%	5年以上占比/%
发明	5.9	76	43
实用新型	4.1	49	24
外观设计	2.9	29	17

6. 国民经济行业分布

为促进专利与产业发展相结合的创新驱动发展评价工作的顺利开展,实现专利与产业的对接,国家知识产权局制定了《国际专利分类与国民经济行业分类参照关系表(2018)》。通过此表,可以了解我国船舶与海工装备制造业申请的专利在各国民经济行业的分布情况。

由图3-5可以看出,我国船舶与海工装备制造业申请的专利主要分布在C37(铁路、船舶、航空航天和其他运输设备制造业)、C34(通用设备制造业)、C33(金属制品业)三个行业,比重达74%;其余的小部分专利分布于C40(仪器仪表制造业)、C35(专用设备制造业)、C38(电气机械和器材制造业)、E48(土木工程建筑业)、C39(计算机、通信和其他电子设备制造业)、C36(汽车制造业)等行业。

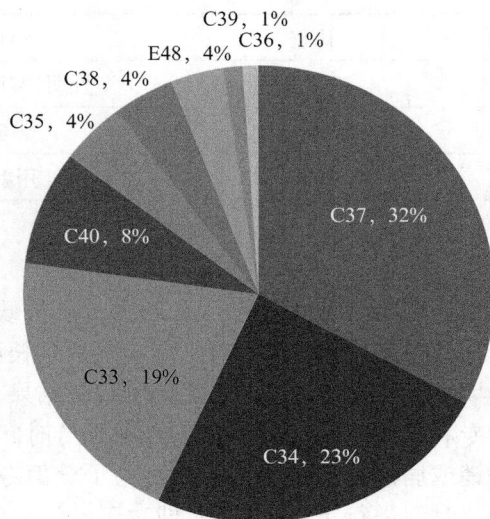

图3-5 我国船舶与海工装备制造业专利对应国民经济行业分布

注:所占比重低于1%的国民经济行业统一归为其他类,未在图中标出。

第二节 主要地区发展情况

1. 专利地区分布

对我国船舶与海工装备制造业申请专利数量按所属地区进行统计,结果见表3-5。申请总量排名前三位的地区是上海、江苏、广东,分别是4 057件、3 347件、3 019件,占全国船舶与海工装备制造业申请总量的比重分别是25.26%、20.85%、18.79%,三个地区的专利申请量比重之和超过全国申请量的50%,可见长三角区域及珠三角区域的船舶与海工装备制造企业对于全国船舶与海工装备制造业知识产权发展的重要贡献和地位。辽宁省的企业专利申请数量为1 476件,占全国比重约为9.19%。其余地区企业专利申请数量均不足1 000件,其中,浙江、山东数量相当,分别为988件、884件,占全国比重分别为6.15%、5.50%;湖北、安徽、福建三省申请量为500～700件;天津、广西申请量为150～200件,占全国比重约为1%;江西、重庆、河北、湖南地区均不足100件,占全国比重均在0.5%以下。

从国内发明申请数量来看,排名前三位的地区分别是上海、广东、江苏,比重分别是27.41%、23.82%、19.58%,广东位于江苏前列,辽宁仍然稳居第四位,为466件,比重为7.91%,另外,山东、湖北、安徽、浙江依次排列靠前。

表 3 - 5 各地区船舶与海工装备制造业专利申请情况

地区	申请总数		国内发明		PCT 发明		实用新型		外观设计	
	数量/件	占全国比重/%	数量/件	占全国比重/%	数量/个	占全国比重/%	数量/件	占全国比重/%	数量/件	占全国比重/%
上海	4 057	25.26	1 615	27.40	7	8.05	2 417	24.32	18	12.41
江苏	3 347	20.85	1 154	19.58	7	8.05	2 117	21.30	69	47.59
广东	3 019	18.79	1 404	23.82	67	77.00	1 543	15.53	5	3.45
辽宁	1 476	9.19	466	7.91	2	2.30	995	10.01	13	8.96
浙江	988	6.15	193	3.28	—	—	782	7.87	13	8.96
山东	884	5.50	331	5.62	2	2.30	538	5.41	13	8.96
湖北	681	4.24	268	4.55	2	2.30	407	4.10	4	2.76
安徽	531	3.31	211	3.58	—	—	313	3.15	7	4.83
福建	507	3.16	86	1.46			421	4.24	—	—
天津	190	1.18	26	0.44			164	1.65	—	—
广西	159	0.99	112	1.90			47	0.47	—	—
江西	79	0.49	3	0.05			76	0.76		
重庆	77	0.48	11	0.19			64	0.64	2	1.39
河北	52	0.32	12	0.20			40	0.40		
湖南	16	0.10	1	0.02			14	0.15	1	0.69

仅有6个地区的船舶与海工装备制造企业申请过 PCT 发明专利,按数量、比重排名依次是广东、上海、江苏、辽宁、山东、湖北,广东省的企业在此项指标的贡献度最高,为77.00%,其余地区占比均不足10%,上海和江苏均有2件 PCT 发明专利申请。

实用新型专利申请数量、比重的地区排名与申请总量排名整体一致,福建、江西、重庆所占比重排名有所上升。外观设计专利申请数量排名前两位的地区是江苏、上海,分别为69件、18件,比重分别为47.59%、12.41%,江苏几乎占全国申请量的50%,辽宁、浙江、山东数量一致,都是13件,比重为8.96%。

综上分析,不同地区的企业在不同类型专利的申请上各有优势,上海的企业在国内发明和实用新型专利申请上具有明显优势,江苏的企业在外观设计专利申请方面具有明显优势,广东的企业在 PCT 发明专利申请方面具有明显优势。

2. 企业分布

从企业数量和专利申请的地域分布来分析,结果如图 3 - 6 所示。从企业数量来看,江苏位于长江沿岸,地理位置优越,也聚集了最多的船海企业,有52家船海企业申请了专利;其次是浙江(37 家)、广东(25 家),其余地区申请专利的船海企业不足20家。而从专利申请数量来看,各地区专利申请数量分布极为不均衡,申请量最多的是上海市,其次是江苏、广东,分别为4 057件、3 347件、3 019件;浙江虽然企业数量多于辽宁,但在专利申请量上不及辽宁;专利申请数量较少的省份是河北、湖南,分别为 52 件、16 件;总体来看,江苏、浙江、广东三省拥有的企业数量占全部企业的 55%;上海、江苏、广东三地区的专利申请量占全部企业申请专利量的 65%。

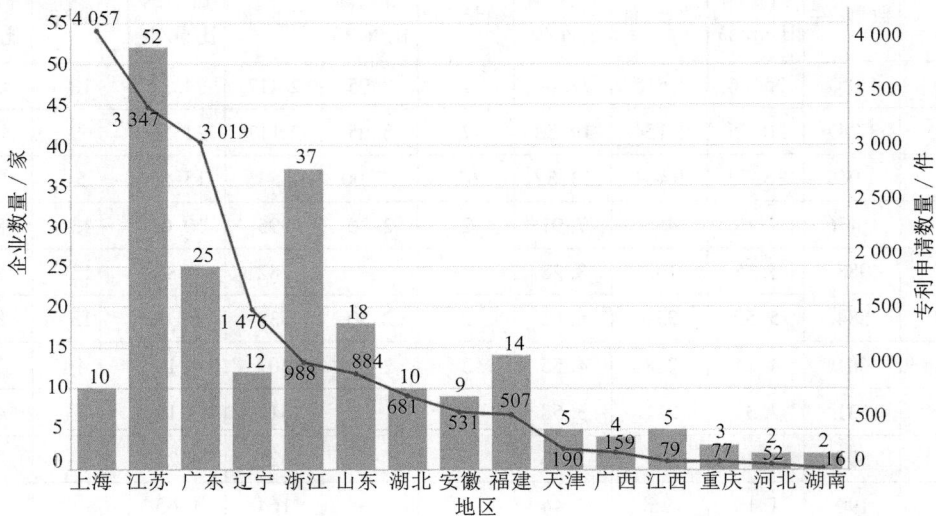

图 3-6　我国申请专利的船舶与海工装备制造企业分布图

3. 申请趋势

从发展趋势来看,我国各地区船舶与海工装备制造业申请专利发展趋势存在差异(图 3-7)。总体上,15 个省市船舶与海工装备制造业的专利数量呈增长趋势,但是在增长势头上,上海、广东、江苏一直是优势明显,发展较快。其中,2005 年之前,仅有少量省市的船舶与海工装备制造企业申请过专利,主要集中于上海和辽宁,且数量较少,不超过 100 件;到 2010 年,上述地区的船舶与海工装备制造企业几乎全部实现专利的"从无到有",并且在数量上也有所发展;2010 年以后,各地区船舶与海工装备制造业的知识产权事业迎来了全面快速发展,差距逐渐拉大,上海、广东、江苏三大知识产权优势地区格局逐渐形成。值得注意的是上海市起步较早,领先起跑,但江苏省在 2010 年顺利实现超越上海,不仅成为"造船大省",更是船舶行业知识产权事业的"专利大省"。但江苏在 2015 年以后,发展势头趋缓,在专利申请量上逐渐被广东、上海超越。而"三大造船基地"之一的辽宁,在知识产权事业上同样起步较早,但是在后续的发展上没有跟上江苏、上海等地区的步伐。

4. 专利结构

从各地区船舶与海工装备制造业申请专利构成角度分析,不同地区申请专利类型有所侧重(表 3-6)。广西(70.44%)、广东(48.72%)、上海(39.98%)、安徽(39.74%)、湖北(39.65%)、山东(37.67%)六个地区的发明专利占比超过全国平均水平(37%,参考线所示),专利结构相对较好。这些地区较为注重发明专利的申请,其中,专利申请量排名第三的广东,发明专利占比近 49%,不仅在数量上取得优势,结构上也积极布局,综合创新水平较高。江苏(34.69%)、辽宁(31.71%)、河北(23.08%)的发明专利占比略低于全国平均水平,有待改善专利结构。浙江(19.53%)、福建(16.96%)、重庆(14.29%)、天津

（13.68%）、湖南（6.25%）、江西（3.80%）的发明专利占比不足20%,尚有较大优化空间。大部分地区的专利以实用新型为主,而江西（96.20%）、湖南（87.50%）、天津（86.32%）、重庆（83.12%）、福建（83.04%）五个地区的实用新型专利比重均在80%以上,远高于全国平均水平（62%）,浙江（79.15%）、河北（76.92%）高于全国平均水平;辽宁（67.41%）、江苏（63.25%）略高于全国平均水平。湖南（6.25%）地区的外观设计专利比重相对于其他地区较高,重庆（2.60%）、江苏（2.06%）也高于全国船舶与海工装备制造业的平均水平,广西、福建、天津、河北、江西地区的船舶与海工装备制造企业没有申请过外观设计专利。

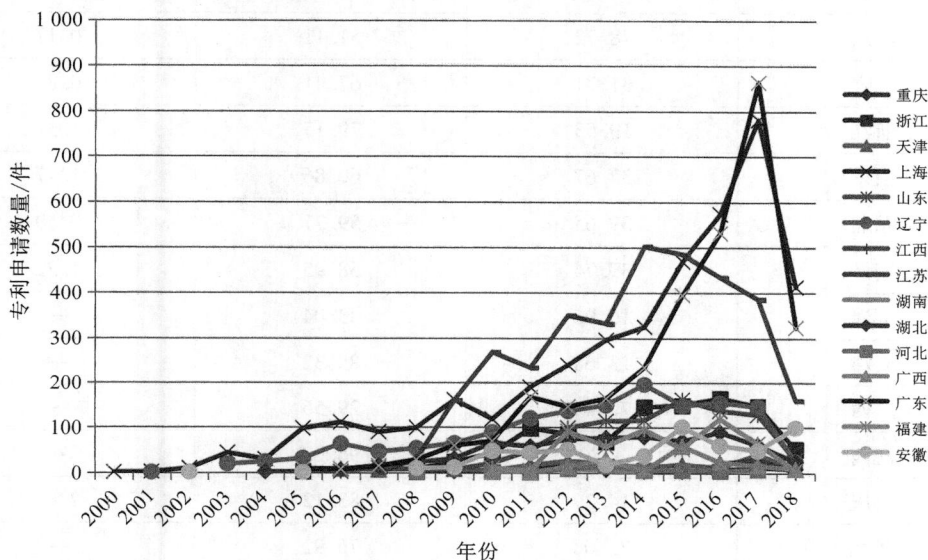

图3-7　各地区船舶与海工装备制造业专利申请发展趋势

5. 技术构成

图3-8为不同地区的船舶与海工装备制造业申请专利的技术热点领域。首先,B63B（船舶或其他水上船只;船用设备）是所有考察对象和地区的最重要也是最根本的技术领域,可以清楚地看出,上海、江苏、广东在此技术领域占绝对优势,并且三者的专利数量布局相当,其次是辽宁、浙江,处于中上等地位,山东、湖北、福建在此领域专利规模相当,其余等地较少;B23K（钎焊或脱焊;焊接;用钎焊或焊接方法包覆或镀敷;局部加热切割,如火焰切割;用激光束加工）领域主要涉及焊接技术,对于船舶和海工装备制造来说必不可少,因此也是重点技术领域之一;而在B66C（起重机;用于起重机、绞盘、绞车或滑车的载荷吊挂元件或装置）领域,上海领先于其他各省市,并且是其第二大技术领域,其次是江苏、广东、山东在此技术领域上较为领先;江苏在B63C（船只下水,拖出或进干船坞;水中救生;用于水下居住或作业的设备;用于打捞或搜索水下目标的装置）领域比较有优势,其次是上海、广东;在B63H（船舶的推进装置或操舵装置）领域,江苏、广东规模相当,其余省市相对较少;在F16L（管子;管接头或管件;管子、电缆或护管的支撑;一般的绝热方法）技术领域,上海、江苏、广东规模相当;G01B（长度、厚度或类似线性尺寸的计量;角度的计量;面积的计量;不规则的表面或轮廓的计量）领域也是上海、广东、江苏、辽宁地区船舶与海工装备制造企业

申请专利较多的技术领域。

表3-6　各地区船舶与海工装备制造业申请专利结构情况

地区	不同类型专利比重/%		
	发明	实用新型	外观设计
上海	39.98	59.58	0.44
江苏	34.69	63.25	2.06
广东	48.72	51.11	0.17
辽宁	31.71	67.41	0.88
浙江	19.53	79.15	1.32
山东	37.67	60.86	1.47
湖北	39.65	59.77	0.59
安徽	39.74	58.95	1.32
福建	16.96	83.04	—
天津	13.68	86.32	—
广西	70.44	29.56	—
江西	3.80	96.20	—
重庆	14.29	83.12	2.60
河北	23.08	76.92	—
湖南	6.25	87.50	6.25

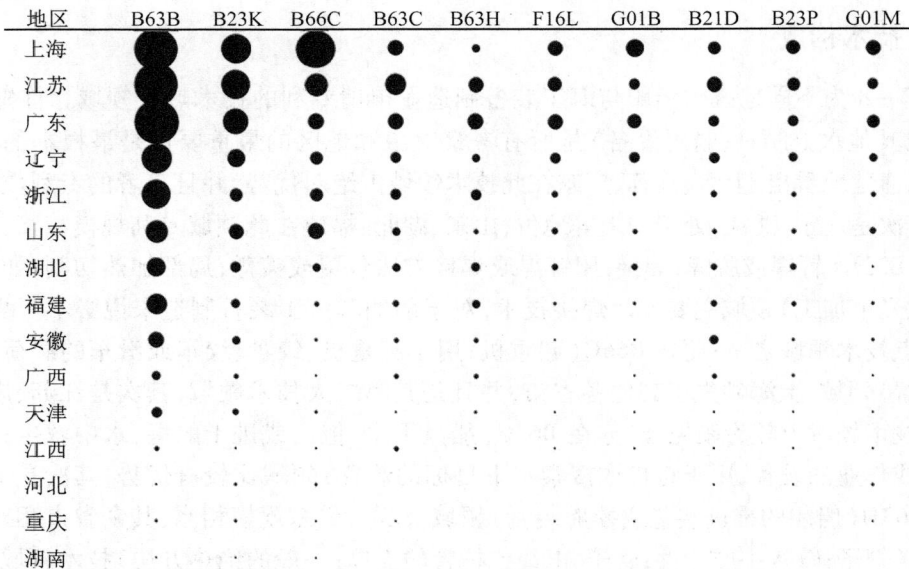

图3-8　各地区船舶与海工装备制造业申请专利的技术热点领域

6. 专利有效性

有效专利数量是反映考察对象技术创新成果真实水平的重要指标,不具有创新性或者没有市场应用价值的专利会慢慢被市场淘汰。表3-7为我国各地区船舶与海工装备制造业申请专利的有效性情况比较,可以看出在有效专利数量上,上海仍然排在第一位,而专利申请数量多于广东的江苏,在有效专利数量上低于广东,排在第三位。从各地区无效专利比重的角度来看,广西(52%)、江苏(49%)、安徽(44%)、辽宁(36%)、江西(35%)、浙江(34%)均超过全国总体平均水平(30%),广西、江苏、安徽三省的无效专利占各自专利申请总量的比重过高;湖南(88%)、福建(80%)、河北(77%)、天津(71%)有效专利比重较高,均高于70%,但是专利申请总量相对偏低;从审查中专利比重来看,安徽(25%)、广东(23%)、上海(14%)、广西(14%)高于全国平均水平(13%),在审查中的专利都是发明专利申请,说明这些地区的企业在未来的创新角逐中潜力更大。

表3-7　各地区船舶与海工装备制造业申请专利有效性比较

地区	总量/件	不同状态专利数量/件			不同状态专利比重/%		
		有效	无效	审查中	有效	无效	审查中
上海	4 039	2 654	799	586	66	20	14
广东	2 951	1 653	631	667	56	21	23
江苏	3 340	1 370	1 635	335	41	49	10
辽宁	1 468	861	530	77	59	36	5
浙江	988	618	335	35	63	34	3
山东	882	574	208	100	65	24	11
湖北	679	462	191	26	68	28	4
福建	507	407	81	19	80	16	4
安徽	531	165	233	133	31	44	25
天津	190	135	44	11	71	23	6
广西	159	54	82	23	34	52	14
重庆	77	52	20	5	68	26	6
江西	79	51	28	0	65	35	0
河北	52	40	10	2	77	19	4
湖南	16	14	2	0	88	12	0

注:PCT国际专利申请及法律状态缺失的数据不在统计范围内,地区按有效专利存量降序排序。

从申请人角度来看,本书考察的208家目标企业中,截至数据收集期,仍拥有维持有效专利的企业为173家,所占比重约为83%,其余企业目前没有维持有效的专利。各地区专利维持有效的申请人情况见表3-8,可以看出,基本上所考察的地区企业中,70%及以上的企业拥有有效专利;拥有企业规模较大的地区(如江苏、浙江)拥有有效专利的企业比重相对稍低,可能是由于近些年,这两地相继破产、倒闭的企业数量较多导致,还有一些企业逐步退出知识产权保护的行列。

表3-8 各地区专利维持有效的申请人情况

地区	申请人总量	专利维持有效的申请人数量	比重/%
江苏	52	43	83
浙江	37	29	78
广东	25	22	88
山东	18	16	89
福建	14	12	86
辽宁	12	10	83
上海	10	9	90
湖北	10	7	70
安徽	9	8	89
天津	5	5	100
江西	5	2	40
广西	4	3	75
重庆	3	3	100
湖南	2	2	100
河北	2	2	100

7. 维持时间

表3-9为各地区船舶与海工装备制造企业专利维持时间比较,可以看出不同地区的专利维持时间的差距和特点。

湖南、辽宁、湖北、天津、上海、河北、重庆7个地区企业申请的专利平均维持时间均高于全国平均水平(4.4年),其中湖南的专利平均维持时间最高,为6.1年,辽宁、湖北较高,分别为5.8年和5.3年,山东与全国平均水平持平,其他地区低于全国平均水平,江西最低,为2.4年。

从专利类型来看:

(1)发明专利的价值和技术含量都是最高的,因此发明专利的维持时间也是衡量技术重要程度的一个有效指标。从表3-9中可以看出,辽宁、天津、湖南、重庆、上海、湖北6个地区的发明专利维持时间高于全国平均水平(5.9年),辽宁最高,为8.5年,天津、湖南较高,分别为7.6年、7.0年,福建、浙江、河北、安徽、广东的发明专利平均维持时间均低于5年。

(2)实用新型专利作为当前我国船舶与海工制造业专利结构的主要构成部分,其维持时间的长短也关系着企业整体的专利质量。湖南、天津、辽宁、河北、湖北、重庆、上海7个地区的实用新型专利维持时间高于全国平均水平(4.1年),湖南最高,为6.3年,天津、辽宁、河北、湖北均在 5 年以上,江苏、江西维持时间较短,分别为 3.3 年和 2.4 年。

表 3 - 9　各地区船舶与海工装备制造业专利维持时间比较　　　　(单位:年)

地区	平均维持时间	专利类型		
		发明	实用新型	外观设计
湖南	6.1	7.0	6.3	2.0
辽宁	5.8	8.5	5.1	4.8
湖北	5.3	6.2	5.0	4.8
天津	5.2	7.6	5.1	—
上海	5.0	6.6	4.5	6.5
河北	5.0	4.6	5.0	—
重庆	4.7	6.7	4.6	2.0
山东	4.4	5.3	4.0	3.6
福建	4.2	4.9	4.1	—
广西	4.2	5.1	3.8	
广东	3.8	4.5	3.6	5.0
浙江	3.7	4.7	3.6	4.3
安徽	3.7	4.5	3.6	1.0
江苏	3.6	5.4	3.3	1.2
江西	2.4	5.0	2.4	—

(3)从外观设计专利的角度比较,拥有外观设计专利的地区有 11 个。上海、广东、辽宁、湖北、浙江、山东 6 个地区的外观设计专利维持时间高于全国平均水平(2.9 年),上海最高,为 6.5 年,广东、辽宁、湖北较高,分别为 5.0 年、4.8 年、4.8 年,江苏、安徽维持时间较短,分别为 1.2 年和 1.0 年。

结合专利申请数量分析可以发现,专利申请数量较高的地区,专利的平均维持时间较短,除了上海的专利平均维持时间较为靠前,江苏、广东的专利平均维持时间都较短;通过上述比较可以看出江苏的实用新型、外观设计专利平均维持时间较短,而广东的实用新型专利平均维持时间较短导致整体专利的平均维持时间偏短。

第三节　主要企业发展情况

1. 申请量分布

通过对附录 B 中企业申请专利数量的统计可以看出,我国船舶与海工装备制造企业申请专利在数量上分布不均衡,申请数量分布区间为[1,1 344],即申请数量最多达到 1 344 件,最少为 1 件。我国船舶与海工制造企业申请专利数量分布情况见表 3 - 10。

总体上,高申请量的企业数量是较少的,但是对整个船舶与海工装备制造业的申请量贡献度是较高的,基本符合管理学中的"二八定律",即在本书中约20%的企业申请了约80%的专利。具体来看,大部分(171家)的企业专利申请数量在100件以下,对总体专利申请的贡献度为27.14%;申请数量在1 000件以上的企业只有1家,对总体专利申请的贡献度为8.22%;申请数量在500～1 000件之间的企业有7家,对总体专利申请的贡献度为31.64%;29家企业的专利申请数量分布在100～500件,其中申请量在100～200件的企业有19家。基本上,不同申请量区间的企业数量呈金字塔形分布。

表3-10　我国船舶与海工装备制造企业申请专利数量分布情况

申请专利数量区间	企业数量/家	占企业总量比重/%	专利申请贡献度/%
[1 000,1 500)	1	0.48	8.22
[500,1 000)	7	3.37	31.64
[400,500)	1	0.48	2.47
[300,400)	2	0.96	4.13
[200,300)	7	3.37	10.43
[100,200)	19	9.13	15.96
[0,100)	171	82.21	27.14

　　限于篇幅,表3-11列出我国船舶与海工装备制造业专利申请数量排名在前20位的申请人(企业)信息。排在前三位的企业分别是上海振华重工(集团)股份有限公司(上海)、广船国际有限公司、中船黄埔文冲船舶有限公司(广东),数量分别是1 344件、949件、882件;江苏申请专利数量最多的是中船澄西船舶修造有限公司(717件),在全国船企中排名第六位;辽宁申请专利数量最多的是大连船舶重工集团有限公司(685件),在全国船企中排名第七位;山东申请专利数量最多的是烟台中集来福士海洋工程有限公司(369件),在全国船企中排名第十位。

　　排名前20位的企业专利申请数量占总量的比重约为60%,其中上海的企业有6家,广东的企业有5家,江苏的企业有3家,辽宁、湖北的企业各有2家,山东、福建的企业各1家。

表3-11　我国船舶与海工装备制造业专利申请人(前20)情况

序号	企业名称	地区	专利申请数量/件
1	上海振华重工(集团)股份有限公司	上海	1 344
2	广船国际有限公司	广东	949
3	中船黄埔文冲船舶有限公司	广东	882
4	沪东中华造船(集团)有限公司	上海	851
5	上海外高桥造船有限公司	上海	719
6	中船澄西船舶修造有限公司	江苏	717
7	大连船舶重工集团有限公司	辽宁	685
8	江南造船(集团)有限责任公司	上海	631
9	广州文冲船厂有限责任公司	广东	404

序号	企业名称	地区	专利申请数量/件
10	烟台中集来福士海洋工程有限公司	山东	369
11	江苏新扬子造船有限公司	江苏	307
12	武昌船舶重工集团有限公司	湖北	294
13	中国葛洲坝集团机械船舶有限公司	湖北	265
14	江门市南洋船舶工程有限公司	广东	251
15	上海船厂船舶有限公司	上海	238
16	渤海船舶重工有限责任公司	辽宁	238
17	上海江南长兴造船有限责任公司	上海	210
18	福建省马尾造船股份有限公司	福建	210
19	广新海事重工股份有限公司	广东	188
20	招商局重工(江苏)有限公司	江苏	183

2. 主要企业申请趋势

2008 年是中国知识产权事业发展进程中重要的里程碑,这一年,我国颁布、实施了《国家知识产权战略纲要》(以下简称《纲要》),我国从国家到地方,从政府到企业,围绕《纲要》提出的目标,全方位展开知识产权战略实施工作。这个意义深远的历史抉择,在国内外产生了广泛影响,更给我国船舶与海工装备制造业的专利发展带来了新契机与新发展。图 3-9 为我国船舶与海工装备制造业专利申请量排名前十位的企业在 2008—2018 年专利申请数量的变化情况。总体来看,这十家企业大多数在 2008 年已有专利申请,具有保护创新的意识,并对自身知识产权事业的发展逐步重视。从发展势头来看,申请总量排名前三位的上海振华重工(集团)股份有限公司、广船国际有限公司、中船黄埔文冲船舶有限公司的专利申请增长明显快于其他企业,并保持稳定增长,尤其在 2014 年以后,增长迅速,2017 年的申请量更是突破 200 件,接近 300 件。沪东中华造船(集团)有限公司紧跟前三家企业的步伐,增长势头也较好,2017 年申请量接近 200 件。上海外高桥造船有限公司在经历了 2013—2014 年的增长平台期后,专利产出平稳,2015—2017 年专利申请数量维持在 80 件左右。中船澄西船舶修造有限公司 2015 年(含)之前专利申请量基本处于领先地位,2012 年的申请量是所有企业中申请量最多的,2015 年的申请量仅次于上海振华重工(集团)股份有限公司,而 2016 年开始,申请量有下降的势头,呈波动式增长。大连船舶重工集团有限公司在 2014 年(含)之前专利申请数量基本位于前三名,之后增长趋缓,逐渐被赶超。江南造船(集团)有限责任公司、广州文冲船厂有限责任公司在申请量增长上保持着十分平稳的增长。烟台中集来福士海洋工程有限公司在经过一段时间的增长后有缓缓下降的势头。

2014 年是个分水岭,在 2014 年之前,一些企业如中船澄西船舶修造有限公司、大连船舶重工集团有限公司先发制人,首先在本领域知识产权的发展上占据优势,但 2015 年以后,广船国际有限公司、中船黄埔文冲船舶有限公司、沪东中华造船(集团)有限公司等企业持续发力,后来居上。虽然专利申请数量不能完全代表企业的知识产权发展状况,但也在一定程度上反映出企业的创新产出和创新活跃度,企业只有先在专利数量上布局,才能更好地在专利质量上取胜。

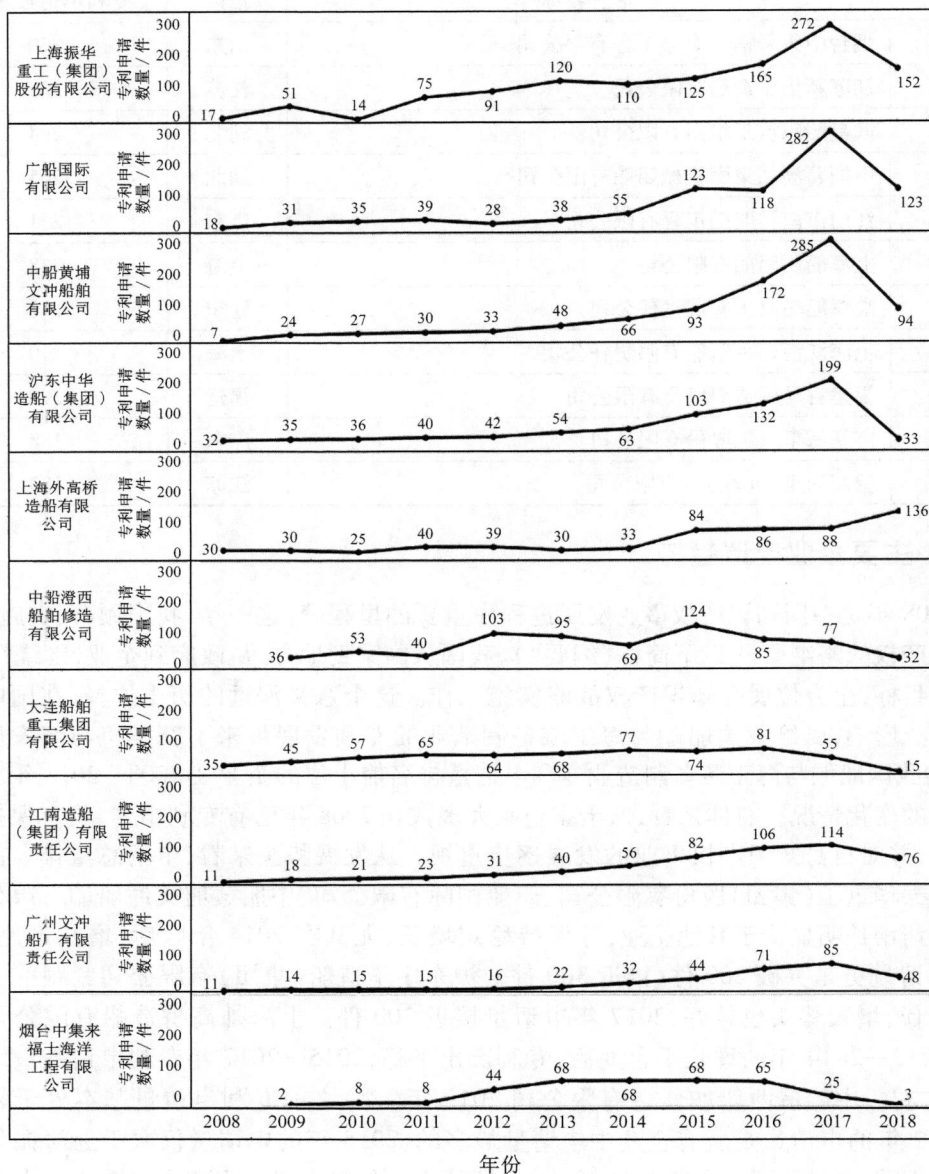

图3-9 我国船舶与海工制造业专利申请量排名前十位的企业
2008—2018年专利申请数量的变化情况

3. 主要企业专利结构

从专利结构的角度来看(表3-12),我国主要申请人中专利结构较好的是广船国际有限公司和中船黄埔文冲船舶有限公司,发明专利比重均在50%以上;其次是上海振华重工(集团)股份有限公司、广州文冲船厂有限责任公司、沪东中华造船(集团)有限公司(约为47%左右);上海外高桥造船有限公司发明专利比重(约为38%)略高于全国水平37%;中船澄西船舶修造有限公司、大连船舶重工集团有限公司、江南造船(集团)有限责任公司发明专利比重均低于全国平均水平,发明专利比重分别为 23.57%、29.34%、27.10%,这三家企业专利申请数量较多,只有不断提升发明专利申请所占比重,才能更好地提升技术水平整体竞争实力。

表 3 – 12　我国主要申请人专利结构比较

申请人	不同类型专利数量/件			不同类型专利比重/%		
	发明	实用新型	外观设计	发明	实用新型	外观设计
上海振华重工(集团)股份有限公司	624	707	13	46.43	52.60	0.97
广船国际有限公司	503	435	11	53.00	45.84	1.16
中船黄埔文冲船舶有限公司	462	419	1	52.38	47.51	0.11
沪东中华造船(集团)有限公司	392	458	1	46.06	53.82	0.12
上海外高桥造船有限公司	275	443	1	38.25	61.61	0.14
中船澄西船舶修造有限公司	169	547	1	23.57	76.29	0.14
大连船舶重工集团有限公司	201	482	2	29.34	70.37	0.29
江南造船(集团)有限责任公司	171	458	2	27.10	72.58	0.32
广州文冲船厂有限责任公司	193	210	1	47.77	51.98	0.25
烟台中集来福士海洋工程有限公司	154	206	9	41.73	55.83	2.44

4. 主要企业技术构成

由图 3 – 10 可以看出,我国主要的船舶与海工装备制造企业申请专利的热点技术领域不尽相同。目前,上海振华重工(集团)股份有限公司(简称振华重工)最主要的技术领域是 B66C(起重机;用于起重机、绞盘、绞车或滑车的载荷吊挂元件或装置)领域,并在该技术领域具有压倒性优势;其次是 B23K(钎焊或脱焊;焊接;用钎焊或焊接方法包覆或镀敷;局部加热切割,如火焰切割;用激光束加工)领域和 B63B(船舶或其他水上船只;船用设备)领域。振华重工是重型装备制造行业的知名企业,也是全球最大的港口机械装备制造商,其生产的大型起吊设备在船舶建造过程中也是必不可少。近年来,振华重工谋求转型升级,进军海工市场,在海工领域创新能力不断提升,同时依托港口机械制造与海工重型装备的研发制造能力,全面进入船海制造领域,在造船与海工领域逐渐占据重要地位。其他 9 家企业的最主要技术领域都是 B63B 领域,这些企业都是我国老牌的船舶及海工装备建造企业,造船历史悠久,造船技术先进,是我国造船行业的先行者;而在热门技术子领域,多集中在 B23K、B66C 领域;此外,沪东中华造船(集团)有限公司的一些专利申请集中在 G01B(长度、厚度或类似线性尺寸的计量;角度的计量;面积的计量;不规则的表面或轮廓的计量)领域;广船国际有限公司一些专利申请集中在 B63C(船只下水,拖出或进干船坞;水中救生;用于水下居住或作业的设备;用于打捞或搜索水下目标的装置)和 B21D(金属板或管、棒或型材的基本无切削加工或处理;冲压)领域;中船澄西船舶修造有限公司一些专利申请集中在 B25B(不包含在其他类目中的用于紧固、连接、拆卸或夹持的工具或台式设备)领域。

申请人（企业）	B63B	B66C	B23K	G01B	B63C	F16L	B25B	G01M	B21D	B23P
上海振华重工（集团）股份有限公司	●	⬤	●	・	・	・	・	・	・	●
广船国际有限公司	⬤	・	●	・	●	・	・	●	・	・
沪东中华造船（集团）有限公司	●	・	●	●	●	・	・	●	・	●
中船黄埔文冲船舶有限公司	●	・	・	●	・	・	・	・	・	●
大连船舶重工集团有限公司	●	・	●	・	●	・	・	・	●	・
上海外高桥造船有限公司	●	・	●	・	●	・	・	・	●	・
中船澄西船舶修造有限公司	●	・	●	●	・	・	●	・	・	・
江南造船（集团）有限责任公司	⬤	・	・	●	●	・	・	・	・	・
烟台中集来福士海洋工程有限公司	・	●	・	●	・	・	・	・	・	・
广州文冲船厂有限责任公司	●	・	●	・	・	・	・	・	・	・

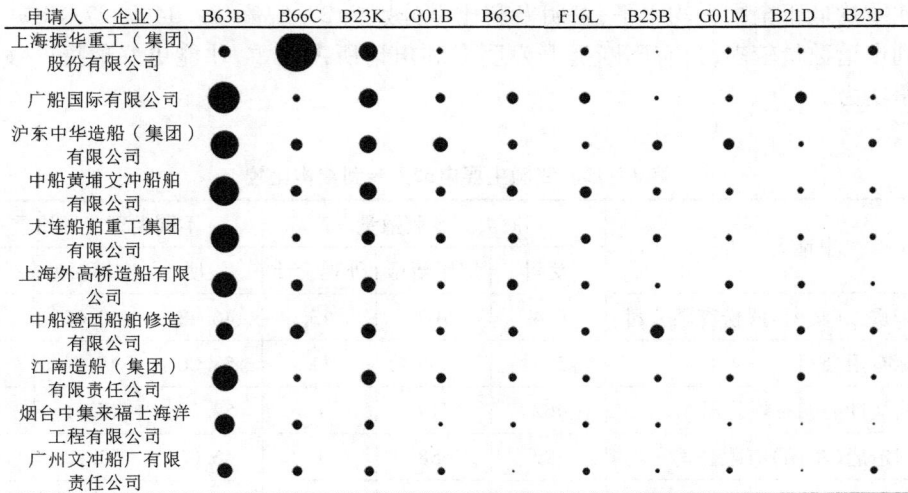

图 3-10　全国主要申请人（企业）专利技术构成

5．主要企业专利有效性

通过对各主要申请人（企业）不同状态专利构成情况比较（表 3-13），可以看出，上海振华重工（集团）股份有限公司不仅数量规模大，专利维持和创新情况也优于大多数企业；大连船舶重工集团有限公司、江南造船（集团）有限责任公司有效专利占自身专利总量比重较高，均在 80% 以上，但审查中的专利（一般是发明专利）占比较少；相比之下，上海外高桥造船有限公司、中船澄西船舶修造有限公司的专利无效比重过高，分别为 42%、71%，尤其是后者，虽然申请专利数量规模较大，但是目前能存留下的专利数量仅为 128 件，占比不足 20%，审查中的专利比例也低于全国平均水平；而上海外高桥造船有限公司虽然无效专利比重也相对较高，但是审查中的专利比重略高于全国平均水平，说明新技术研发能力较强；广船国际有限公司、中船黄埔文冲船舶有限公司、广州文冲船厂有限责任公司审查中专利比重均较高，分别为 24%、27%、22%，说明这些企业较为注重新技术的研发和创造，以及提高自身专利的技术含量，未来发展潜力较大。

表 3-13　我国主要申请人专利有效性比较

申请人	总量/件	不同状态专利数量/件			不同状态专利比重/%		
		有效	无效	审查中	有效	无效	审查中
上海振华重工(集团)股份有限公司	1 326	842	266	218	64	20	16
广船国际有限公司	882	495	175	212	56	20	24
中船黄埔文冲船舶有限公司	882	548	98	236	62	11	27
沪东中华造船(集团)有限公司	851	569	124	158	67	15	18
上海外高桥造船有限公司	719	316	300	103	44	42	14
中船澄西船舶修造有限公司	717	128	508	81	18	71	11
大连船舶重工集团有限公司	684	545	119	20	80	17	3

续表

申请人	总量/件	不同状态专利数量/件			不同状态专利比重/%		
		有效	无效	审查中	有效	无效	审查中
江南造船(集团)有限责任公司	631	531	61	39	84	10	6
广州文冲船厂有限责任公司	404	244	71	89	60	18	22
烟台中集来福士海洋工程有限公司	367	234	75	58	64	20	16

注:PCT 国际专利申请及法律状态缺失的数据不在统计范围内。

需要说明的是,上述比例结构的时间节点为 2018 年 12 月 31 日(公开公告日)。因为专利的法律状态是随时间发展变化的,随着专利的法律状态的不断更新,会不断有新的专利被申请、授权,已经授权的专利可能会终止、失效等,相应的不同法律状态的专利比重也会发生变化。但是可以预料到的是,对于专利规模较大的一些企业,该比例结构相对稳定,对于专利规模较小的企业,不同法律状态的专利比例结构随时间变化较大。

6. 主要企业专利维持时间

我国主要申请人(企业)授权专利平均维持时间见表 3 – 14,大多数企业专利平均维持时间较长,高于本行业全国平均水平(4.4 年),仅中船黄埔文冲船舶有限公司、中船澄西船舶修造有限公司两家企业低于全国平均水平。具体来看,发明专利平均维持时间较长的是大连船舶重工集团有限公司、沪东中华造船(集团)有限公司、上海振华重工(集团)股份有限公司,分别为 8.1 年、8.2 年、6.8 年,较短的则是广船国际有限公司、中船澄西船舶修造有限公司,分别为 4.1 年和 4.8 年。实用新型专利平均维持时间整体较短,因其技术含量弱于发明专利,并且数量规模较大。实用新型专利平均维持时间较长的是大连船舶重工集团有限公司,为 5.3 年,其次是广州文冲船厂有限责任公司、广船国际有限公司,平均维持时间为 4.9 年;平均维持时间较短的是中船黄埔文冲船舶有限公司、中船澄西船舶修造有限公司,分别为 3.5 年、2.2 年。本行业的外观设计专利申请量非常少,仅占所有专利申请总量的 1%。广州文冲船厂有限责任公司有 1 件外观设计专利,并维持到有效期届满;大连船舶重工集团有限公司有 2 件,分别维持了 9 年。

表 3 – 14　我国主要申请人(企业)授权专利维持时间表　　　　(单位:年)

申请人	平均维持时间	专利类型		
		发明	实用新型	外观设计
大连船舶重工集团有限公司	5.9	8.1	5.3	9.0
沪东中华造船(集团)有限公司	5.6	8.2	4.7	3.0
上海振华重工(集团)股份有限公司	5.2	6.8	4.6	6.8
广州文冲船厂有限责任公司	5.2	5.8	4.9	10.0
烟台中集来福士海洋工程有限公司	4.9	6.2	4.5	3.2
广船国际有限公司	4.7	4.1	4.9	7.1
江南造船(集团)有限责任公司	4.7	6.4	4.3	4.0
上海外高桥造船有限公司	4.6	5.1	4.5	7.0

申请人	平均维持时间	专利类型		
		发明	实用新型	外观设计
中船黄埔文冲船舶有限公司	3.9	5.1	3.5	2.0
中船澄西船舶修造有限公司	2.4	4.8	2.2	6.0

7. 主要企业活动年期

活动年期是指目标企业活跃申请专利的时间,以年为单位。计算方法是目标企业存在专利申请行为的年份数的累加。该数值能反映目标企业涉足某领域专利保护的时间长短。通过对所有企业活动年期的计算,本行业企业活动年期最长为25年,最短为1年。经过初步统计,活动年期在10年(含)以上的企业为29家,占企业总量的为14%;活动年期在3年(含)以下的企业数量为105家,占企业总量的比重为50%;其中活动年期为1年的企业数量为48家,占企业总量的比重23%。由上述分析可知,我国拥有自主知识产权的船舶与海工装备制造企业约有一半的企业活动年期较短,技术创新的积累注重度不高,并且在近两年刚步入知识产权保护领域的企业约11家(包括近两年新成立企业及近两年才开始申请专利的企业),占所有活动年期为1年企业数量的23%,而其余的企业则是在早些年申请过专利,后续因某种原因而停止了专利的申请。

由表3-15可以看出,我国主要申请人(企业)的活动年期在11~25年,说明这些企业从事该领域的时间较长,具有较好的技术积累和研发经验。这10家企业中,活动年期最长的是广船国际有限公司,为25年,开始申请专利时间也较早,在本行业技术创新和知识产权保护方面有着长时间的积累。其次是江南造船(集团)有限责任公司、大连船舶重工集团有限公司,分别为21年、19年。中船黄埔文冲船舶有限公司、中船澄西船舶修造有限公司虽然开始申请专利保护创新的时间较早,但是活动年期不长,而烟台中集来福士海洋工程有限公司虽然起步较晚,但是活动年期与前者相差不多。

表3-15 我国主要申请人(企业)活动年期情况

申请人	申请专利初始年	活动年期/年
广船国际有限公司	1994	25
江南造船(集团)有限责任公司	1998	21
大连船舶重工集团有限公司	1991	19
上海振华重工(集团)股份有限公司	2002	17
沪东中华造船(集团)有限公司	2001	17
上海外高桥造船有限公司	2003	16
广州文冲船厂有限责任公司	1992	16
中船黄埔文冲船舶有限公司	1989	13
中船澄西船舶修造有限公司	1987	13
烟台中集来福士海洋工程有限公司	2007	11

第四章 重点省市船舶与海工装备制造业专利信息分析

第一节 上海情况

上海位于长江入海口,是长三角经济圈的中心、我国最大的经济中心城市,同时也是我国船舶工业发源地和现代船舶工业重要基地,具有大型造船企业集中、船舶科技力量雄厚、相关配套设备齐全、区位条件好等优势。上海船舶工业具有坚实的基础和雄厚的技术力量,四大骨干造船企业——外高桥造船有限公司、沪东中华造船集团、江南造船集团和上海船厂船舶有限公司是上海船舶工业发展的中坚力量。

上海的船舶工业主要聚集在浦东、临港地区和长兴岛三地。长兴船舶与海洋工程装备基地分为船舶及海洋工程配套区、生产性服务业功能区、高新产业集聚区与综合配套区四大区域,相关配套企业和科研院所先后入驻,集群效应逐步体现;临港海洋工程高科技园区亦渐成规模,创新型海洋科技公司陆续注册。

2018年,上海市造船完工量640.5万载重吨,比上年下降24.0%;新接订单482.9万载重吨,比上年下降22.4%;年末手持船舶订单1 653.5万载重吨,比上年下降8.5%。船舶制造业主要产品包括智能船舶、海工装备、超大型集装箱船、气体运输船等,代表了我国最先进船舶与海工制造技术水平。

1. 总体情况分析

(1)申请趋势

通过对如图4-1所示上海船舶与海工装备制造业逐年申请的专利数量与时间发展趋势图进行分析,可以看出,自2008年开始专利申请数量基本保持着逐年增长的趋势,且增长平稳而快速。特别是近十年,在专利申请数量上呈现出三次数量上的快速飞跃,第一次在2009年,从99件上升至161件;第二次在2015年,由325件上升至469件;第三次在2017年,由573件上升至781件。前两次时间节点分别是在我国发布实施《国家知识产权战略纲要》(2008年)和我国明确提出建设"知识产权强国"(2014年)之后,说明上海的船舶与海工企业积极响应国家政策和发展方向,在相关政策规划的引领下,不断提升自主创新能力,加大研发投入,技术产出不断创新高,带动行业快速转型升级发展。

(2)专利结构

图4-2为上海船舶与海工装备制造业申请专利结构情况。可以看出,上海船舶与海工装备制造业申请专利中,实用新型专利占专利申请总量的比重为59.58%,发明专利次之,占比为39.98%,略高于全国平均水平,最后为外观设计型专利,占比很少,为0.44%。上海的专利结构相对较好。

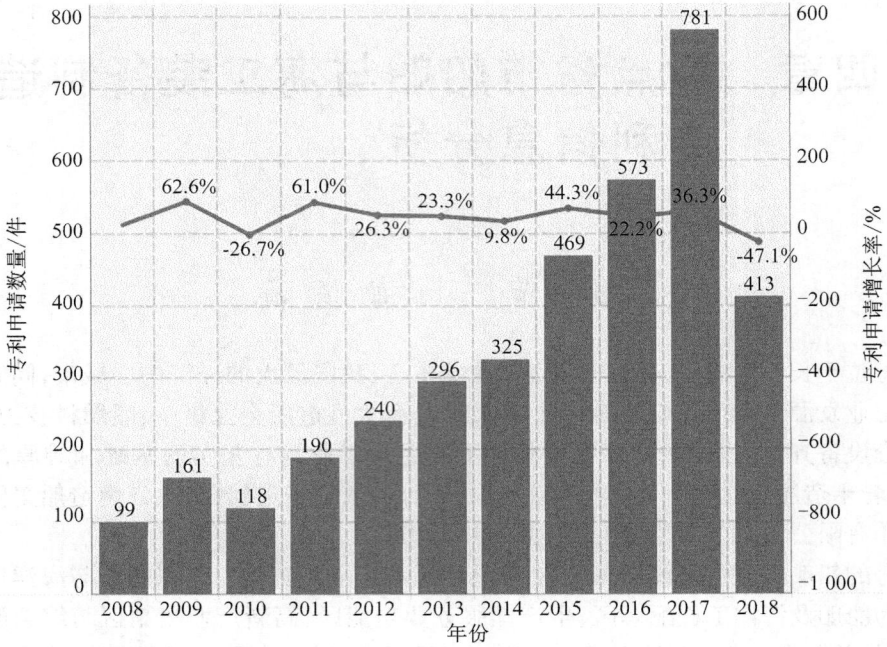

图 4-1　上海船舶与海工装备制造业专利申请数量发展趋势图

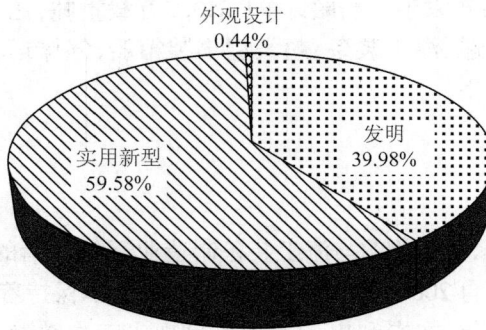

图 4-2　上海船舶与海工装备制造业申请专利结构情况

表 4-1 所示为上海船舶与海工装备制造业专利申请数量及不同类型专利构成的变化情况(表格中未列出的年份代表没有专利数据)。在数量变化方面,上海船舶与海工装备制造业专利增长集中在 2002—2018 年间,2000 年之前,仅有少数企业断续地申请过专利,在时间上并不连续,专利类型仅为实用新型;2000 年开始呈连续增长,2005—2008 年,申请数量在 100 件左右,2012 年突破 200 件,之后快速增长。在专利结构变化上,早期申请专利规模较小,发明专利占比较高,约占 60% ~ 80%;后续随着申请专利规模的增大,发明专利比重逐渐下降至 20% 左右,近几年回升至 40% 左右;相应的实用新型专利占比呈现相反变化;外观设计比例非常少,对整体专利结构变化几乎无影响。

表4－1　上海船舶与海工装备制造业专利申请数量及不同类型专利构成的变化情况

年份	申请总量/件	发明/件	实用新型/件	外观设计/件	发明比重/%	实用新型比重/%	外观设计比重/%
2018	413	224	188	1	54.24	45.52	0.24
2017	781	324	455	2	41.49	58.26	0.26
2016	573	198	374	1	34.55	65.27	0.18
2015	469	194	273	2	41.36	58.21	0.43
2014	325	135	189	1	41.54	58.15	0.31
2013	296	103	192	1	34.80	64.86	0.34
2012	240	55	185	0	22.92	77.08	0
2011	190	62	128	0	32.63	67.37	0
2010	118	33	85	0	27.97	72.03	0
2009	161	66	95	0	40.99	59.01	0
2008	99	44	54	1	44.44	54.55	1.01
2007	90	32	51	7	35.56	56.67	7.77
2006	111	50	61	0	45.05	54.95	0
2005	98	42	56	0	42.86	57.14	0
2004	30	23	7	0	76.67	23.33	0
2003	44	28	15	1	63.64	34.09	2.27
2002	10	8	2	0	80	20	0
2001	2	1	0	1	50	0	50
2000	1	0	1	0	0	100	0
1999	2	0	2	0	0	100	0
1998	3	0	3	0	0	100	0
1986	1	0	1	0	0	100	0

（3）技术构成

通过对上海船舶与海工装备制造业申请专利的IPC技术分类进行统计，其技术领域涵盖72个技术大类、197个技术小类。图4－3为上海船舶与海工装备制造业申请专利的IPC分类（小类）的构成情况。通过分析IPC技术小类可以看出，上海船舶与海工装备制造业的专利申请主要集中分布在两大技术领域，分别为B63B（船舶或其他水上船只；船用设备）、B66C（起重机；用于起重机、绞盘、绞车或滑车的载荷吊挂元件或装置）领域，所占比重分别是19％、15％；B23K（钎焊或脱焊；焊接；用钎焊或焊接方法包覆或镀敷；局部加热切割，如火焰切割；用激光束加工）所占比重也较高，为9％。表4－2所示为上海船舶与海工装备制造业排名前十位的IPC分类技术（小类）详细情况。

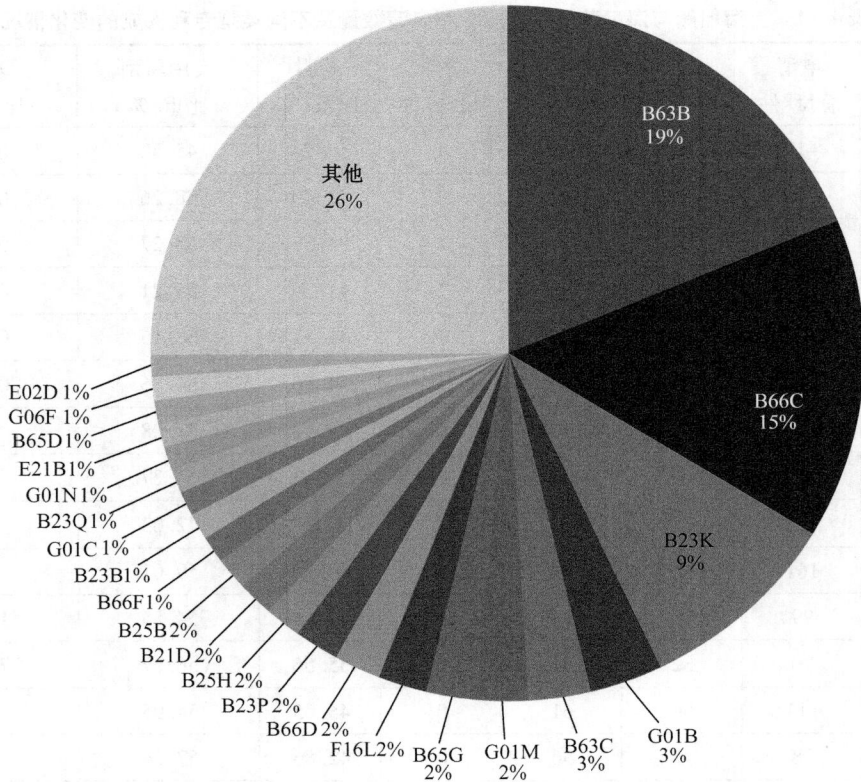

图 4－3　上海船舶与海工装备制造业申请专利的 IPC 分类(小类)的构成情况

注:所占比重低于 1% 的 IPC 分类(小类)号统一归为其他类。

表 4－2　上海船舶与海工装备制造业排名前十位的 IPC 分类(小类)详细情况

IPC 分类(小类)号	比重/%	含义
B63B	19	船舶或其他水上船只;船用设备
B66C	15	起重机;用于起重机、绞盘、绞车或滑车的载荷吊挂元件或装置
B23K	9	钎焊或脱焊;焊接;用钎焊或焊接方法包覆或镀敷;局部加热切割,如火焰切割;用激光束加工
G01B	3	长度、厚度或类似线性尺寸的计量;角度的计量;面积的计量;不规则的表面或轮廓的计量
B63C	3	船只下水,拖出或进干船坞;水中救生;用于水下居住或作业的设备;用于打捞或搜索水下目标的装置(用于从水上回收飞机的浮动网,浮动船台或类似装置入 B63B35/52)
G01M	2	机器或结构部件的静或动平衡的测试;其他类目中不包括的结构部件或设备的测试
B65G	2	运输或贮存装置,例如装载或倾斜用输送机、车间输送机系统或气动管道输送机(物体或物料的特殊搬运或处理用的运输或贮存装置)

IPC 分类（小类）号	比重/%	含义
F16L	2	管子；管接头或管件；管子、电缆或护管的支撑；一般的绝热方法
B66D	2	绞盘；绞车；滑车，如滑轮组；起重机（用于给料或贮存目的的卷拢或铺开钢绳或钢缆入 B65H；用于电梯的钢绳或钢缆卷扬机构入 B66B；专门适用于悬吊的脚手架的提升设备入 E04G3/32）
B23P	2	金属的其他加工；组合加工；万能机床（仿形加工或控制装置入 B23Q）

注：前十位技术领域小类 IPC 分类（小类）号占总量比重约为 60%。

从上海船舶与海工装备制造业申请专利技术分支（前十）发展态势变化来看（图 4 - 4），2008—2013 年间，前三技术分支 B63B（船舶或其他水上船只；船用设备）、B66C（起重机；用于起重机、绞盘、绞车或滑车的载荷吊挂元件或装置）、B23K（钎焊或脱焊；焊接；用钎焊或焊接方法包覆或镀敷；局部加热切割，如火焰切割；用激光束加工）的专利申请规模相差不大，并且 B66C 领域处于主要位置；2014 年起，B63B 领域迅速发展，申请专利规模快速增加，一跃成为最重要的技术方向；伴随着 B63B 领域的快速发展，B23K 领域也较快增长，同时 B66C 领域保持稳定增长，同 B63B 领域成为比重相当的两大技术分支；B66D（绞盘；绞车；滑车，如滑轮组；起重机）在 2017 年上海船舶与海工装备制造企业申请专利中规模增长较快的一个技术分支，说明该领域有可能成为未来新兴的技术领域之一。

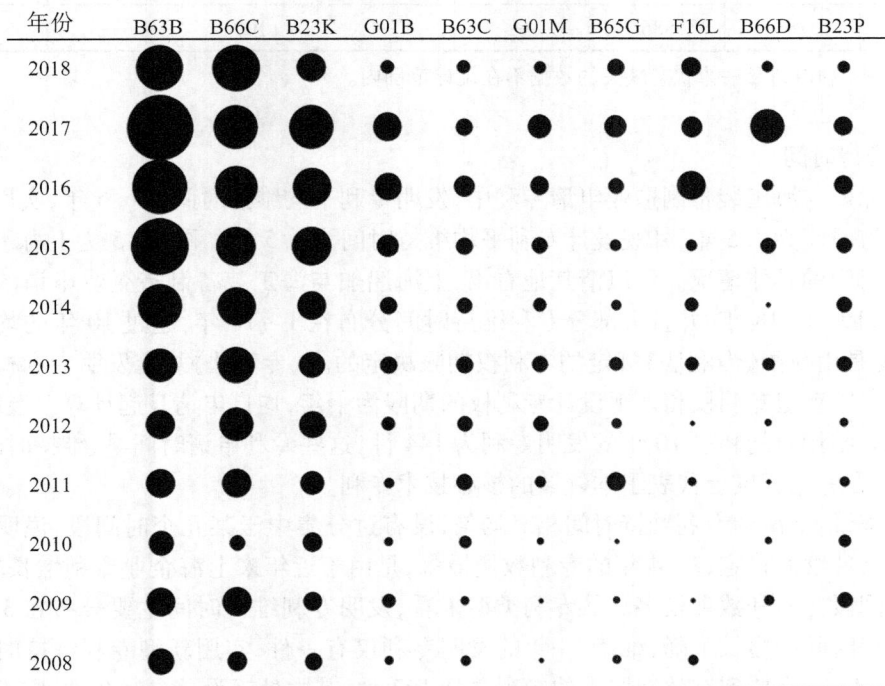

图 4-4　上海船舶与海工装备制造业专利技术分支（前十）发展态势变化

（4）专利有效性

截至数据收集期（公开公告日 2018 年 12 月 31 日），上海船舶与海工装备制造业申请的专利数据中，有效专利 2 654 件，无效专利 799 件，在审查中专利 586 件，占比分别为 66%、20%、14%，无效专利比重较低，说明专利的保有、维持情况较好。而在无效专利中，有 272 件是未获得授权的发明专利申请，522 件是失效专利，即授权过的专利由于一些原因（如未缴年费或主动放弃专利权等）而导致专利权终止，另外有 5 件无效专利由于法律状态缺失，无法区分是否经过授权，前两者占无效专利总量的比重分别为 34%、65%。审查中的专利规模也较大，说明上海船舶与海工装备制造业在未来的技术发展中潜力较大。

进一步结合专利类型来分析（表 4-3），在有效专利中，实用新型专利数量大、占比高，数量接近 2 000 件，比重约 73%；发明专利占比相对较低，约为 26%；外观设计专利仅有 8 件，占比不足 1%。在无效专利中，发明专利比重有所升高，约为 40%，主要原因可能是由于发明专利依法得到授权的难度较大，有较大部分的发明申请（272 件）未获得授权，即无效发明申请数量相对较高导致，无效实用新型专利为 467 件，比重约为 58%，无效外观设计专利数量为 10 件。

表 4-3　上海船舶与海工装备制造业申请专利有效性情况

法律状态	总量/件	不同类型专利数量/件			不同类型专利比重/%		
		发明	实用新型	外观设计	发明	实用新型	外观设计
有效	2 654	696	1 950	8	26.22%	73.48	0.30
无效	799	322	467	10	40.30	58.45	1.25
审中	586	586	—	—	100	—	—

注：PCT 国际专利申请及法律状态缺失的数据不在统计范围内。

（5）维持时间

上海船舶与海工装备制造业申请专利中，发明专利平均维持时间为 6.6 年，实用新型专利平均维持时间为 4.5 年，外观设计专利平均维持时间为 6.5 年。图 4-5 为上海不同类型专利维持时间的具体情况。可以清楚地看出，上海船舶与海工装备制造企业申请的专利维持时间区间为 1～18 年，并且大部分专利维持时间分布在 1～10 年，超过 10 年的均为发明专利，这也是由我国《专利法》规定的专利权期限决定的。《专利法》规定发明专利权的期限为 20 年，实用新型专利权和外观设计专利权的期限为十年，均自申请日起计算。经统计，上海目前拥有维持时间超过 10 年的发明专利为 144 件，这些专利申请时间早、维持时间长、技术含量高，在一定程度上代表了本领域的核心技术专利。

总体来说，上海的专利维持时间相对均匀，没有过分集中于某几个时间段，说明上海企业专利发展持续而稳定，2～4 年的专利数量最多，是由于近年来上海企业专利增长较快，相应的该时间段内专利数量较多。从专利类型来看，发明专利维持时间主要分布在 3～6 年，数量随维持时间的增长下降，维持 18 年的发明专利仅有一件；实用新型专利维持时间主要分布在 2～4 年；维持到有效期届满的专利共计 197 件，其中外观设计专利 8 件，实用新型专利 189 件。

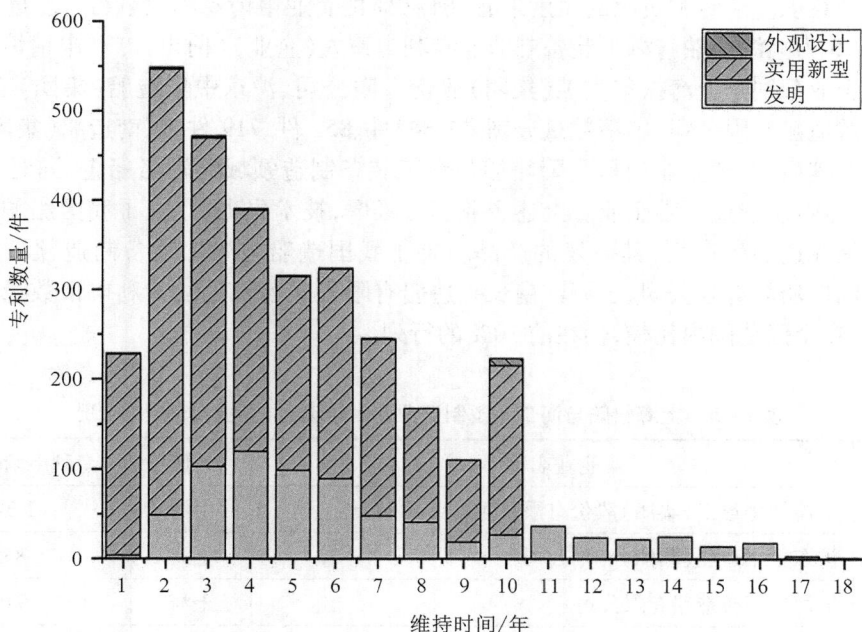

图4-5　上海船舶与海工装备制造业不同类型专利维持时间

2. 申请人情况分析

（1）申请量分布

通过对上海船舶与海工装备制造企业申请专利数量的统计，发现上海船舶与海工装备制造企业申请专利数量区间为[2,1 344]，申请企业数量呈"两头多，中间少"分布，即40%的企业专利申请专利数量相对较高（超过500件），40%的企业申请专利数量相对较低（少于100件），20%的企业申请量在200~300件之间。数量区间分布具体情况见表4-4。

表4-4　上海船舶与海工装备制造企业申请专利数量分布情况

申请专利数量区间/件	企业数量/家	占企业总量比重/%	专利申请贡献度/%
[1 000,1 500)	1	10	32.33
[500,1 000)	3	30	52.95
[400,500)	0	0	0
[300,400)	0	0	0
[200,300)	2	20	10.78
[100,200)	0	0	0
[0,100)	4	40	3.94

相对其他省市来说，上海船舶与海工装备制造企业拥有专利申请的企业数量不多，仅有10家，但专利申请规模在全国排名第一，说明上海的企业普遍具有较强的创新意识和知

识产权保护意识。从专利贡献的角度来看,前40%的企业申请专利数量约占总量的85%。

表4-5为上海船舶与海工装备制造业专利申请人(企业)(前十)专利申请情况。排在前三位的企业分别是上海振华重工(集团)股份有限公司、沪东中华造船(集团)有限公司、上海外高桥造船有限公司,申请数量分别是1 344件、851件、719件,江南造船(集团)有限责任公司紧随其后,上述企业均是我国船舶与海工装备制造领域的知名船企,同时也是2019上海百强企业,制造业百强企业。上述企业实力雄厚,技术先进,代表了我国船舶与海工装备制造业最先进的生产力,其研发的产品填补了我国造船与海工装备制造领域的多项空白。上海船厂船舶有限公司、上海江南长兴造船有限责任公司虽然专利申请数量不及前四家企业,但在全国范围内比较,仍在前10%的行列。

表4-5 上海船舶与海工装备制造业专利申请人(企业)(前十)情况

序号	企业名称	地区	专利申请数量/件
1	上海振华重工(集团)股份有限公司	上海	1 344
2	沪东中华造船(集团)有限公司	上海	851
3	上海外高桥造船有限公司	上海	719
4	江南造船(集团)有限责任公司	上海	631
5	上海船厂船舶有限公司	上海	238
6	上海江南长兴造船有限责任公司	上海	210
7	上海外高桥造船海洋工程有限公司	上海	94
8	上海中远船务工程有限公司	上海	49
9	上海华润大东船务工程有限公司	上海	19
10	上海江南造船厂有限公司	上海	2

(2)申请人申请趋势比较

图4-6为上海各申请人(企业)在2008—2018年的专利申请情况。首先从专利申请时间态势上看,上海多数企业(前六家)在此期间专利申请量均呈连续、不间断的增长,发展稳定;上海外高桥造船海洋工程有限公司因成立时间较晚,所以起步晚,但从2010年起,专利申请也保持稳定增长;而上海中远船务工程有限公司在2012—2016年间申请过专利,近两年没有提交专利申请。其次从增长趋势方面看,上海振华重工(集团)股份有限公司在增速上明显快于其他企业,从2010年起,专利申请步伐明显加快,而沪东中华、上海外高桥、江南造船(集团)三家企业在2014年以后则有明显的上升趋势;上海船厂船舶有限公司、上海江南长兴造船有限责任公司保持平稳且相对缓慢的增长。

(3)申请人专利结构比较

表4-6为上海各申请人(企业)专利结构情况,可以看出,专利结构较好的企业是上海振华重工(集团)股份有限公司、沪东中华造船(集团)有限公司,发明专利与实用新型专利比重相差不大,并且发明专利比重高于全国平均水平(37%);上海外高桥造船有限公司发明专利比重略高于全国平均水平,江南造船(集团)有限责任公司、上海江南长兴造船有限责任公司、上海中远船务工程有限公司、上海华润大东船务工程有限公司发明专利比重均

低于30%,说明这些企业更多偏向于研发周期短、投入较少的实用新型技术创新。实用新型专利审查周期短,基本维持在3个月左右,手续便捷、成本较低,创造性要求低于发明专利,但保护效力与发明专利相同,保护年限是10年,特别是针对产品生命周期较短、进行产品技术改进升级的企业尤其适用,缺点是稳定性不够,高质量的实用新型专利数量少。

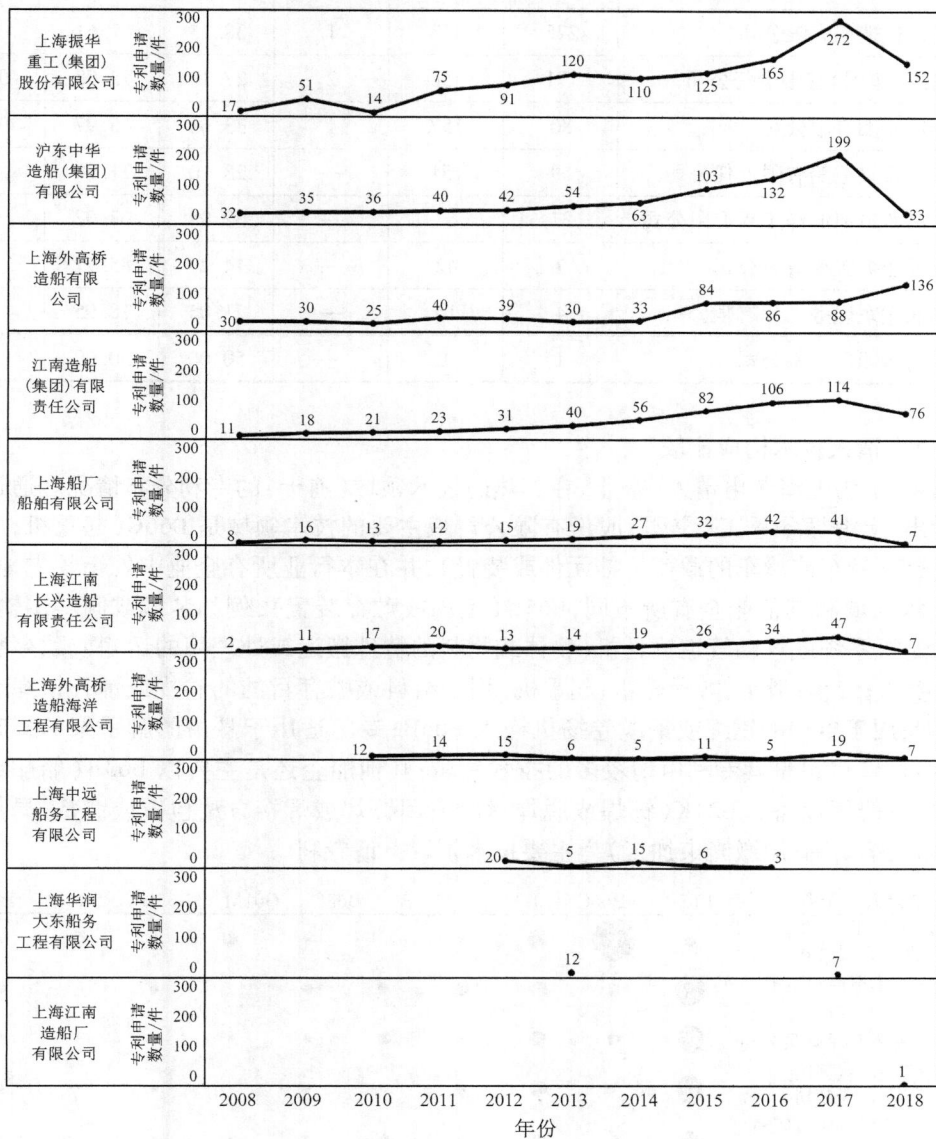

图4-6　2008—2018年上海各申请人(企业)专利申请情况

表4-6　上海各申请人(企业)专利结构情况

申请人(企业)	不同类型专利数量/件			不同类型专利比重/%		
	发明	实用新型	外观设计	发明	实用新型	外观设计
上海振华重工(集团)股份有限公司	624	707	13	46.43	52.60	0.97

申请人(企业)	不同类型专利数量/件			不同类型专利比重/%		
	发明	实用新型	外观设计	发明	实用新型	外观设计
沪东中华造船(集团)有限公司	392	458	1	46.06	53.82	0.12
上海外高桥造船有限公司	275	443	1	38.25	61.61	0.14
江南造船(集团)有限责任公司	171	458	2	27.10	72.58	0.32
上海船厂船舶有限公司	80	157	1	33.61	65.97	0.42
上海江南长兴造船有限责任公司	59	151	—	28.10	71.90	—
上海外高桥造船海洋工程有限公司	31	63	—	32.98	67.02	—
上海中远船务工程有限公司	7	42	—	14.29	85.71	—
上海华润大东船务工程有限公司	4	15	—	21.05	78.95	—
上海江南造船厂有限公司	1	1	—	50.00	50.00	—

(4)申请人技术构成比较

图4-7为上海各申请人(企业)在其热门技术领域(前十)的专利分布情况。通过比较可以看出,上海振华重工(集团)股份有限公司最主要的技术领域是 B66C(起重机;用于起重机、绞盘、绞车或滑车的载荷吊挂元件或装置),并在本行业所有企业中处于领先地位,其热门技术领域和其他船企有所不同,B65G(运输或贮存装置),例如装载或倾斜用输送机、车间输送机系统或气动管道输送机(物体或物料的特殊搬运或处理用的运输或贮存装置)、B66D(绞盘;绞车;滑车,如滑轮组;起重机(用于给料或贮存目的的卷拢或铺开钢绳或钢缆入 B65H;用于电梯的钢绳或钢缆卷扬机构入 B66B;专门适用于悬吊的脚手架的提升设备入 E04G3/32))也是其专利申请较多的技术领域;其他船企还是主要以 B63B(船舶或其他水上船只;船用设备)、B23K(钎焊或脱焊;焊接;用钎焊或焊接方法包覆或镀敷;局部加热切割,如火焰切割;用激光束加工)为主要技术领域申请专利。

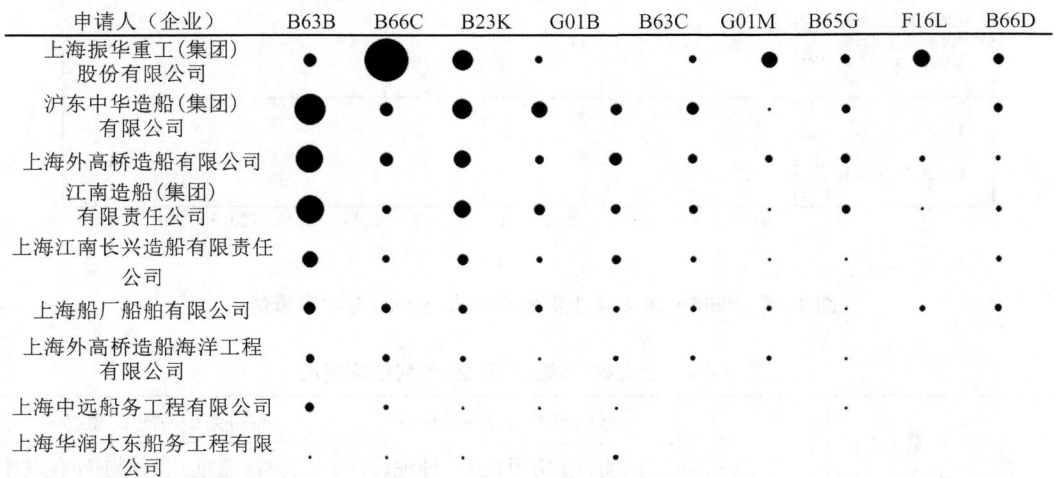

图4-7 上海各申请人(企业)在其热门技术领域(前十)的专利分布情况

（5）申请人专利有效性比较

上海主要申请人（企业）专利有效性比较效果见表4-7。首先,从存量专利有效数量来看,位于前三名的企业是上海振华重工（集团）股份有限公司、沪东中华造船（集团）有限公司、江南造船（集团）有限责任公司;在审查中的专利数量较多的是上海振华重工（集团）股份有限公司、沪东中华造船（集团）有限公司、上海外高桥造船有限公司,说明这三家企业在未来的技术实力比拼中潜力较大。其次,从有效专利比重来看,江南造船（集团）有限责任公司、上海中远船务工程有限公司、上海华润大东船务工程有限公司有效专利比重均超80%,专利维持较好。从无效专利（包括失效专利和无效申请）比重来看,上海外高桥造船有限公司、上海外高桥造船海洋工程有限公司的无效专利比重较高,均超过40%。

表4-7　上海主要申请人（企业）专利有效性比较

申请人（企业）	总量/件	不同状态专利数量/件			不同状态专利比重/%		
		有效	无效	审查中	有效	无效	审查中
上海振华重工(集团)股份有限公司	1 326	842	266	218	64	20	16
沪东中华造船(集团)有限公司	851	569	124	158	67	14	19
上海外高桥造船有限公司	719	316	300	103	44	42	14
江南造船(集团)有限责任公司	631	531	61	39	84	10	6
上海船厂船舶有限公司	238	173	29	36	73	12	15
上海江南长兴造船有限责任公司	210	146	40	24	70	19	11
上海外高桥造船海洋工程有限公司	94	38	43	13	40	46	14
上海中远船务工程有限公司	49	47	1	1	96	2	2
上海华润大东船务工程有限公司	19	18	1	0	95	5	0
上海江南造船厂有限公司	2	0	1	1	0	50	50

注:PCT国际专利申请及法律状态缺失的数据不在统计范围内。

（6）申请人专利维持时间比较

从表4-8所示上海各主要申请人（企业）授权专利平均维持时间表来看,一半企业平均维持时间低于上海平均水平（5.0年）,但是基本上都接近于平均水平,没有偏离平均值过大的企业。其中上海中远船务工程有限公司平均维持时间最长,为5.7年,其次是沪东中华造船（集团）有限公司,为5.6年,上海船厂船舶有限公司、上海振华重工（集团）股份有限公司均为5.2年;上海外高桥造船有限公司、上海外高桥造船海洋工程有限公司分别为4.6年、4.5年,接近于平均水平。具体来看,发明专利平均维持时间较长的是沪东中华造船（集团）有限公司、上海船厂船舶有限公司、上海振华重工（集团）股份有限公司,分别为8.2年、7.2年、6.8年;维持时间较短的是上海中远船务工程有限公司、上海江南长兴造船有限责任公司,均为4.6年;实用新型专利平均维持时间较长的是上海中远船务工程有限公司,为5.9年,其次是上海江南造船厂有限公司,为5.0年;外观设计专利平均维持时间最长的为上海船厂船舶有限公司,只有一件外观设计专利,并维持到有效期届满。

表4-8　上海各主要申请人(企业)授权专利平均维持时间表　　(单位:年)

申请人(企业)	平均维持时间	专利类型		
		发明	实用新型	外观设计
上海中远船务工程有限公司	5.7	4.6	5.9	—
沪东中华造船(集团)有限公司	5.6	8.2	4.7	3.0
上海船厂船舶有限公司	5.2	7.2	4.8	10.0
上海振华重工(集团)股份有限公司	5.2	6.8	4.6	6.8
上海江南造船厂有限公司	5.0	—	5.0	
江南造船(集团)有限责任公司	4.7	6.4	4.3	4.0
上海江南长兴造船有限责任公司	4.7	4.6	4.7	—
上海华润大东船务工程有限公司	4.7	6.0	4.4	
上海外高桥造船有限公司	4.6	5.1	4.5	7.0
上海外高桥造船海洋工程有限公司	4.5	5.9	4.2	—

(7)申请人活动年期比较

上海申请人(企业)活动年期为2~21年,时间跨度较大。表4-9所示为上海主要申请人(企业)活动年期情况。总体上看,上海的企业进行技术创新活动的持续性较好,大部分企业都会持续、不间断地申请专利,仅有少数企业存在断续现象。一半以上的企业活动年期在10年以上,活动年期最长的企业是江南造船(集团)有限责任公司,为21年;上海振华重工(集团)股份有限公司、沪东中华造船(集团)有限公司、上海外高桥造船有限公司活动年期相近,在16~17年;上述企业申请专利的初始年均在2000年左右。上海船厂船舶有限公司、上海江南长兴造船有限责任公司的活动年期也在10年以上,其余企业低于10年。上海江南造船厂有限公司最早开始申请专利在1986年,后续因搬迁等原因停止申请专利活动,直到2018年重新开始申请专利。上海华润大东船务工程有限公司的活动年期也较短,只有2年。

表4-9　上海主要申请人(企业)活动年期情况

申请人(企业)	申请专利初始年	活动年期/年
江南造船(集团)有限责任公司	1998	21
上海振华重工(集团)股份有限公司	2002	17
沪东中华造船(集团)有限公司	2001	17
上海外高桥造船有限公司	2003	16
上海船厂船舶有限公司	2006	13
上海江南长兴造船有限责任公司	2008	11
上海外高桥造船海洋工程有限公司	2010	9
上海中远船务工程有限公司	2012	5
上海江南造船厂有限公司	1986	2
上海华润大东船务工程有限公司	2013	2

第二节　江　苏　情　况

江苏地处长三角经济发达地区,沿江、沿海自然条件优越,人文环境良好,劳动力资源丰富,造船基础雄厚,产业发展环境和基础条件具有较强竞争优势,具备很好的船舶与海洋工程装备产业发展条件和基础。江苏的船舶与海工装备制造企业主要分布在沿江、沿海地区,围绕南通、泰州、扬州三大造船基地,产业集聚度平均超过83%。

历经数十年发展,江苏船舶与海工装备产业实现了跨越式发展,造船能力不断提升,成为我国第一造船大省和世界重要的产业基地,初步建立了研发、设计、造船、海洋工程装备、修船、配套及服务等门类齐全的船舶产业体系,正处于船舶工业大省向强省跨越阶段,产业国际地位和市场影响力不断增强。

当前,江苏已形成了南通、泰州、扬州三个"产业集聚、企业集群、主业突出、特色鲜明、带动性强"的远洋造船基地,并形成了一批如南通中远海运川崎船舶工程有限公司、江苏扬子江船业集团公司和江苏新时代造船有限公司等骨干船舶制造企业,以及南通中远船务工程有限公司,招商局重工(江苏)有限公司等具有较强国际竞争力的海工装备制造专业化总承包商,海工装备交付产品基本覆盖了从近海到深海的所有种类。

1. 总体情况分析

(1)申请趋势

如图4-8所示为江苏船舶与海工装备制造业专利申请数量发展趋势图,通过分析可以看出,江苏船舶与海工装备制造业专利申请数量呈波动性增长,且初期阶段的增长在时间上不连续(2008年以前专利申请数量偏少,图4-8中未给出),初期增长缓慢,中期增长迅速,后期增势渐弱。初期阶段的特点表现为,国家相应的知识产权保护法律体系还不完善,企业基本没有知识产权保护的意识,所以这一阶段仅有少量企业申请了专利,如南京金陵船厂有限公司、江苏无锡船厂、江苏省镇江船厂(集团)有限公司、江苏扬子江船厂等企业,其中南京金陵船厂是江苏造船企业中最早申请专利的企业,它的第一件专利是在1985年申请的,是我国开始实行《专利法》的同一年。

可以看出,在2008年国家出台《国家知识产权战略纲要》后,江苏船舶企业申请专利数量有了较大的提高,在2009年增长到160件,增长率达到最大峰值,之后呈现出波动增长态势;2014年达到历史最大值,为502件,之后有逐年缓慢下降的趋势。主要原因是由于船舶市场持续下滑,船舶行业形势日益严峻,江苏造船企业又以民营企业居多,受冲击影响较大,部分船企已经破产、倒闭、重组或转向其他行业等原因,导致专利产出下降。

(2)城市分布

江苏省共有十三个地级市,分别是南京、苏州、无锡、常州、镇江、扬州、泰州、南通、淮安、连云港、盐城、徐州、宿迁。本书所考察的52家江苏船舶与海工装备制造企业位于南通、泰州、扬州、无锡、南京、镇江、常州七个地级市,如图4-9所示为江苏船舶与海工装备制造企业城市分布及专利申请情况。南通、泰州、扬州申请专利的企业数量较多,企业所占比重达73%,这与江苏三大造船基地分布情况吻合,但是在专利申请规模上,南通、无锡是主要地市,申请量占江苏总量的70%以上。具体而言,南通申请专利的企业数量最多,为22家,申请专利总量规模也最大,为1 295件,主要企业有招商局重工(江苏)有限公司、惠生(南

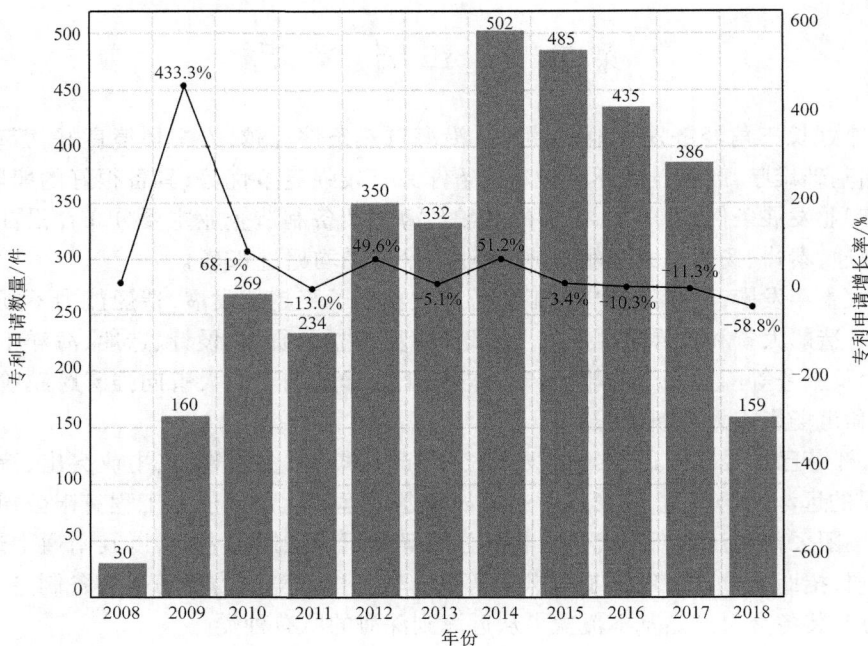

图4-8 江苏船舶与海工装备制造业专利申请数量发展趋势图

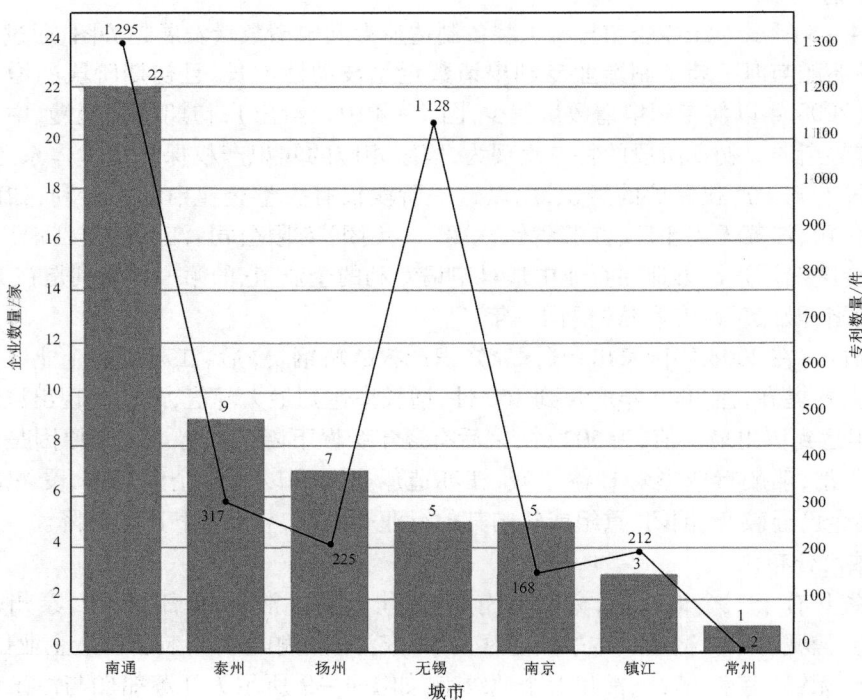

图4-9 江苏船舶与海工装备制造企业城市分布及专利申请情况

通)重工有限公司、南通中远海运川崎船舶工程有限公司、南通中远船务工程有限公司等；

专利申请总量规模第二大的地市是无锡,申请专利1 128件,企业数量不多,仅为 5 家,虽然无锡的船舶海工企业不多,但是江苏申请专利最多的两家企业——中船澄西船舶修造有限公司(717 件)、江苏新扬子造船有限公司(307 件)均位于无锡,使无锡成为江苏省内仅次于南通的申请专利数量较多的地市;其次是泰州申请专利企业有 9 家,申请专利 317 件,主要企业有江苏扬子鑫福造船有限公司、泰州口岸船舶有限公司、江苏新时代造船有限公司等;扬州申请专利企业有 7 家,申请专利 225 件,主要企业有中航鼎衡造船有限公司、新大洋造船有限公司、扬州中远海运重工有限公司等;镇江申请专利企业有 3 家,申请专利 212 件,主要企业有江苏省镇江船厂(集团)有限公司、江苏大津重工有限公司等。

(3)专利结构

图 4 - 10 为江苏船舶与海工装备制造业申请专利结构情况,可以看出江苏船舶与海工装备制造企业申请专利类型以实用新型为主,达到专利申请总量的 63%,发明专利次之,占比为 35%,略低于全国水平,最后为外观设计型专利,占比为 2%。

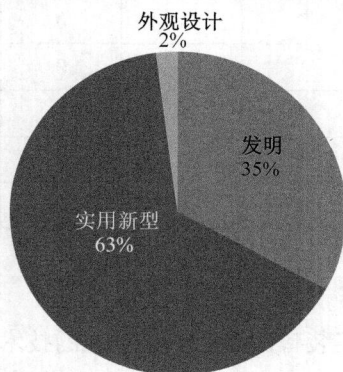

图 4 - 10　江苏船舶与海工装备制造业申请专利结构情况

表 4 - 10 所示为江苏船舶与海工装备制造业专利申请结构变化情况(表格中未列出的年份代表没有专利数据)。首先在数量上,江苏船舶与海工装备制造业专利增长集中在2008—2018 年间,2007 年之前,仅有少数企业断续申请过专利,在时间上并不连续,专利类型仅为实用新型。其次在专利结构变化上,从发明专利所占比重来看,随时间呈现出先下降后上升的趋势,2011 年以后,比例逐渐上升,与我国船舶与海工装备制造业整体情况较为吻合,从注重专利数量逐渐转为注重专利的质量和发明创新。江苏是本行业中外观设计专利申请较多的省份,外观设计专利的申请集中在 2010—2011 年间,2010 年申请量为 49 件,占江苏当年专利申请总量的比重为 18%,而 2011 年以后,外观设计专利申请仅有 3 件,其余年份均未申请。

表 4 - 10　江苏船舶与海工装备制造业专利申请结构变化情况

年份	申请总量/件	发明/件	实用新型/件	外观设计/件	发明比重/%	实用新型比重/%	外观设计比重/%
2018	159	124	35	0	78	22	0
2017	386	147	239	0	38	62	0
2016	435	171	264	0	39	61	0

年份	申请总量/件	发明/件	实用新型/件	外观设计/件	发明比重/%	实用新型比重/%	外观设计比重/%
2015	485	151	331	3	31	68	1
2014	502	170	332	0	34	66	0
2013	332	113	219	0	34	66	0
2012	350	113	237	0	32	68	0
2011	234	49	169	16	21	72	7
2010	269	70	150	49	26	56	18
2009	160	40	120	0	25	75	0
2008	30	13	17	0	43	57	0
2007	1	0	0	1	0	0	100
1994	1	0	1	0	0	100	0
1993	1	0	1	0	0	100	0
1987	1	0	1	0	0	100	0
1985	1	0	1	0	0	100	0

(4)技术构成

图4-11为江苏船舶与海工装备制造业申请专利的技术领域构成情况。技术领域涵盖67个技术大类、176个技术小类。通过分析IPC技术小类可以看出,江苏船舶与海工装备制造业的专利申请主要集中在B63B(船舶或其他水上船只;船用设备)、B23K(钎焊或脱焊;焊接;用钎焊或焊接方法包覆或镀敷;局部加热切割,如火焰切割;用激光束加工)、B66C(起重机;用于起重机、绞盘、绞车或滑车的载荷吊挂元件或装置)领域,所占比重分别是23%、10%、6%。

表4-11 江苏船舶与海工装备制造业排名前十位IPC分类(小类)技术领域构成情况

IPC分类(小类)号	比重/%	含义
B63B	23	船舶或其他水上船只;船用设备
B23K	10	钎焊或脱焊;焊接;用钎焊或焊接方法包覆或镀敷;局部加热切割,如火焰切割;用激光束加工
B66C	6	起重机;用于起重机、绞盘、绞车或滑车的载荷吊挂元件或装置
B63C	5	船只下水,拖出或进干船坞;水中救生;用于水下居住或作业的设备;用于打捞或搜索水下目标的装置
B25B	3	不包含在其他类目中的用于紧固、连接、拆卸或夹持的工具或台式设备
B63H	3	船舶的推进装置或操舵装置

续表

IPC 分类(小类)号	比重/%	含义
B21D	3	金属板或管、棒或型材的基本无切削加工或处理;冲压
F16L	3	管子;管接头或管件;管子、电缆或护管的支撑;一般的绝热方法
B23P	2	金属的其他加工;组合加工;万能机床
H02G	2	电缆或电线的安装,或光电组合电缆或电线的安装

注:前十位技术领域小类 IPC 分类(小类)号占总量比重为 60%。

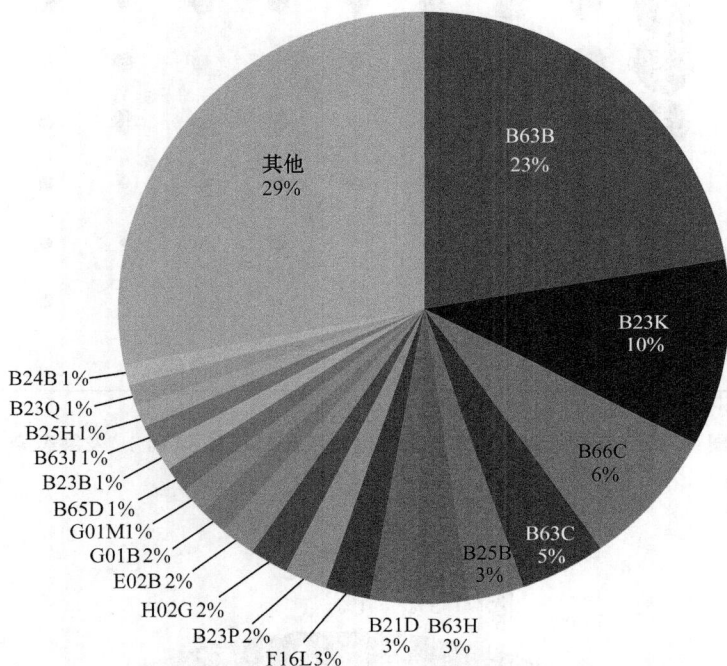

图 4 - 11　江苏船舶与海工装备制造业申请专利的技术领域构成情况

注:所占比重低于 1% 的 IPC 分类(小类)号统一归为其他类。

从江苏船舶与海工装备制造业申请专利技术(前十)发展态势变化来看(图 4 - 12),自 2008 年起,B63B(船舶或其他水上船只;船用设备)一直是江苏船舶与海工装备制造业最重要的技术领域和技术方向,在专利布局中处于重要地位,2014 年专利申请规模最大;B23K(钎焊或脱焊;焊接;用钎焊或焊接方法包覆或镀敷;局部加热切割,如火焰切割;用激光束加工)领域也是较为重要的技术方向,2015 年申请规模最大,超过 B63B 领域;B66C(起重机;用于起重机、绞盘、绞车或滑车的载荷吊挂元件或装置)和 B63C(船只下水,拖出或进干船坞;水中救生;用于水下居住或作业的设备;用于打捞或搜索水下目标的装置)也是较为主要的技术方向。

与上述发明和实用新型专利不同,外观设计专利的分类采用的是洛迦诺分类法(LOC分类),表示的是使用该外观设计的产品所属的类别属性。LOC 分类表的编排采用两级结构,即由大类和小类组成。大类号和小类号均采用两位阿拉伯数字;大类号和小类号之间用半字线分开。图 4 - 13 所示为江苏外观设计专利 LOC 分类号分布情况。表 4 - 12 为江苏外观设计专利 LOC 分类号详细情况。

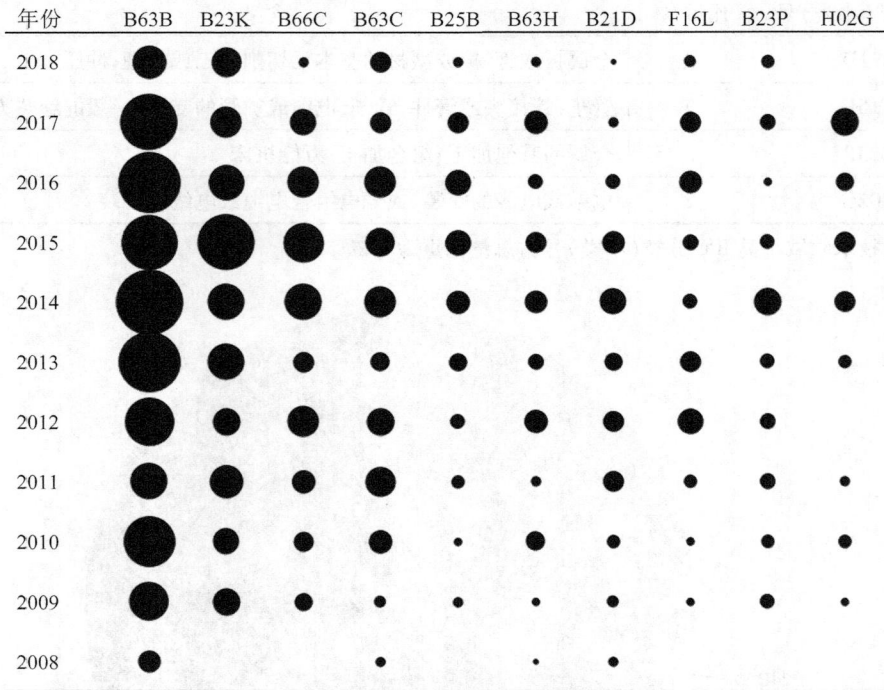

图 4 - 12   江苏船舶与海工装备制造业申请专利技术(前十)发展态势

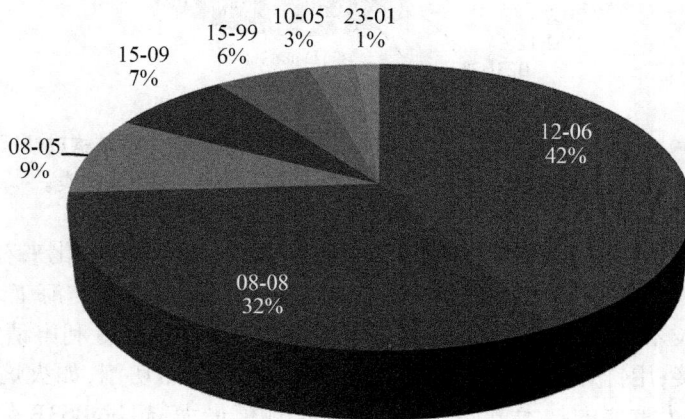

图 4 - 13   江苏外观设计专利 LOC 分类号分布情况

综上分析可以看出,江苏船舶与海工装备制造业申请的专利在技术领域方面行业特性非常明显,基本都是围绕船舶建造和相应配套设备制造来申请专利的。

表4-12　江苏外观设计专利LOC分类号详细情况

LOC分类号	比重/%	含义
12-06	42	船和艇
08-08	32	其他类未包括的扣紧、支撑或安装装置
08-05	9	其他工具和器具
15-09	7	工作母机,研磨和铸造机械
15-99	6	其他
10-05	3	检验、安全和试验用仪器、设备和装置
23-01	1	液体分配设备

（5）专利有效性

通过对江苏船舶与海工装备制造业专利数据的法律状态进行统计分析,截至数据收集期(2018年12月31日),有效专利1 370件,无效专利1 635件,在审查中专利335件,占比分别为41%、49%、10%,无效专利申请的比重高于有效专利比重。而在无效专利中,有435件是未获得授权的专利,1 200件是失效专利,即授权过的专利由于一些原因(如未缴年费或主动放弃专利权等)而导致专利权终止,两者占无效专利总量的比重分别为27%、73%。由此可以看出,江苏企业专利失效的数量和比例非常大,授权后的专利能最终保留下来的数量约为一半。

表4-13为江苏船舶与海工装备制造业申请专利有效性情况,进一步结合专利类型来分析,在无效专利中,实用新型专利占比最多,数量是1 100件,占无效专利总量比重约为67%;其次为发明专利,有469件,占比约为29%,其中无效发明申请(审查过程中未获得授权)数量为435件,失效发明专利数量为34件;无效的外观设计专利为66件,即申请过的外观设计专利几乎全部失效。在有效专利中,同样是实用新型专利占比最多,数量是1 017件,占有效专利总量比重约为74%;其次是发明专利,数量为350件,占有效专利总量比重约为26%;有效外观设计专利仅余3件,分别归属为江苏通洋船舶有限公司(2件)、南通润邦海洋工程装备有限公司(1件)。"审查中"的专利全部都是发明申请,有335件,授权状态尚未可知。

表4-13　江苏船舶与海工装备制造业申请专利有效性情况

法律状态	总量/件	不同类型专利数量/件			不同类型专利比重/%		
		发明	实用新型	外观设计	发明	实用新型	外观设计
无效	1 635	469	1 100	66	29	67	4
有效	1 370	350	1 017	3	26	74	0
审中	335	335	—	—	100	—	—

注:PCT国际专利申请及法律状态缺失的数据不在统计范围内。

由上述数据分析可以看出,不同类型的专利获得授权的难易程度不同,获得授权后失效的比例也不同。表4-14为江苏不同类型专利授权后截至数据收集期的有效状态分布情况。可以看出,授权后能持续维持有效比例最高的类型是发明专利,有效比重为91.16%；其次是实用新型专利,有效比重为48.04%；最后是外观设计专利,有效比重为4.35%。上述数据反映出江苏船舶与海工装备制造业专利维持的规律是:发明专利技术含量较高,稳定性最好,商业价值高,企业在获取专利权后继续维持的意愿也较高；相比之下,实用新型专利和外观设计专利的稳定性较差,尤其是外观设计专利,绝大部分已经失效；实用新型近半数的授权专利也已失效。

表4-14　江苏不同类型专利授权后截至数据收集期的有效状态分布情况

专利类型	有效比重/%	无效比重/%
发明	91.16	8.84
实用新型	48.04	51.96
外观设计	4.35	95.65

(6)维持时间

根据统计,江苏发明专利平均维持时间为5.4年,实用新型专利平均维持时间为3.3年,外观设计专利平均维持时间为1.2年。图4-14为江苏船舶与海工装备制造业不同类型专利维持时间具体分布情况,可以直观地看出不同类型的专利维持时间的差距。首先,总体上,江苏船舶与海工装备制造企业申请的专利维持时间区间为1~10年,大部分专利的维持时间在5年及以下。其次,从专利类型来看,发明专利维持时间主要分布在3~7年之间,少量高于8年,最长维持10年；实用新型专利多数维持在1~5年,维持5年以上的数量相对较少,最长维持10年；外观设计专利大多数只维持了1年时间就失效。值得注意的是,江苏仅维持1年即失效的专利数量较大,说明这部分专利质量不高或企业维持意识不强,不利于对江苏船舶与海工制造业整体的专利发展水平和质量提升。

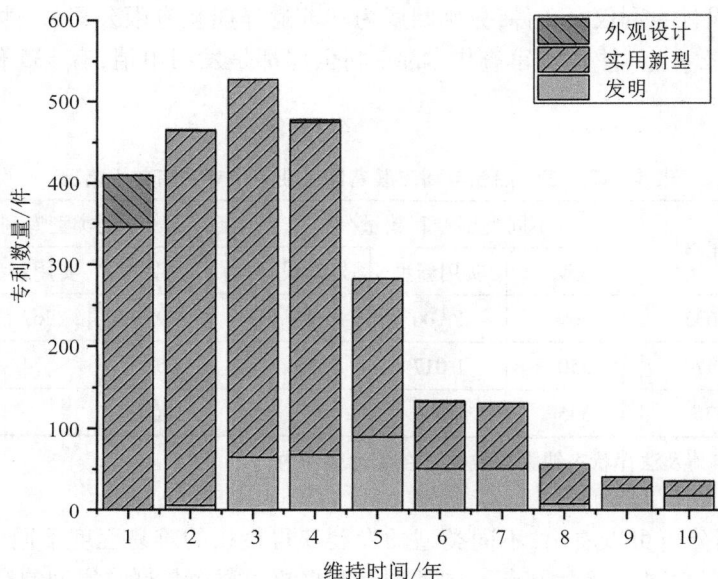

图4-14　江苏船舶与海工装备制造业不同类型专利维持时间具体分布情况

2. 申请人情况分析

（1）申请量分布

通过对江苏船舶与海工装备制造企业申请专利数量的统计，可以看出，江苏船舶与海工装备制造企业申请专利在数量上分布也较不均衡，申请数量分布区间为［1，717］，即申请数量最多达到717件，最少为1件。

江苏船舶与海工装备制造企业申请专利数量区间分布情况见表4-15。可以看出，江苏本领域专利高申请量的企业数量是极少的，只有1家企业数量超过500件，对江苏船舶与海工装备制造业的总体专利申请量贡献度为21.14%；并且存在"断层"现象，没有企业申请量在400～500件、200～300件；申请量在300～400件的只有1家企业。这两家企业对江苏总体专利申请贡献度约为30%；另有8家企业申请量分布在100～200件，对江苏总体专利申请贡献度为33.11%；其余约80%的江苏企业专利申请量均在100件以下。

表4-15　江苏船舶与海工装备制造企业申请专利数量区间分布情况

申请专利数量区间/件	企业数量/家	占江苏企业总量比重/%	专利申请贡献度/%
［500，1 000）	1	1.92	21.14
［400，500）	0	0.00	0.00
［300，400）	1	1.92	9.05
［200，300）	0	0.00	0.00
［100，200）	8	15.38	33.11
［0，100）	42	80.78	36.70

表4-16为江苏船舶与海工装备制造业专利申请数量排名在前十位的申请人（企业）情况。排在前三位的企业分别是中船澄西船舶修造有限公司、江苏新扬子造船有限公司、招商局重工（江苏）有限公司，申请量分别是717件、307件、183件，规模相差悬殊。江苏排名前十位的企业专利申请数量占总量的比重约为63%；其中前两名均位于无锡，位于南通的企业有4家，南京、镇江、泰州、扬州各1家；总体上，无锡、南通的企业专利发展状况要好于江苏其他地市，优势明显。

表4-16　江苏船舶与海工装备制造业专利申请数量排名在前十位的申请人（企业）情况

序号	企业名称	地区	专利申请数量/件
1	中船澄西船舶修造有限公司	无锡	717
2	江苏新扬子造船有限公司	无锡	307
3	招商局重工（江苏）有限公司	南通	183
4	惠生（南通）重工有限公司	南通	166
5	南通中远海运川崎船舶工程有限公司	南通	155
6	南通中远船务工程有限公司	南通	149
7	南京金陵船厂有限公司	南京	138

序号	企业名称	地区	专利申请数量/件
8	江苏省镇江船厂(集团)有限公司	镇江	124
9	江苏扬子鑫福造船有限公司	泰州	107
10	中航鼎衡造船有限公司	扬州	101

（2）江苏主要申请人专利申请趋势比较

图4-15为2008—2018年江苏主要申请人（企业）专利申请情况。总体来看，各申请人申请专利规模和申请趋势差别较大，发生专利申请的年份也不尽相同。首先，从趋势来看，一些申请人专利申请趋势波动较大，呈波动增长，如中船澄西船舶修造有限公司、江苏新扬子造船有限公司、南通中远海运川崎船舶工程有限公司等；一些申请人申请趋势则相对平缓、稳定，如江苏省镇江船厂（集团）有限公司；还有一些申请人是先增长后缓慢下降，如南京金陵船厂有限公司。每家企业都有自身独特的申请特点。其次，从专利申请行为来看，申请人申请专利的年份不全是连续的，近一半的申请人都存在着断续申请现象，申请专利规模越小的企业，该现象越明显，专利申请规模较大的企业也一定程度存在该现象；还存在一些企业可能由于某种原因，逐渐停止专利申请。另外，申请总量排名在前十位的申请人申请的专利几乎都是在近十年申请的，仅有少量的申请人（成立时间的原因）属于"后起之秀"，大部分的专利是在近五年申请的，如招商局重工（江苏）有限公司、江苏扬子鑫福造船有限公司等。

（3）江苏主要申请人专利结构比较

表4-17为江苏主要申请人（企业）专利结构情况，可以看出，专利结构较好的企业是南通中远船务工程有限公司(82.55%)、惠生（南通）重工有限公司(63.86%)、中航鼎衡造船有限公司(58.42%)，发明专利比重均高于50%；招商局重工（江苏）有限公司、江苏省镇江船厂（集团）有限公司专利结构适中，发明专利比重均约为42%；南通中远海运川崎船舶工程有限公司发明专利比重略低于全国平均水平(37%)。另外，中船澄西船舶修造有限公司因申请专利规模较大，使得其发明专利所占比重不高，申请专利的重点类型是实用新型专利，但实用新型专利稳定性不够；而南京金陵船厂有限公司申请的专利中有65件是外观设计专利，即江苏本领域90%以上的外观设计专利都由其申请（已经全部失效），导致其外观设计占比过高，为47.10%（其他企业外观设计专利占比一般为2%以下），导致其发明专利占比较低，为10.87%。

表4-17　江苏主要申请人（企业）专利结构情况

申请人（企业）	不同类型专利数量/件			不同类型专利比重/%		
	发明	实用新型	外观设计	发明	实用新型	外观设计
中船澄西船舶修造有限公司	169	547	1	23.57	76.29	0.14
江苏新扬子造船有限公司	39	268	—	12.70	87.30	
招商局重工（江苏）有限公司	77	106	—	42.08	57.92	
惠生（南通）重工有限公司	106	60	—	63.86	36.14	

续表

申请人（企业）	不同类型专利数量/件			不同类型专利比重/%		
	发明	实用新型	外观设计	发明	实用新型	外观设计
南通中远海运川崎船舶工程有限公司	55	100	—	35.48	64.52	
南通中远船务工程有限公司	123	26	—	82.55	17.45	—
南京金陵船厂有限公司	15	58	65	10.87	42.03	47.10
江苏省镇江船厂（集团）有限公司	52	72	—	41.94	58.06	
江苏扬子鑫福造船有限公司	29	78	—	27.10	72.90	
中航鼎衡造船有限公司	59	42		58.42	41.58	

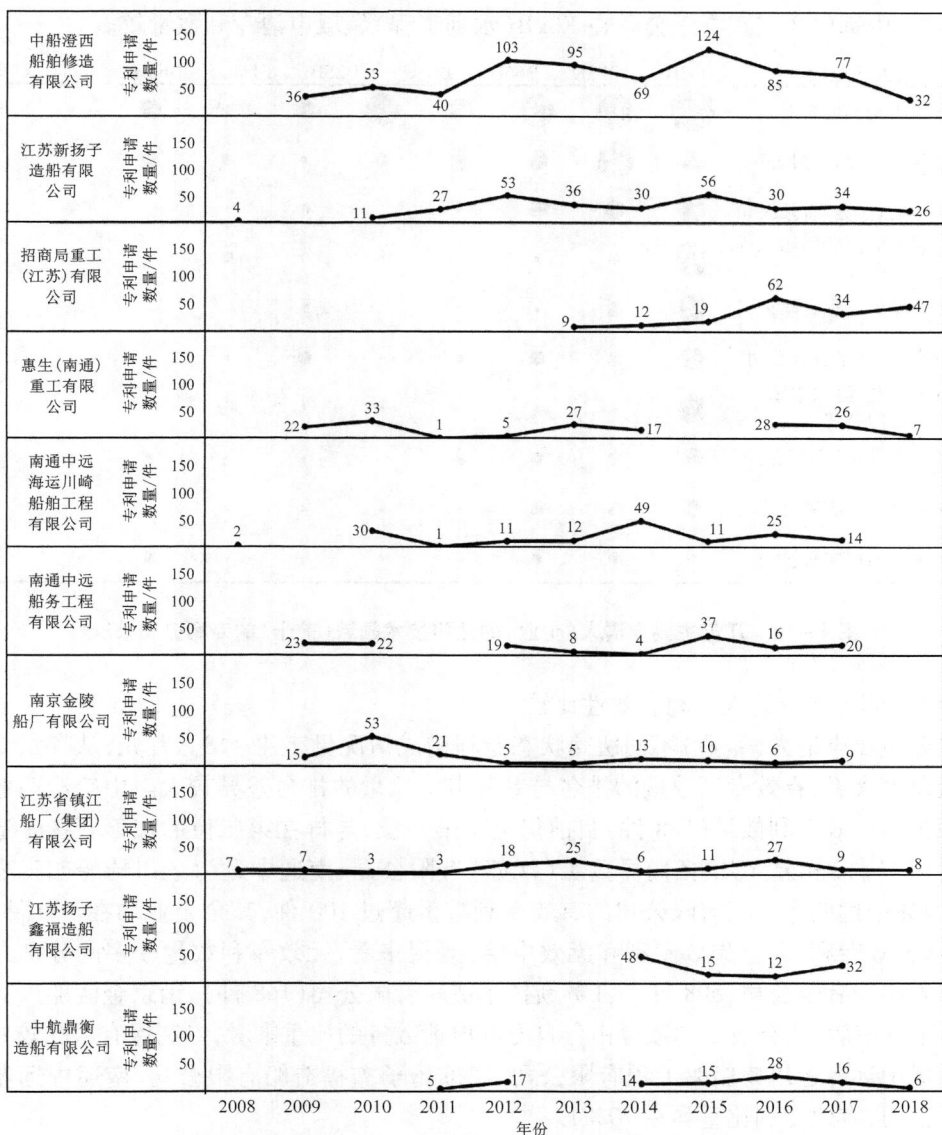

图4-15　2008—2018年江苏主要申请人（企业）专利申请情况

（4）江苏主要申请人技术构成比较

图4-16为江苏主要申请人（企业）的热门技术领域（排名前十）的专利分布情况。可以看出，江苏主要申请人中，只有江苏新扬子造船有限公司、南京金陵船厂有限公司这两家企业的最大技术分支为B23K（钎焊或脱焊；焊接；用钎焊或焊接方法包覆或镀敷；局部加热切割，如火焰切割；用激光束加工），其余企业最大技术分支都是B63B（船舶或其他水上船只；船用设备）领域。中船澄西船舶修造有限公司申请专利覆盖的技术领域较广，各技术领域专利规模也较大，在B66C（起重机；用于起重机、绞盘、绞车或滑车的载荷吊挂元件或装置）、B25B（不包含在其他类目中的用于紧固、连接、拆卸或夹持的工具或台式设备）、B21D（金属板或管或棒或型材的基本无切削加工或处理；冲压）领域具有较为明显的优势；除此之外，还可看出各申请人差异化的技术发展趋势，如江苏省镇江船厂（集团）有限公司的第二大技术分支为B63H（船舶的推进装置或操舵装置），在规模上较其他主要申请人具有一定优势；南通中远船务工程有限公司在E02B（水利工程）领域申请专利数量较多。

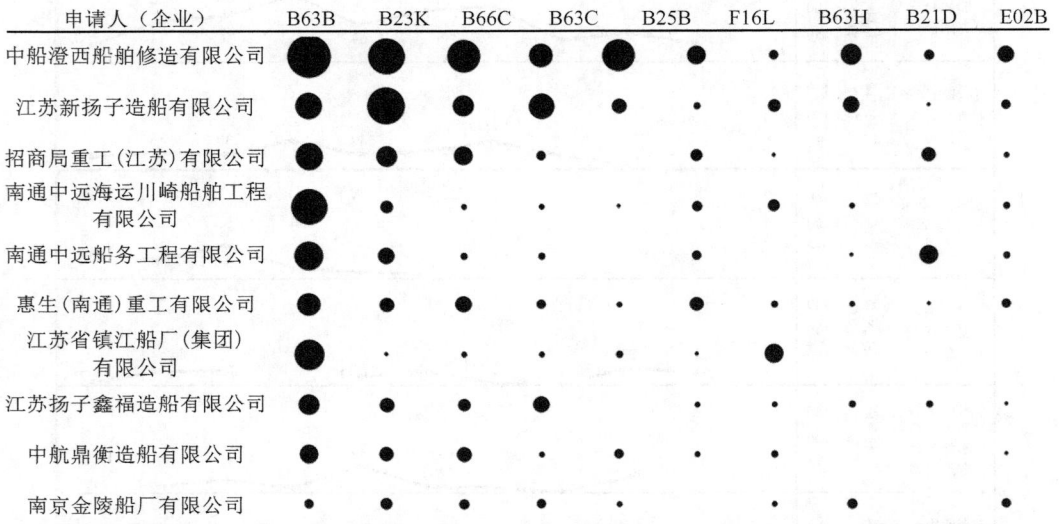

申请人（企业）	B63B	B23K	B66C	B63C	B25B	F16L	B63H	B21D	E02B
中船澄西船舶修造有限公司	●	●	●	●	●	●	•	●	•
江苏新扬子造船有限公司	●	●	●	●	•	•	●	·	
招商局重工(江苏)有限公司	●	●	●	●	●	•	•	●	
南通中远海运川崎船舶工程有限公司	●	●	●	●	•	·			
南通中远船务工程有限公司	●	●	●	•	•		•		•
惠生(南通)重工有限公司	●	●	●	●	•	•			
江苏省镇江船厂(集团)有限公司	●	●	•	•			●		
江苏扬子鑫福造船有限公司	●	●	●	●	•				
中航鼎衡造船有限公司	●	●	•	•	•	•	•		•
南京金陵船厂有限公司	●	●				•	●		

图4-16　江苏主要申请人（企业）的热门技术领域（前十）的专利分布情况

（5）江苏主要申请人专利有效性比较

江苏主要申请人（企业）不同法律状态专利构成情况见表4-18。首先，从存量专利有效数量角度来看，有效专利数量的排名与专利申请总量的排名差异较大。中船澄西船舶修造有限公司有效专利数量（128件）目前仍位于第一位，与排在第二位的江苏新扬子造船有限公司（127件）相差无几；招商局重工（江苏）有限公司、南通中远海运川崎船舶工程有限公司、南通中远船务工程有限公司的有效专利数量超过100件，其余企业均在100件以下。其次，从无效专利（包括失效专利和无效申请）规模来看，无效专利数量较多的分别是中船澄西船舶修造有限公司（508件）、江苏新扬子造船有限公司（168件）、南京金陵船厂有限公司（91件）；最后，从有效专利数量占各自专利申请数量的比重来看，专利保有情况较好的分别是南通中远海运川崎船舶工程有限公司、江苏扬子鑫福造船有限公司、南通中远船务工程有限公司，有效专利比重均在70%以上。

表4-18 江苏主要申请人(企业)不同法律状态专利构成情况

申请人(企业)	总量/件	不同状态专利数量/件			不同状态专利比重/%		
		有效	无效	审查中	有效	无效	审查中
中船澄西船舶修造有限公司	717	128	508	81	18	71	11
江苏新扬子造船有限公司	307	127	168	12	41	55	4
招商局重工(江苏)有限公司	182	119	12	51	65	7	28
惠生(南通)重工有限公司	162	55	77	30	34	48	18
南通中远海运川崎船舶工程有限公司	155	114	37	4	74	24	2
南通中远船务工程有限公司	148	108	18	22	73	12	15
南京金陵船厂有限公司	138	42	91	5	30	66	4
江苏省镇江船厂(集团)有限公司	124	64	49	11	52	39	9
江苏扬子鑫福造船有限公司	107	79	23	5	74	21	5
中航鼎衡造船有限公司	100	33	44	23	33	44	23

注:PCT国际专利申请及法律状态缺失的数据不在统计范围内。

(6)江苏主要申请人专利维持时间比较

从江苏各主要申请人(企业)专利平均维持时间来看(表4-19),有一半企业平均维持时间低于江苏平均水平(3.6年)。南通中远船务工程有限公司平均维持时间最长,为6.5年,其次是惠生(南通)重工有限公司、江苏省镇江船厂(集团)有限公司,为4.7年,南通中远海运川崎船舶工程有限公司为4.5年;平均维持时间较短的是南京金陵船厂有限公司、中船澄西船舶修造有限公司,分别为2.9年、2.4年;具体来看,发明专利平均维持时间较长的是惠生(南通)重工有限公司、南京金陵船厂有限公司、南通中远船务工程有限公司,分别为7.4年、6.3年、6.0年;实用新型专利平均维持时间较长是的南通中远船务工程有限公司,为8.2年,远高于本领域的其他企业,其他申请人实用新型专利平均维持时间为2~5年;外观设计专利仅有南京金陵船厂有限公司、中船澄西船舶修造有限公司两家企业涉及,维持时间差距较大。通过上述比较可以发现,南京金陵船厂有限公司发明、实用新型专利平均维持时间均高于江苏平均水平,而其外观设计专利平均维持仅1年,外观设计专利数量较多,导致南京金陵船厂有限公司的整体专利维持时间不长。而中船澄西船舶修造有限公司实用新型专利规模大、比重高、维持时间短,导致其专利整体平均维持时间较短。

表4-19 江苏各主要申请人(企业)专利平均维持时间 (单位:年)

申请人(企业)	平均维持时间	专利类型		
		发明	实用新型	外观设计
南通中远船务工程有限公司	6.5	6.0	8.2	—
惠生(南通)重工有限公司	4.7	7.4	3.8	—

申请人（企业）	平均维持时间	专利类型		
		发明	实用新型	外观设计
江苏省镇江船厂（集团）有限公司	4.7	5.0	4.6	—
南通中远海运川崎船舶工程有限公司	4.5	5.0	4.4	—
江苏扬子鑫福造船有限公司	3.6	5.0	3.5	—
中航鼎衡造船有限公司	3.1	4.3	3.0	—
招商局重工（江苏）有限公司	3.1	4.4	2.9	—
江苏新扬子造船有限公司	3.1	4.7	3.0	—
南京金陵船厂有限公司	2.9	6.3	4.5	1.0
中船澄西船舶修造有限公司	2.4	4.8	2.2	6.0

（7）江苏主要申请人活动年期比较

江苏主要申请人（企业）活动年期为 4~13 年（表4-20）。江苏主要申请人中开始申请专利的时间大部分都在 2008 年及以后，仅中船澄西船舶修造有限公司、南京金陵船厂有限公司申请专利较早，分别在 1985 年、1987 年。其中金陵船厂在我国实施专利法的同年即申请了专利，说明这两家企业较早开始涉足知识产权保护的行列，但是其活动年期相比于2008 年开始申请专利的江苏省镇江船厂（集团）有限公司、江苏新扬子造船有限公司差距不大。上述四家企业活动年期均超过 10 年，说明这些企业从事该领域的时间较长，具有较好的技术积累和研发经验。开始申请专利时间较晚的是招商局重工（江苏）有限公司、江苏扬子鑫福造船有限公司，分别在 2013 年、2014 年开始申请专利，而这两家企业虽然起步较晚，但专利申请增长较快，并迅速跻身江苏申请量前十的行列。

表4-20 江苏主要申请人（企业）活动年期情况

申请人（企业）	申请专利初始年	活动年期/年
中船澄西船舶修造有限公司	1987	13
江苏省镇江船厂（集团）有限公司	2008	11
南京金陵船厂有限公司	1985	10
江苏新扬子造船有限公司	2008	10
南通中远海运川崎船舶工程有限公司	2008	9
惠生（南通）重工有限公司	2009	9
南通中远船务工程有限公司	2009	8
中航鼎衡造船有限公司	2011	7
招商局重工（江苏）有限公司	2013	6
江苏扬子鑫福造船有限公司	2014	4

第三节　广 东 情 况

广东是海洋大省,海域辽阔、海岸线长、港湾优越,不少地方具有建设深水良港的条件,以珠江为主的内河航道体系和水库湖泊遍布全省各地。同时广东地处泛珠三角经济区和华南经济圈的核心区,东临海峡西岸经济圈、西接北部湾经济区,毗邻港澳,是物流、人流、技术流、资金流和信息流的大通道,也是我国南北航线必经之地,具有优越的地理区位优势。广东利用独特的地理区位优势,逐步发展成为全国海洋经济建设的领头羊。

珠江三角洲是我国的三大造船基地之一,广东更是我国造船业的传统区域,造船工业具有良好的基础。广东船舶工业实现了快速发展,能生产建造几乎所有类型的民用船舶,主流船型实现了大型化、系列化、批量化,在高技术船舶和海洋工程装备领域也取得了重要突破。近年来,广东省造船与海工装备业出现平稳快速发展的势头,形成了以广州为核心,江门、中山等地为重点的船舶与海工装备制造业分布形式。广东船舶与海工企业主要分布在广州、深圳、佛山、中山、江门、东莞、珠海等7市,年产值占全省的95%左右。广东省船舶配套企业主要分布在广州、佛山、珠海、东莞、江门等地区。

1. 总体情况分析

(1)申请趋势

从广东船舶与海工装备制造业专利申请数量发展趋势来看(图4-17),专利申请发展趋势总体呈逐年递增趋势。2010年之前,年申请量只有几十件,而2011年快速增长至167件,尤其是2014年我国明确提出建设"知识产权强国"战略之后,专利申请数量迅速增长,且增长势头明显,2017年在所有考察省市中广东的申请量排名第一,达到864件。通过观察广东地区专利申请增长的变化态势可以看出,广东的企业正逐步加大对知识产权的重视和保护力度,积极探索以知识产权发展提升船舶与海工装备制造业及企业综合竞争实力的转型升级道路。

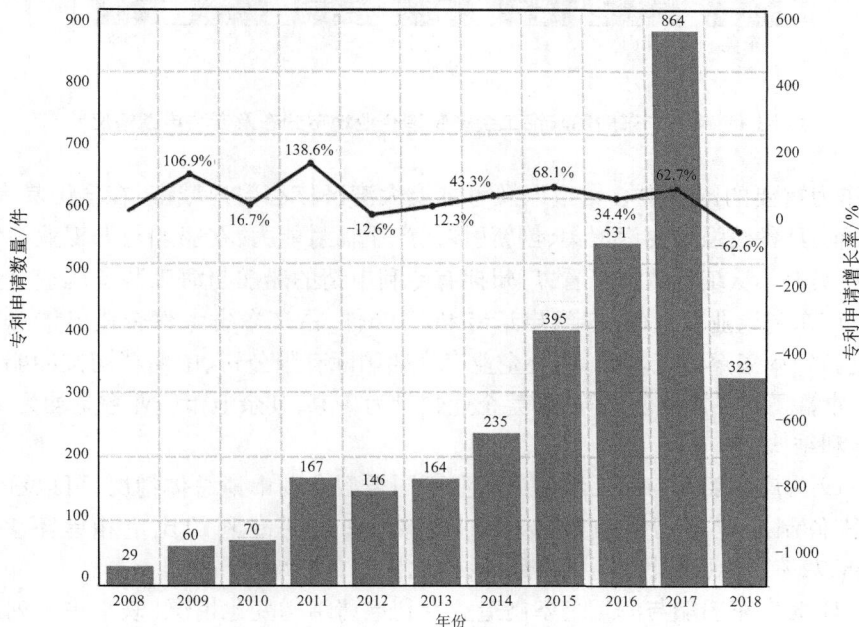

图4-17　广东船舶与海工装备制造业专利申请数量发展趋势图

（2）城市分布

广东省下辖21个地级市(其中2个副省级市)，划分为珠三角、粤东、粤西和粤北四个区域，其中珠三角位于广东省中南部地区，范围包括广州、佛山、肇庆、深圳、东莞、惠州、珠海、中山、江门9个城市，总面积5.6万平方千米，是我国开放程度最高、经济活力最强的区域之一，在国家发展大局中具有重要战略地位，是具有全球影响力的先进制造业基地和现代服务业基地。本报告所考察的25家广东省船舶与海工装备制造企业全部位于珠三角区域，分布于广州、江门、中山、佛山、东莞、珠海、深圳7个地市。如图4-18所示为广东船舶与海工装备制造企业地市分布及专利申请情况。

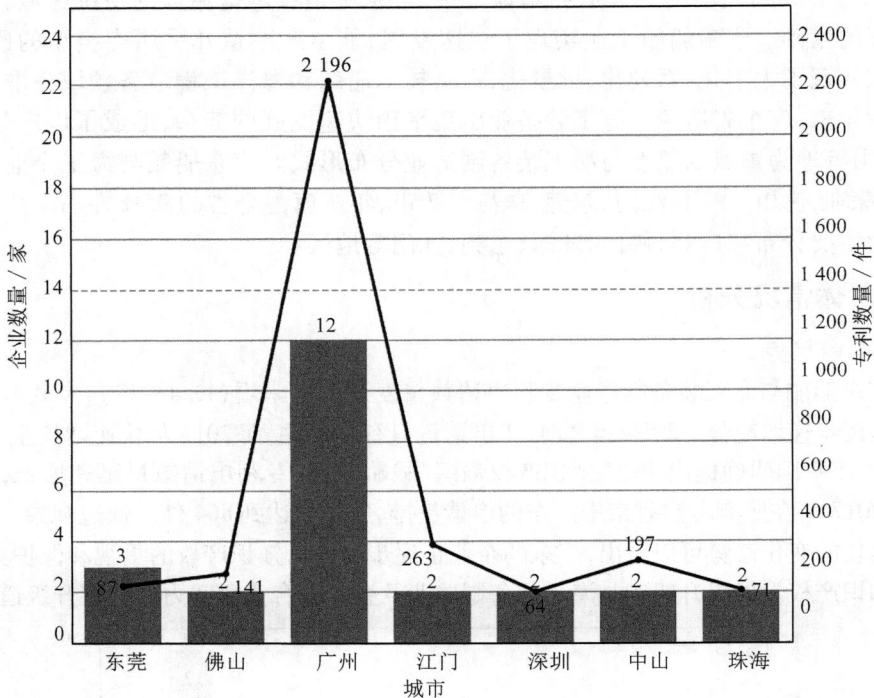

图4-18 广东船舶与海工装备制造企业地市分布及专利申请情况

广州作为重要的国家中心城市以及粤港澳大湾区核心门户城市，在全国具有引领、辐射、集散功能，具备较强的要素聚集、创新引领、产业辐射能力，在船舶与海工业专利方面同样拥有较强实力。从统计数据来看，广州拥有专利申请的船舶与海工装备制造企业数量为12家，约占广东省企业总量的一半，申请专利2 196件，占广东省考察企业申请总量的比重达73%，创新资源集聚程度较高，主要企业有广船国际有限公司、中船黄埔文冲船舶有限公司、广州文冲船厂有限责任公司等，东莞企业数量为3家，其余地市企业数量均为2家。

（3）专利结构

图4-19为广东船舶与海工装备制造业不同类型专利申请总体情况，可以看出广东船舶与海工装备制造业申请专利类型中实用新型和发明专利的比重相差不多，分别为51.11%、48.72%，外观设计专利比重最少，占比仅为0.17%。

表4-21为广东船舶与海工装备制造业专利申请结构变化情况(表格中未列出的年份代表没有专利数据)。首先在数量上，广东船舶与海工装备制造业专利增长集中在2005—

2018年,2005年之前间断地申请过3件实用新型专利,直到2005年以后,知识产权保护事业才逐步发展。其次在专利结构变化上,从发明专利所占比重来看,随时间呈现出先下降后上升的趋势,2010年以后,比重逐渐上升,说明逐步加大了发明专利申请的力度,从2018年收集到的数据来看,发明比重达76.16%,与我国船舶与海工装备制造业整体情况较为吻合,从注重专利数量逐渐转为注重专利的质量和发明创新。外观设计专利一直不是广东船舶与海工企业申请专利的重点类型,数量非常少。

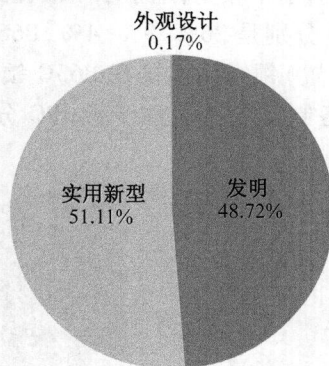

图4-19　广东船舶与海工装备制造业不同类型专利申请总体情况

表4-21　广东船舶与海工装备制造业专利申请结构变化情况

年份	申请总量/件	发明/件	实用新型/件	外观设计/件	发明比重/%	实用新型比重/%	外观设计比重/%
2018	323	246	77	0	76.16	23.84	0
2017	864	479	382	3	55.44	44.21	0.35
2016	531	251	280	0	47.27	52.73	0
2015	395	210	185	0	53.16	46.84	0
2014	235	85	150	0	36.17	63.83	0
2013	164	51	113	0	31.10	68.90	0
2012	146	44	102	0	30.14	69.86	0
2011	167	39	128	0	23.35	76.65	0
2010	70	25	44	1	35.71	62.86	1.43
2009	60	23	37	0	38.33	61.67	0
2008	29	7	22	0	24.14	75.86	0
2007	15	5	9	1	33.33	60.00	6.67
2006	8	4	4	0	50.00	50.00	0
2005	9	2	7	0	22.22	77.78	0
1998	1	0	1	0	0	100.00	0
1992	1	0	1	0	0	100.00	0
1989	1	0	1	0	0	100.00	0

（4）技术构成

广东企业申请专利技术领域涵盖 68 个技术大类、171 个技术小类。图 4-20 为广东船舶与海工装备制造业申请专利的技术领域 IPC 分类（小类）构成情况。广东船舶与海工装备制造企业的专利申请主要集中在 B63B（船舶或其他水上船只；船用设备）、B23K（钎焊或脱焊；焊接；用钎焊或焊接方法包覆或镀敷；局部加热切割，如火焰切割；用激光束加工）、B63C（船只下水，拖出或进干船坞；水中救生；用于水下居住或作业的设备；用于打捞或搜索水下目标的装置）领域，所占比重分别是 26%、9%、4%，B66C（起重机；用于起重机、绞盘、绞车或滑车的载荷吊挂元件或装置）领域比重排在 B63C 领域之后，情况与江苏略有不同。表 4-22 为广东船舶与海工装备制造业排名前十位 IPC 分类（小类）所属技术领域详细情况。

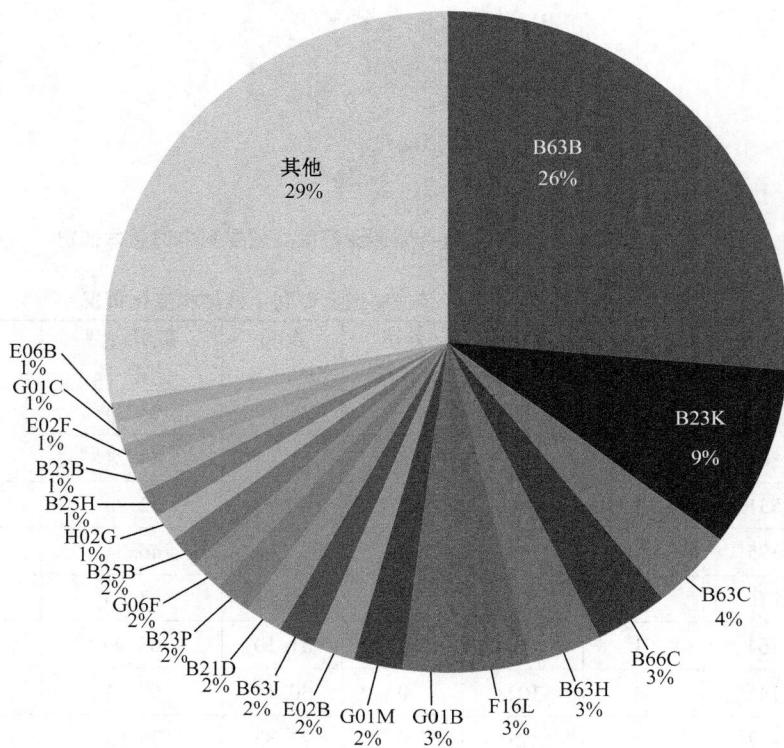

图 4-20　广东船舶与海工装备制造业申请专利 IPC 分类（小类）构成情况

注：所占比重低于 1% 的 IPC 分类（小类）号统一归为其他类。

表 4-22　广东船舶与海工装备制造业排名前十位 IPC 分类（小类）所属技术领域详细情况

IPC 分类（小类）号	比重/%	含义
B63B	26	船舶或其他水上船只；船用设备
B23K	9	钎焊或脱焊；焊接；用钎焊或焊接方法包覆或镀敷；局部加热切割，如火焰切割；用激光束加工
B63C	4	船只下水，拖出或进干船坞；水中救生；用于水下居住或作业的设备；用于打捞或搜索水下目标的装置
B66C	3	起重机；用于起重机、绞盘、绞车或滑车的载荷吊挂元件或装置

IPC 分类(小类)号	比重/%	含义
B63H	3	船舶的推进装置或操舵装置
F16L	3	管子;管接头或管件;管子、电缆或护管的支撑;一般的绝热方法
G01B	3	长度、厚度或类似线性尺寸的计量;角度的计量;面积的计量;不规则的表面或轮廓的计量
G01M	2	机器或结构部件的静或动平衡的测试;其他类目中不包括的结构部件或设备的测试
E02B	2	水利工程(提升船舶入 E02C;疏浚入 E02F)
B63J	2	船上辅助设备

注:前 10 位技术领域小类 IPC 分类(小类)号占总量比重为 57%。

从广东船舶与海工装备制造业申请专利技术(前十)发展态势来看(图 4 - 21),早期专利申请规模较小,各技术领域发展相差不大。2010 年之前,前十技术领域与当前有所不同,一些技术领域存在技术空白,如 B63C(船只下水,拖出或进干船坞;水中救生;用于水下居住或作业的设备;用于打捞或搜索水下目标的装置)、E02B(水利工程)、G01B(长度、厚度或类似线性尺寸的计量;角度的计量;面积的计量;不规则的表面或轮廓的计量)领域。随着船舶工业加速转型升级和船舶与海工装备制造技术的快速发展,近些年来,广东船舶与海工装备技术领域布局发生较大变化:B63B(船舶或其他水上船只;船用设备)领域迅速发展成为广东企业专利申请最热门技术领域,带动周边技术领域快速发展,其余前十技术领域专利申请规模同步增长,均衡发展。

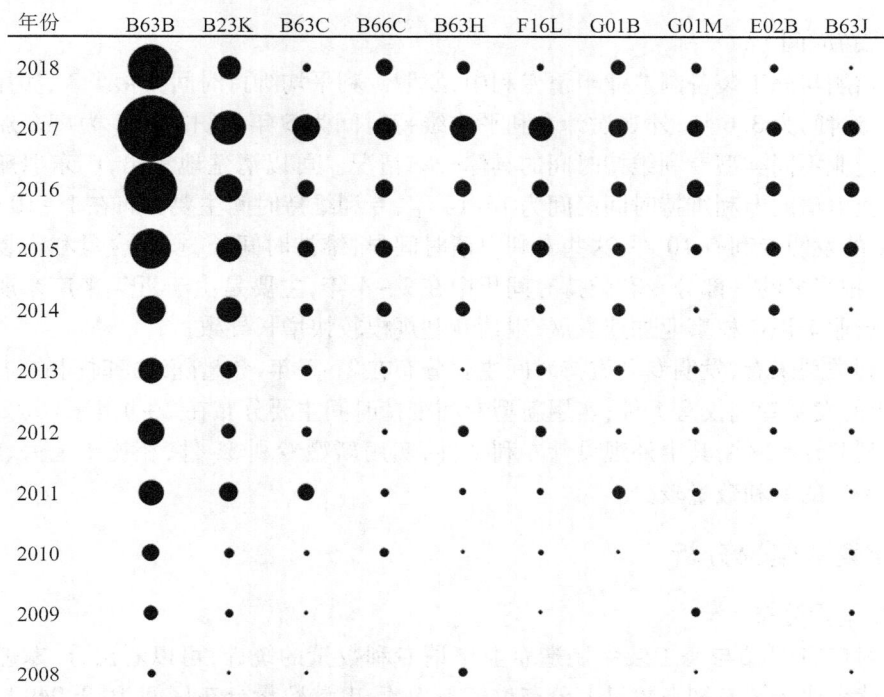

图 4 - 21 广东船舶与海工装备制造业申请专利技术(前十)发展态势

（5）专利有效性

截至数据收集期，广东船舶与海工装备制造业申请专利数据中，有效专利1 653件，无效专利631件，在审查中专利667件，占比分别为56%、21%、23%，无效专利比重较低，说明专利的保有、维持情况较好，审查中专利比重也较高，说明未来专利水平竞争中潜力较大。而在无效专利中，有216件是未获得授权的发明专利申请，415件是失效专利，即授权过的专利由于一些原因（如未缴年费或主动放弃专利权等）而导致专利权终止。

进一步结合专利类型来分析（表4-23），在有效专利中，实用新型专利数量大、占比高，数量为1 139件，比重约69%，发明专利占比约为31%，外观设计专利仅有5件，占比不足1%；在无效专利中，发明类型专利比重有所升高，约为36%，主要原因是发明专利依法得到授权的难度较大，有较大部分的发明申请（216件）未获得授权，即无效发明申请数量相对较高，而实际获得授权后转为失效的发明专利数量仅为10件；无效实用新型专利为404件，比重约为64%，无效外观设计专利数量仅为1件。

表4-23　广东船舶与海工装备制造业申请专利有效性情况

法律状态	总量/件	不同类型专利数量/件			不同类型专利比重/%		
		发明	实用新型	外观设计	发明	实用新型	外观设计
有效	1 653	510	1 139	4	30.85	68.91	0.24
无效	631	226	404	1	35.82	64.02	0.16
审中	667	667	—	—	100	—	—

注：PCT国际专利申请及法律状态缺失的数据不在统计范围内。

（6）维持时间

广东船舶与海工装备制造业申请专利中，发明专利平均维持时间为4.5年，实用新型专利平均维持时间为3.6年，外观设计专利平均维持时间为5年。图4-22为广东船舶与海工装备制造业不同类型专利维持时间的具体分布情况。可以清楚地看出，广东船舶与海工装备制造业申请的专利维持时间区间为1~14年，专利维持时间主要分布在1~10年；其中超过10年的发明专利有10件，这些专利申请时间早、维持时间长、技术含量和市场价值较高。此外，相当多的一部分专利维持时间集中在2~4年，主要是由于近年来广东船舶与海工装备制造业知识产权事业加速发展，申请专利规模较快增长导致。

从专利类型来看，发明专利维持时间主要分布在2~5年，数量随维持时间的增长下降，维持14年的发明专利仅有1件；实用新型专利维持时间主要分布在2~4年；维持到有效期届满的专利共计52件，其中外观设计专利1件，实用新型专利51件，相比于上海、江苏，维持时间为1年的专利数量较少。

2. 申请人情况分析

（1）申请量分布

通过对广东船舶与海工装备制造企业申请专利数量的统计，可以看出，广东船舶与海工装备制造企业申请专利在数量上分布也较不均衡，申请数量分布区间为[3,949]，申请数量最多达到949件，最少为3件。

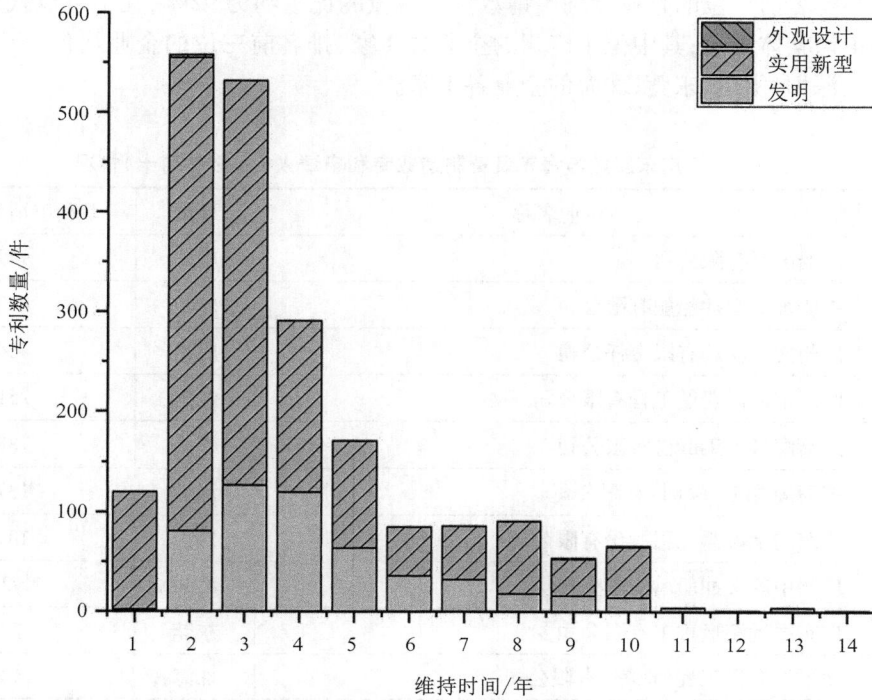

图 4 - 22　广东船舶与海工装备制造业不同类型专利维持时间具体情况

广东船舶与海工装备制造企业申请专利数量区间分布具体情况见表 4 - 24。可以看出,广东本领域专利申请超过 500 件的企业有 2 家,对广东船舶与海工装备制造业的总体专利申请量贡献度约为 54%;同样存在"断层"现象,申请量在 300~400 件之间没有相应企业;约 72% 的广东企业专利申请量均在 100 件以下。排名在前 6 位的企业对广东总体专利申请的贡献量约为 82%,较为符合"二八定律",即创新资源集中于小部分企业,而创造了大部分的技术创新成果。

表 4 - 24　广东船舶与海工装备制造企业申请专利数量分布情况

申请专利数量区间/件	企业数量/家	占江苏企业总量比重/%	专利申请贡献度/%
[500,1 000)	2	8	53.48
[400,500)	1	4	11.80
[300,400)	0	0	0.00
[200,300)	1	4	7.33
[100,200)	3	12	13.32
[0,100)	18	72	14.07

表 4 - 25 为广东船舶与海工装备制造业专利申请数量排名在前十位的申请人(企业)信息。排在前三位的企业分别是广船国际有限公司、中船黄埔文冲船舶有限公司、广州文冲船厂有限责任公司,申请量分别是 949 件、882 件、404 件,前两家企业专利申请规模相差

不大。广东排名前十位的企业专利申请数量占总量的比重约为92%,几乎可以代表广东本领域专利申请整体情况;其中位于广州的企业共4家,排名前三位的企业均位于广州,位于江门、中山、深圳、佛山、东莞、珠海的企业各1家。

表4-25 广东船舶与海工装备制造业专利申请人(企业)(前十)情况

序号	企业名称	地区	专利申请数量/件
1	广船国际有限公司	广州	949
2	中船黄埔文冲船舶有限公司	广州	882
3	广州文冲船厂有限责任公司	广州	404
4	江门市南洋船舶工程有限公司	江门	251
5	广新海事重工股份有限公司	中山	188
6	招商局重工(深圳)有限公司	深圳	137
7	广东精钢海洋工程股份有限公司	佛山	131
8	广州中船文冲船坞有限公司	广州	92
9	广东中远海运重工有限公司	东莞	75
10	太平洋海洋工程(珠海)有限公司	珠海	48

(2)广东主要申请人专利申请趋势比较

图4-23为广东主要申请人(企业)在2008—2018年的专利申请情况。首先从专利申请时间态势上,仅有4家企业在2008—2018年保持连续申请专利,分别是广船国际有限公司、中船黄埔文冲船舶有限公司、广州文冲船厂有限责任公司及招商局重工(深圳)有限公司,其余企业或是起步时间较晚,如江门市南洋船舶工程有限公司、广新海事重工股份有限公司,或是间断性申请专利,如太平洋海洋工程(珠海)有限公司,仅在2013,2015,2017年申请了专利。其次从增长趋势方面,广船国际有限公司和中船黄埔文冲船舶有限公司在2014年以后,专利申请数量快速增长,由2014年50~60件左右增长至2017年280件以上,并且这两家企业在近些年专利增长趋势相似,在申请规模上互相赶超,不相上下;而其他一些企业的专利申请增长势头略显缓慢,甚至有些企业在2014年以后专利申请不增反降,呈逐年下降趋势。

(3)广东主要申请人专利结构比较

表4-26为广东主要申请人(企业)专利结构情况,可以看出,发明专利比重较高的企业是广东精钢海洋工程股份有限公司(60.31%)、广船国际有限公司(53.00%)、中船黄埔文冲船舶有限公司(52.38%)及广新海事重工股份有限公司(53.19%),发明专利比重均高于50%,这些企业更加注重技术含量高,稳定性好的发明专利的申请来保护技术创新;实用新型专利比重较高的企业有太平洋海洋工程(珠海)有限公司(87.50%)、招商局重工(深圳)有限公司(81.75%)、江门市南洋船舶工程有限公司(77.29%)、广东中远海运重工有限公司(74.67%),实用新型专利比重均高于70%,说明这些企业更多偏向于申请研发周期短、投入较少的实用新型专利来保护技术创新。广东主要申请人中仅前三家企业申请了外观设计专利,比重较低。

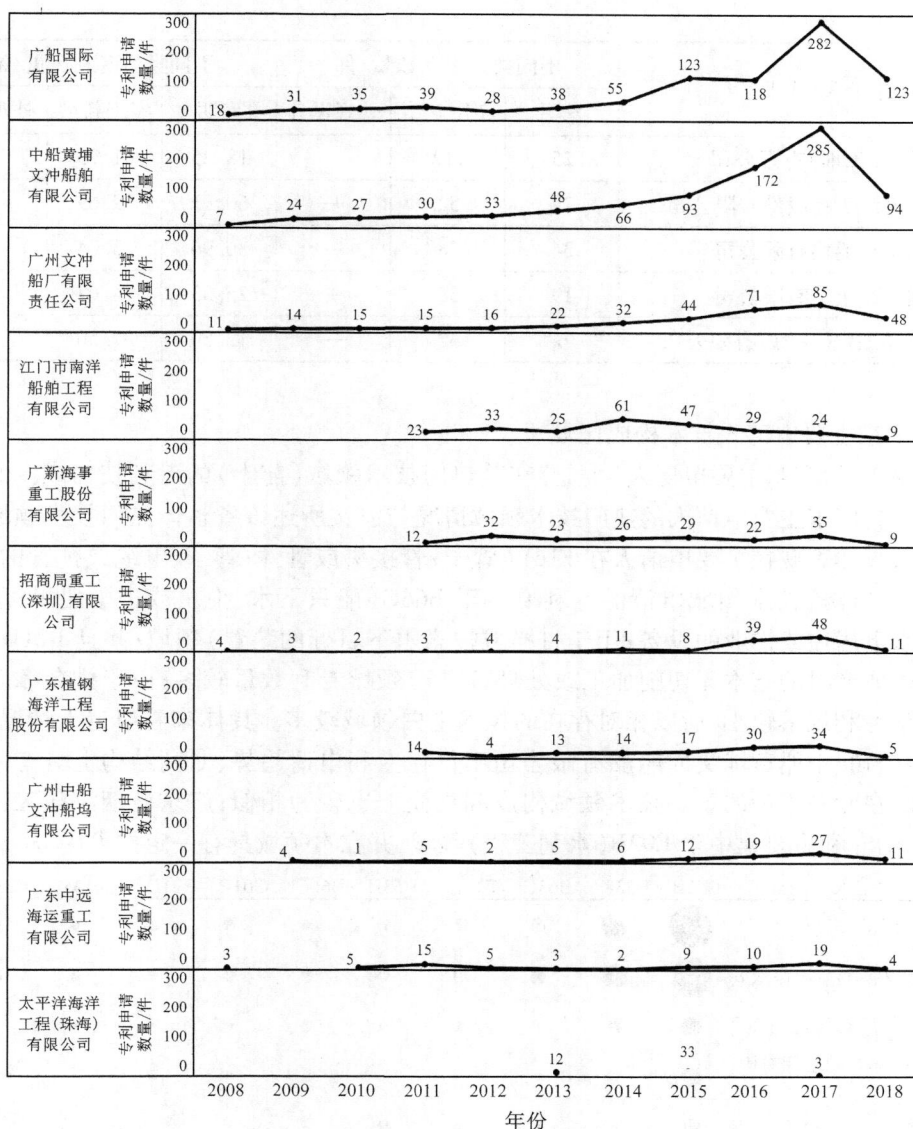

图 4-23　2008—2018 年广东主要申请人(企业)专利申请情况

表 4-26　广东主要申请人(企业)专利结构情况

申请人(企业)	不同类型专利数量/件			不同类型专利比重/%		
	发明	实用新型	外观设计	发明	实用新型	外观设计
广船国际有限公司	503	435	11	53.00	45.84	1.16
中船黄埔文冲船舶有限公司	462	419	1	52.38	47.51	0.11
广州文冲船厂有限责任公司	193	210	1	47.77	51.98	0.25
江门市南洋船舶工程有限公司	57	194	—	22.71	77.29	—
广新海事重工股份有限公司	100	88	—	53.19	46.81	

申请人(企业)	不同类型专利数量/件			不同类型专利比重/%		
	发明	实用新型	外观设计	发明	实用新型	外观设计
招商局重工(深圳)有限公司	25	112	—	18.25	81.75	—
广东精铟海洋工程股份有限公司	79	52	—	60.31	39.69	—
广州中船文冲船坞有限公司	34	58	—	36.96	63.04	—
广东中远海运重工有限公司	19	56	—	25.33	74.67	—
太平洋海洋工程(珠海)有限公司	6	42	—	12.50	87.50	—

(4)广东主要申请人技术构成比较

图4-24为广东主要申请人(企业)在其热门技术领域(前十)的专利技构成。通过比较可以看出,广东主要申请人的热门技术领域情况与前文所述该省整体热门技术领域情况略有不同,具体表现在主要申请人在F16L(管子;管接头或管件;管子、电缆或护管的支撑;一般的绝热方法)技术领域申请的专利要多于B66C(船只下水,拖出或进干船坞;水中救生;用于水下居住或作业的设备;用于打捞或搜索水下目标的装置)领域;并且B21D(金属板或管、棒或型材的基本无切削加工或处理;冲压)领域专利数量较多;由于排名靠后的申请人,申请专利规模较小,所以相对存在的技术空白领域较多。具体来看申请人情况,广船国际有限公司、中船黄埔文冲船舶有限公司不仅在专利申请趋势、专利结构上具有一定的相似特征,在专利申请的重点技术领域构成和规模上也较为相似;广东精铟海洋工程股份有限公司的专利主要集中于E02B(水利工程)领域,并在本领域具有一定技术优势。

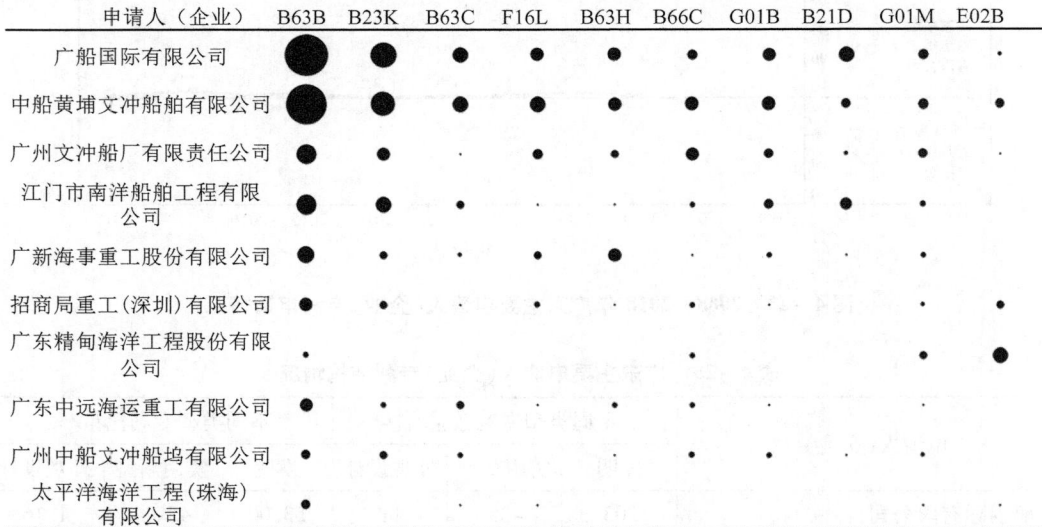

图4-24 广东主要申请人(企业)在其热门技术领域(前十)专利技术构成

(5)广东主要申请人专利有效性比较

广东各主要申请人(企业)不同法律状态下专利构成情况比较见表4-27。从数量方面来看,广船国际有限公司由于部分专利为PCT国际专利申请未在统计范围,故其国内专利申请数量与中船黄埔文冲船舶有限公司持平,但其有效专利数量低于后者;江门市南洋船舶工程有限公司专利申请量排名较为靠前,但是其有效专利数量在主要申请人中最少,仅为20件;招商局重工(深圳)有限公司存量有效专利数量(114件)仅次于广州文冲船厂有限责任公司(244件)。从无效专利(包括失效专利和无效申请)规模来看,无效专利较多的分别是广船国际有限公司(175件)、江门市南洋船舶工程有限公司(150件)、广新海事重工股份有限公司(120件);广船国际有限公司、中船黄埔文冲船舶有限公司审查中的专利数量较高,均在200件以上。从比重方面,招商局重工(深圳)有限公司、广州中船文冲船坞有限公司有效专利比重较高,无效专利比重较低,说明这两家企业专利保护情况较好。

表4-27 广东主要申请人(企业)不同法律状态下专利构成情况比较

申请人(企业)	总量/件	不同状态专利数量/件			不同状态专利比重/%		
		有效	无效	审查中	有效	无效	审查中
广船国际有限公司	882	495	175	212	56	20	24
中船黄埔文冲船舶有限公司	882	548	98	236	62	11	27
广州文冲船厂有限责任公司	404	244	71	89	60	18	22
江门市南洋船舶工程有限公司	251	91	150	10	36	60	4
广新海事重工股份有限公司	188	20	120	48	11	64	26
招商局重工(深圳)有限公司	136	114	11	11	84	8	8
广东精铟海洋工程股份有限公司	131	88	19	24	67	15	18
广州中船文冲船坞有限公司	92	71	7	14	77	8	15
广东中远海运重工有限公司	75	39	29	7	52	39	9
太平洋海洋工程(珠海)有限公司	48	33	14	1	69	29	2

注:PCT国际专利申请及法律状态缺失的数据不在统计范围内。

(6)广东主要申请人专利维持时间比较

表4-28为广东各主要申请人(企业)授权专利维持时间情况。主要申请人中,专利平均维持时间最长的是广州文冲船厂有限责任公司,为5.2年;其次是广船国际有限公司、广东精铟海洋工程股份有限公司,分别为4.7年、4.2年;中船黄埔文冲船舶有限公司接近广东平均水平,为3.9年;广州中船文冲船坞有限公司与本省平均水平持平,为3.8年;其余企业专利平均维持时间相对较短,低于3.5年。发明专利平均维持时间最长的是招商局重工(深圳)有限公司(7.0年);广州中船文冲船坞有限公司(2.9年)、太平洋海洋工程(珠海)有限公司(2.7年)相对较短。实用新型专利平均维持时间较长的是广东精铟海洋工程股份有限公司,为5.2年,其余均低于5年;江门市南洋船舶工程有限公司、广东中远海运重工有限公司实用新型专利维持时间较短,导致其整体专利平均维持时间不长。广州文冲船厂有限责任公司仅有1件外观设计专利,并维持到有效期届满;广船国际有限公司外观设计专利平均维持时间较长,为7.1年,其中有3件维持到有效期届满。

表4-28 广东各主要申请人(企业)专利维持时间情况 （单位:年）

申请人(企业)	平均维持时间	专利类型		
		发明	实用新型	外观设计
广州文冲船厂有限责任公司	5.2	5.8	4.9	10.0
广船国际有限公司	4.7	4.1	4.9	7.1
广东精铟海洋工程股份有限公司	4.2	3.0	5.2	—
中船黄埔文冲船舶有限公司	3.9	5.1	3.5	2.0
广州中船文冲船坞有限公司	3.8	2.9	4.1	—
太平洋海洋工程(珠海)有限公司	3.4	2.7	3.4	—
招商局重工(深圳)有限公司	3.4	7.0	3.1	—
广新海事重工股份有限公司	3.3	5.5	3.0	—
江门市南洋船舶工程有限公司	3.3	5.6	2.9	—
广东中远海运重工有限公司	3.2	5.7	2.9	—

(7)广东主要申请人活动年期比较

广东主要申请人(企业)活动年期在3~25年,如表4-29所示为广东主要申请人活动年期情况。申请人中开始申请专利的时间大部分都在2008年及以后,仅广船国际有限公司、广州文冲船厂有限责任公司、中船黄埔文冲船舶有限公司分别在1994年、1992年、1989年就已经开始申请专利,虽然广船国际有限公司申请专利时间不是最早的,却是活动年期最长的企业。广州文冲船厂有限责任公司活动年期相对也较长,为16年。中船黄埔文冲船舶有限公司是广东主要申请人中涉足知识产权保护最早的企业,但是其活动年期仅为13年,与招商局重工(深圳)有限公司(11年)相差不多。广东活动年期超过10年的企业有6家,这些企业从事该领域的时间较长,具有较好的技术积累和研发经验。开始申请专利时间较晚的是太平洋海洋工程(珠海)有限公司,活动年期在主要申请人中也最短,仅为3年。

表4-29 广东主要申请人(企业)活动年期情况

申请人(企业)	申请专利初始年	活动年期/年
广船国际有限公司	1994	25
广州文冲船厂有限责任公司	1992	16
中船黄埔文冲船舶有限公司	1989	13
招商局重工(深圳)有限公司	2008	11
广州中船文冲船坞有限公司	2009	10
广东中远海运重工有限公司	2008	10
江门市南洋船舶工程有限公司	2011	8
广新海事重工股份有限公司	2011	8
广东精铟海洋工程股份有限公司	2011	8
太平洋海洋工程(珠海)有限公司	2013	3

第五章 我国船舶与海工装备制造业专利指数构建

第一节 国内外相关研究现状

国外学者主要对专利实力的量化指标和数据统计方法进行了一系列的研究,用不同的案例分析了专利竞争力对创新技术的影响程度,从而得知专利质量、数量及申请结构等是专利实力研究体系中不可或缺的因素。如 Thomas A. Hemphill(2008)在"U. S. Patent Policy: Crafting a 21st Century National Blueprint for Global Competitiveness"一文中研究了现有美国专利制度中公认的主要缺陷,然后对联邦贸易委员会,国家研究委员会和学术经济学家(Jaffe/Lerner 和 Maskus)的四项专利改革提案的实质进行了编目,最后对引用的专利改革提案进行了分析,主张专利成本控制、专利质量、专利不确定性和专利改革立法的一系列可行的政策建议;T. Miyazawa 和 H. Osada(2010)在论文"Quantitative Indicators for Evaluating the Competitiveness of A Patent"中通过分析日本初审法院提起的专利侵权诉讼涉及的专利,研究了专利水平的量化指标。

国内有关船舶行业专利水平评价的研究文献微乎其微。朱梅梵和李志春(2008)研究了船舶行业的知识产权保护和创新能力,他们认为自主知识产权的竞争是企业竞争至国家竞争的热点,为了在激烈的市场竞争中占据优势,企业必须进行技术创新,提高竞争力。李恒川(2011)分析了镇江船舶行业的现状,并提出建立以企业为主体、市场为导向、产学研结合的创新体系是提升镇江船舶行业核心竞争力的有效途径;钟巧珍(2014)从企业层面重点研究了中船重工造船企业技术性知识产权开发方式选择因素的确定原则,以及专利与技术秘密的优劣势比较;钟丽丹(2015)主要针对中国船舶产业特殊信息中的 IPC 分类号、申请人、地区划分、主要机构、重点技术等专利要素进行定性、定量分析,研究了我国船舶产业的专利发展趋势;李艳(2016)等人从生态圈的角度,对国内外海洋工程装备专利信息进行了详细分析,采用赫芬达尔－赫希曼指数 HHI 分析技术生态位、创新水平和区域竞争力。

第二节 评价指标体系的建立

1. 评价方法及模型

已有依据专利数据进行专利实力综合评价问题研究的文献中,大多是以某一时间节点的专利总体状态(存量数据)为对象进行指标设计,对多个评价主体之间进行共时态的横向比较,而缺点是不能探查单一主体随时间的变化情况。尽管船舶与海工装备业是国民经济的重要组成部分,更是国防工业的支柱产业之一,但对本行业专利发展状况及水平探查却很少,因此有必要从横向和纵向两个角度来深入考察其现状水平及动态发展过程。本报告试图从微观创新主体视角入手,以企业专利数据为依据,实现对企业横向(企业之间)、纵向

(发展变化)的专利发展水平和实力的综合评价与比较,进而通过构建专利指数来考察国家、地区、企业层面的专利实力发展水平。

本报告为了实现上述目标,拟采用对创新主体按时间(年)提取截面数据,同时考察流量数据与存量数据,合理提取指标,构成其初始评价数据,结合主成分分析方法客观确定指标权重,计算创新主体的专利指数。

创新是积累的延伸,这一理念也是本报告评价模型的灵魂。评价模型将某一特定创新主体在某一年的专利综合水平用当年的专利产出情况(数量、质量方面)与历史存量专利资源的积累两方面来表达,即同时考察流量数据与存量数据各项指标情况。在此模型的基础上,科学、合理设计评价指标体系,全面、客观地对创新主体专利发展综合水平进行评价与考察。

2. 评价指标选取

关于我国专利综合评价指标体系的设计与构建的相关研究大多都停留于理论层面的设计,付诸实践较难,指标不易得、计算复杂、评价对象不清晰等问题制约了其进一步实施,因而本报告本着实际可行的原则,在参考已有研究文献的基础上,合理对各项指标进行筛选,剔除对评价对象区别意义不大的指标以及对结果造成较大偏差的指标。最终保留的专利评价指标可以归纳为两大类,即表征创新产出规模的数量类指标与表征创新质量的质量类指标。

(1)数量类指标

专利数量被许多学者列为考察技术创新能力的创新产出指标,如专利申请数量、专利授权数量、专利拥有量等。王炼等将专利申请数量列为其企业自主创新能力评价指标体系中科技产出要素的指标之一;张洪涛等将专利申请数量和专利拥有数量作为创新产出指标;李磊等设计的评价体系中,将企业专利申请量和发明专利拥有量作为石油企业创新产出能力的指标。还有一些学者将专利数量列为其技术开发与创新能力指标。例如,唐炎钊等将专利拥有数量作为其企业技术创新能力指标体系中研究开发能力的指标之一;宋晓洪将专利拥有数量作为其研发能力的指标;贺本岚等将专利申请量和发明专利拥有量作为其评价体系中技术创新能力的发明专利能力指标。

由于我国专利制度规定不同类型的专利审查程序有所不同,专利数据库中检索出来的实用新型和外观设计专利均为授权专利,因此指标体系设计中对上述两种专利的授权数量设置为考察指标,对发明专利同时设置申请数量与授权数量两种指标。对存量数据设置专利授权总量、发明专利授权总量、有效专利数量、有效发明专利总量等指标来考察历史创新成果的积累规模与水平。

(2)质量类指标

学者们利用专利数据的定量指标从不同的侧面来反映专利质量,通过实证研究构建了一系列专利质量指标,大致可以分为专利范围类指标(技术覆盖范围、专利权项数、专利族大小等)、专利引证指标(参考文献数量、被引次数等)、专利维持指标(专利维持时间、专利维持率等),以及其他专利质量指标(发明人数量、发明专利占比、专利授权率等)。

本报告中使用的反映专利质量的指标有:

①技术覆盖范围:IPC分类号小类数量。

②引证指标:专利被引次数被认为是最有效的质量指标,可以反映对后续专利的启示、

参考价值及影响力,但单件专利被引用次数不足以表示企业整体专利质量情况,因此选择企业专利总体被引次数。

③维持指标:企业对专利的维持时间,可以体现专利的价值和质量。

企业一般会通过权衡专利维护费用与专利带来的价值和收益来决定是否继续维持某一专利。因此一般情况下,只有质量好、价值高、有竞争力的专利,企业才会愿意选择继续维持。专利年费收费清单如表5－1所示,年费随时间而增长。因此有效(发明)专利可以体现企业专利的新颖性、创造性和实用性,同时该指标也容易准确地获得,指标体系用有效专利数量、保有率及有效发明专利数量来考察企业专利维持现状。若企业的有效专利保有率较低,失效专利多,则一般情况下代表这些专利创新性不强,市场价值低,没有继续维持的必要,间接地反映出其拥有的专利质量不高。

表5－1　专利年费收费清单

专利类型	年限	年费/元
发明专利	1～3年	900
	4～6年	1 200
	7～9年	2 000
	10～12年	4 000
	13～15年	6 000
	16～20年	8 000
实用新型	1～3年	600
	4～5年	900
	6～8年	1 200
	9～10年	2 000
外观设计	1～3年	600
	4～5年	900
	6～8年	1 200
	9～10年	2 000

④优质专利:可通过观测专利维持时间的长短来判定是否是优质专利。参考其他文献中,将时间阈值 N 设置为6或10,将维持 N 年以上的专利认定为优质专利。由于《专利法》规定不同类型专利的有效期长短不同,发明专利为20年,实用新型及外观设计专利为10年,因此本报告认为对于不同的专利类别,应分别设置阈值 N,有以下两个指标,代表优质专利拥有情况。本报告选择5年以上(>5年)发明专利数量和3年以上(>3年)实用新型专利数量为这两种类型优质专利的代表。

⑤其他专利质量指标:发明团队数量。专利发明人是指对发明创造的实质性特点做出创造性贡献的人,数量可以是一个或几个。虽然在法律上,所有专利人都拥有专利的同等权利,但在实际的专利发明人排序过程中,会人为地为发明人位置赋予不同的权利,不同的

位置,隐含着对专利发明的贡献,排名越前意味着贡献越大。并且,通过调查数据,第一发明人排序较为稳定,并且具有代表性,因此,本报告用第一发明人代表其所在的发明团队。

3. 专利指数评价指标体系

根据上述模型设计思想及指标分析,本报告设计了适用于专利实力综合水平评价的指标体系。该指标体系分成三个层次。第一个层次用以反映专利水平总体发展情况,通过计算专利总指数实现;第二个层次用以反映创新主体在考察年创新产出数量、质量、基础、有效四个方面的发展水平,通过计算分项指数实现;第三个层次用以反映构成专利实力各方面的具体发展情况,通过上述 4 个分项指数所选取的 20 个评价指标实现(专利指数评价指标体系详见表 5 - 2)。此外,本指标体系还进行了时态的区分,使两种时态下考察的专利数据指标统计时不会交叉、重叠。数量指数与质量指数下的指标是对考察年当年的专利产出水平(流量数据)进行测评,而基础指数与有效指数下的专利指标统计则是对历史积累水平(截止到考察期前一年的存量数据情况)进行考察。4 个分项指数及 20 个评价指标的简要说明如下:

(1)数量指数

该分项指数主要测度创新主体考察年当年的技术创新产出规模水平,可以反映创新主体的技术创新活跃程度。对不同类型专利的申请、授权规模全面考察,为了与考查存量数据区分,设置新增实用新型专利授权数量、新增发明专利申请数量、新增发明专利授权数量、新增外观设计专利授权数量四个具体指标。

(2)质量指数

该分项指数主要测度创新主体考察年当年的技术创新产出质量水平,可以反映创新主体的技术创新质量,用新增发明专利授权比、新增优质发明专利数量、新增优质实用新型专利数量、新增专利 IPC 分类小类数量、新增专利被引用次数五个具体指标来测度质量水平。

表 5 - 2 专利指数评价指标体系

一级指标	时态	二级指标	三级指标	含义及适用条件
专利指数	当年专利产出	数量	新增实用新型专利授权数量	考察当年流量数据
			新增发明专利申请数量	
			新增发明专利授权数量	
			新增外观设计专利授权数量	
		质量	新增发明专利授权比	考察年新增发明专利授权数量/新增发明专利申请数量
			新增优质发明专利数量	考察年新增维持时间在 5 年以上发明专利数量
			新增优质实用新型专利数量	考察年新增维持时间在 3 年以上实用新型专利数量
			新增专利 IPC 分类小类数量	考察年申请的专利技术领域覆盖情况
			新增专利被引用次数	考察年申请的专利被引用次数总量

一级指标	时态	二级指标	三级指标	含义及适用条件
专利指数	历史积累	基础	专利授权总量	考察年之前的发明、实用新型、外观设计专利授权数量累计
			发明专利授权总量	考察年之前的发明专利授权总量
			优质发明专利数量	维持时间在5年以上发明专利数量
			优质实用新型专利数量	维持时间在3年以上实用新型专利数量
			IPC分类号小类数量	技术领域覆盖程度
			被引用次数总量	考察年之前的专利被引用次数总量
			专利发明团队数量	以第一发明人为代表的专利发明团队数量
		有效	有效专利数量	截止到考察年前一年的有效专利的数量
			有效专利保有率	有效专利总量/授权专利总量
			有效发明专利总量	截止到考察年前一年的有效发明专利的数量
			有效发明专利保有率	有效发明专利总量/发明专利授权总量

（3）基础指数

该分项指数主要测度创新主体在过去时间里（截止到考察年前一年）所积累存量专利资源。创新资源的积累有助于提高创新速度和效率。基础指数下设置专利授权总量、发明专利授权总量、优质发明专利数量、优质实用新型专利数量、IPC分类号小类数量、被引用次数总量、专利发明团队数量七个具体指标。

（4）有效指数

该分项指数主要测度创新主体在过去时间里积累的有效专利水平，保护创新的前提是拥有有效的专利，因此有效专利指标可以反映企业真实的知识产权保护能力，同时有效专利的比重可以体现专利的维持情况，间接体现专利的技术含量和市场价值。有效指数下设置有效专利数量、有效专利保有率、有效发明专利总量、有效发明专利保有率四个具体指标。

第三节　权重及指数计算方法

1. 主成分分析法

为全面、准确、客观地对专利实力进行评估，在专利实力指数计算过程中，各项指标权重确定方法上，本报告舍弃了专家评分、层次分析法等主观性较大的权重确定方法，采用较为客观的主成分分析法。主成分分析方法作为统计学中一种对于多元问题的数据处理方法，已在综合指标评价中得到广泛的应用。

（1）基本思想及原理

主成分分析是设法将原来众多具有一定相关性的指标（比如p个指标）线性组合成一

组新的互相无关的综合指标来代替原来的指标。最经典的做法就是用 F_1 的方差来表达，一般用 F_1 表示第一主成分，F_1 方差最大，包含的信息最多。如果 F_1 不足以表达原来 p 个指标的信息，则选取第二主成分 F_2，为了有效地反映原来信息，F_1 已有的信息就不必再出现在 F_2 中。依此类推可以构造出第三、第四、$\cdots$、第 p 个主成分。一般前面几个综合指标 F_1、F_2、$F_m(m<p)$ 即可包含总方差的绝大部分，也就是说，主成分分析可以使原始指标的大部分方差"集中"于少数几个主成分上，通过对这几个主成分的分析来实现对总体的综合评价。

主成分模型：

$$F_1 = a_{11}X_1 + a_{21}X_2 + \cdots + a_{p1}X_p$$
$$F_2 = a_{12}X_1 + a_{22}X_2 + \cdots + a_{p2}X_p$$
$$\cdots\cdots$$
$$F_p = a_{1m}X_1 + a_{2m}X_2 + \cdots + a_{pm}X_p$$

其中 $a_{1i},\cdots,a_{pi}(i=1,2,\cdots,m,\cdots,p)$ 为 X 的协差阵的特征值所对应的特征向量 $X_1,\cdots,$ X_p 是原始变量经过标准化处理的值向量，因为在实际应用中，往往存在指标的量纲不同，所以在计算之前须先消除量纲的影响，而将原始数据标准化，本报告所采用的数据就存在量纲影响。

（2）主成分分析法步骤

第一步，对样本数据进行标准化处理。

第二步，计算原始指标数据的相关系数矩阵 R。R 可以发现各测评指标间的相关状况，从而能够看出指标间的信息重叠程度。

第三步，计算 R 的特征值 λ、方差贡献率 α_i、累积方差贡献率和因子载荷矩阵 U，U 是反映主成分经济意义的重要指标，设第 i 个变量（因子）对第 j 个主成分的载荷量为 u_{ij}，则

$$u_{ij} = a_{ij}\sqrt{\lambda_i} \qquad (i,j = 1,2,\cdots,p) \qquad \text{公式(5-1)}$$

$$\alpha_i = \lambda_i \Big/ \sum_{i=1}^{p}\lambda_i \qquad (i,j = 1,2,\cdots,p) \qquad \text{公式(5-2)}$$

第四步，选择 m 个主成分，计算相应的单位特征向量 $a_1,\cdots,a_m$，对所选择的主成分的经济意义给予恰当的解释。

确定 m 有两种方法，一是选取特征值 $\lambda>1$ 的主成分；二是用累积方差贡献率确定，一般累积方差贡献率≥80%。

第五步，根据计算出的各主成分变量上的系数 a_{ij} 和方差贡献率计算出各三级指标的权重 $\beta(\beta_1,\beta_2,\cdots,\beta_j)$。

$$\beta_j = \frac{\sum_{i=1}^{m}\alpha_i * a_{ij}}{\sum_{i=1}^{m}\alpha_i} \qquad (i = 1,2,\cdots,m;j = 1,2,\cdots,p) \qquad \text{公式(5-3)}$$

2. 专利指数计算方法

（1）地区及企业专利指数计算方法。

由于本报告试图以创新主体视角从国家、地区、企业三个层面来考察船舶与海工装备制造业专利水平随时间变化情况，而国家层面专利指数可以由地区专利指数进行测算，因此本报告分别对地区、企业按如下步骤计算专利指数：

第一步，原始指标数据标准化。以上述指标体系为依据，按企业、地区为申请主体分别提取上述指标数据，作为初始指标数据，并按公式（5－4）对其进行去量纲化，同时调整数量级。由于指标数据要满足横向纵向均可比较，因此选择地区、企业对应的 2010 年（本报告以 2010 年作为基准年）每项指标的最大值为基准，测算其他地区、企业各个年份相应的指标数据。

$$y_{ijt} = 100 * \frac{x_{ijt}}{\max(x_{ijt})} * \frac{\max(x_{ijt})}{\max(x_{ij,2010})} = 100 * \frac{x_{ijt}}{\max(x_{ij,2010})} \qquad 公式（5－4）$$

其中 i 代表各二级指标，$i = 1,2,3,4$；j 代表各二级指标下的三级指标，$j = 1,2,\cdots n_j$，n_j 代表二级指标下三级指标的个数；t 代表时间。

第二步，计算二级指数。利用上述主成分分析方法得出的各项指标权重归一化值，即 ω_{ij}，对二级指标下的各三级指标加权求和，得到各项二级指数。

$$z_{it} = \sum_{j=1}^{n_j} \omega_{ij} * y_{ijt} \qquad 公式（5－5）$$

第三步，计算总指数。总指数即是各项二级指数之和，代表不同年份地区、企业相应的专利综合发展水平。

$$Z_t = \sum_{i=1}^{4} z_{it} \qquad 公式（5－6）$$

（2）全国专利指数计算方法。全国专利指数水平即为各个地区专利指数加总并以 2010 年全国船舶与海工装备制造业专利指数水平为基准，设置为 100 分，分别测算其他年份全国专利指数水平及各分项指数得分。

$$q_{it} = \frac{\sum_{l=1}^{15} z_{ilt}}{\sum_{l=1}^{15} \sum_{i=1}^{4} z_{il,2010}} * 100 \qquad 公式（5－7）$$

$$Q_t = \sum_{i=1}^{4} q_{it} \qquad 公式（5－8）$$

其中，l 代表船舶与海洋工程装备制造业的不同地区，$l = 1,2,3,\cdots,15$。

3. 地区专利指数指标权重计算

考虑到船舶与海工装备制造业知识产权发展实际情况，2008 年之前申请专利数量较少，而 2018 年的数据由于公开滞后等原因，收集不完全，为保证专利指数客观、准确，因此在做主成分分析、计算指标权重时以各地区 2008—2017 年十年间的指标数据为样本进行计算。

（1）KMO 和 Bartlett 检验

进行主成分分析之前，必须进行 KMO 和 Bartlett 检验，以评估数据是否适合进行主成分分析，关于 KMO 检验标准见表 5－3，一般情况下适于做主成分分析的 KMO 值应在 0.7 以上。

表 5－3　KMO 检验标准

适合于主成分分析的程度	KMO 取值范围
非常合适	$0.9 < KMO$
合适	$0.8 < KMO < 0.9$

适合于主成分分析的程度	KMO 取值范围
一般	0.7 < KMO < 0.8
不太合适	0.6 < KMO < 0.7
不合适	KMO < 0.6

表 5 - 4 为对地区十年样本数据进行的 KMO 和 Bartlett 检验结果,可以看到,KMO 值为 0.886,按上述 KMO 度量标准,KMO 值在 0.8 ~ 0.9,适合用主成分分析方法确定指标权重,并且变量间的相关性越强,原有变量越适合作主成分分析。Bartlett 显著性水平为 0,推翻原变量相互独立、不相关的假设。

表 5 - 4　对地区十年样本数据进行的 KMO 和 Bartlett 的检验

取样足够度的 Kaiser – Meyer – Olkin 度量		0.886
Bartlett 的球形度检验	近似卡方	6971.868
	df	190
	Sig.	0.000

(2)主成分分析结果

利用 SPSS 软件对地区指标数据进行主成分分析,一共提取出主成分 20 个,其中特征值大于 1 的有 4 个,累计解释方差为 86.868%,前 4 个主成分对于总体的解释可以达到较好的程度。表 5 - 5 所示为解释的总方差。

表 5 - 5　提取主成分解释的总方差情况

成分	初始特征值			提取平方和载入		
	合计	方差/%	累积/%	合计	方差的/%	累积/%
1	12.584	62.922	62.922	12.584	62.922	62.922
2	2.434	12.172	75.094	2.434	12.172	75.094
3	1.351	6.754	81.848	1.351	6.754	81.848
4	1.004	5.020	86.868	1.004	5.020	86.868

注:提取方法为主成分分析。

主成分分析得到前 4 个主成分对应成分矩阵见表 5 - 6,进而结合特征值可以计算各个指标在各主成分线性组合中的系数。

表 5 - 6　成分矩阵

	成分			
	1	2	3	4
新增实用新型专利授权数量	0.940	- 0.053	- 0.058	0.119
新增发明专利申请数量	0.877	- 0.186	- 0.027	0.126
新增发明专利授权数量	0.866	0.147	- 0.149	- 0.020
新增外观设计专利授权数量	0.131	0.267	- 0.202	0.900
新增发明专利授权比	0.248	0.598	0.056	- 0.252
新增优质发明专利数量	0.339	0.685	- 0.301	- 0.135
新增优质实用新型专利数量	0.614	0.540	- 0.260	- 0.142
新增专利 IPC 分类小类数量	0.950	0.063	- 0.001	0.096
新增专利被引用次数	0.591	0.670	- 0.301	0.022
专利授权总量	0.943	- 0.276	0.049	0.027
发明专利授权总量	0.952	- 0.243	0.039	- 0.028
优质发明专利数量	0.929	- 0.019	- 0.040	- 0.141
优质实用新型专利数量	0.963	- 0.206	0.042	- 0.016
IPC 分类号小类数量	0.943	0.008	0.100	- 0.007
被引用次数总量	0.965	- 0.019	- 0.028	- 0.112
专利发明团队数量	0.960	- 0.219	0.024	- 0.002
有效专利数量	0.970	- 0.220	0.043	0.007
有效专利保有率	0.200	0.492	0.727	0.065
有效发明专利总量	0.954	- 0.234	0.037	- 0.031
有效发明专利保有率	0.377	0.401	0.694	0.113

注:已提取四个成分。

（3）计算指标权重

根据计算权重公式,得到地区专利指数各三级指标数值,并进行归一化处理,地区专利指数各项指标权重见表 5 - 7。

表 5 - 7　地区专利指数各项指标权重

序号	二级指标	三级指标	权重	归一化权重
1	数量指数	新增实用新型专利授权数量	0.190	0.058
2		新增发明专利申请数量	0.168	0.051
3		新增发明专利授权数量	0.179	0.055
4		新增外观设计专利授权数量	0.089	0.027

序号	二级指标	三级指标	权重	归一化权重
5		新增发明专利授权比	0.094	0.029
6		新增优质发明专利数量	0.103	0.032
7	质量指数	新增优质实用新型专利数量	0.148	0.045
8		新增专利 IPC 分类小类数量	0.205	0.063
9		新增专利被引用次数	0.162	0.050
10		专利授权总量	0.173	0.053
11		发明专利授权总量	0.174	0.053
12		优质发明专利数量	0.177	0.054
13	基础指数	优质实用新型专利数量	0.180	0.055
14		IPC 分类号小类数量	0.200	0.061
15		被引用次数总量	0.187	0.057
16		专利发明团队数量	0.178	0.054
17		有效专利数量	0.182	0.056
18	有效指数	有效专利保有率	0.137	0.042
19		有效发明专利总量	0.175	0.054
20		有效发明专利保有率	0.166	0.051

4. 企业专利指数指标权重计算

与地区专利指数类似,同样基于样本数据的完整性考虑,在做主成分分析、计算企业专利指数各指标权重时以各企业 2008—2017 年十年间的指标数据为样本进行计算。

(1)KMO 和 Bartlett 检验

表 5－8 为对企业十年样本数据进行的 KMO 和 Bartlett 检验结果,可以看到,KMO 值为 0.911,按上述 KMO 度量标准,KMO 值在 0.9 以上,非常适合用主成分分析方法确定指标权重,并且变量间的相关性越强,原有变量越适合作主成分分析。Bartlett 显著性水平为 0,推翻原变量相互独立、不相关的假设。

表 5－8　KMO 和 Bartlett 的检验结果

取样足够度的 Kaiser－Meyer－Olkin 度量。		0.911
Bartlett 的球形度检验	近似卡方	43033.709
	df	190
	Sig.	0.000

(2)主成分分析结果

利用 SPSS 软件对企业指标数据进行主成分分析,一共提取出主成分 20 个,其中特征值大于 1 的有 4 个,累计解释方差为 79.550% ,约为 80% ,说明前 4 个主成分对于总体的解释也可以达到较好的程度,解释的总方差见表 5 – 9。

表 5 – 9　提取主成分解释的总方差情况

成分	初始特征值			提取平方和载入		
	合计	方差/%	累积/%	合计	方差/%	累积/%
1	11.428	57.142	57.142	11.428	57.142	57.142
2	2.040	10.201	67.343	2.040	10.201	67.343
3	1.425	7.126	74.470	1.425	7.126	74.470
4	1.016	5.080	79.550	1.016	5.080	79.550

注:提取方法为主成分分析。

主成分分析得到前 4 个主成分对应成分矩阵见表 5 – 10,进而结合特征值可以计算各个指标在各主成分线性组合中的系数。

表 5 – 10　成分矩阵

	成分			
	1	2	3	4
新增实用新型专利授权数量	0.817	0.035	− 0.160	0.066
新增发明专利申请数量	0.787	− 0.002	− 0.176	0.087
新增发明专利授权数量	0.753	0.345	− 0.086	0.041
新增外观设计专利授权数量	0.047	0.027	0.042	0.955
新增发明专利授权比	0.332	0.541	0.190	0.201
新增优质发明专利数量	0.397	0.722	0.036	− 0.115
新增优质实用新型专利数量	0.565	0.491	− 0.060	− 0.088
新增专利 IPC 分类小类数量	0.842	0.120	− 0.107	0.080
新增专利被引用次数	0.565	0.710	− 0.034	− 0.073
专利授权总量	0.933	− 0.265	− 0.034	0.012
发明专利授权总量	0.936	− 0.196	− 0.078	− 0.023
优质发明专利数量	0.906	− 0.058	− 0.052	− 0.080
优质实用新型专利数量	0.925	− 0.218	− 0.001	− 0.005
IPC 分类号小类数量	0.888	− 0.189	0.175	− 0.001
被引用次数总量	0.931	− 0.053	− 0.034	− 0.075
专利发明团队数量	0.931	− 0.234	0.002	0.000
有效专利数量	0.958	− 0.232	− 0.006	0.002

续表

	成分			
	1	2	3	4
有效专利保有率	0.230	−0.035	0.823	−0.061
有效发明专利总量	0.936	−0.191	−0.073	−0.023
有效发明专利保有率	0.405	−0.014	0.762	−0.005

注:已提取了四个成分。

(3)计算指标权重

根据计算权重公式,得到企业专利指数各三级指标数值,并进行归一化处理,企业专利指数各项指数权重详情见表 5 – 11。

表 5 – 11　企业专利指数各项指标权重

序号	二级指标	三级指标	权重	归一化权重
1	数量指数	新增实用新型专利授权数量	0.169	0.052
2		新增发明专利申请数量	0.159	0.049
3		新增发明专利授权数量	0.187	0.057
4		新增外观设计专利授权数量	0.076	0.023
5	质量指数	新增发明专利授权比	0.146	0.046
6		新增优质发明专利数量	0.145	0.046
7		新增优质实用新型专利数量	0.154	0.047
8		新增专利 IPC 分类小类数量	0.187	0.057
9		新增专利被引用次数	0.177	0.054
10	基础指数	专利授权总量	0.173	0.053
11		发明专利授权总量	0.174	0.053
12		优质发明专利数量	0.178	0.055
13		优质实用新型专利数量	0.177	0.054
14		IPC 分类号小类数量	0.185	0.057
15		被引用次数总量	0.186	0.057
16		专利发明团队数量	0.177	0.054
17	有效指数	有效专利数量	0.182	0.056
18		有效专利保有率	0.104	0.032
19		有效发明专利总量	0.175	0.054
20		有效发明专利保有率	0.142	0.044

第六章 我国船舶与海工装备制造业专利指数发展分析

第一节 2018年船舶与海工装备制造业全国专利指数发展分析

为了能够考察全国总体船舶与海工装备制造业专利水平综合发展状况,利用各地区的专利指数情况,计算得到全国专利指数,并以2010年为基期,设置2010年专利总指数为100,对2010—2018年的专利指数及各项分指数进行测算,进而对全国船舶与海工装备制造业专利水平发展状况进行评价。

1. 2010—2018年全国船舶与海工装备制造业专利指数发展情况

图6-1所示为2010—2018年我国船舶与海工装备制造业专利指数发展情况,可以看出,去除专利数据公开滞后的影响,我国船舶与海工装备制造业专利水平持续提高,提升效果显著。2010年以来,全国专利指数持续增长,2017年达到261.36;2018年专利数据滞后性导致测算得到的数值低于2018实际水平,利用已采集数据计算得到2018年全国专利指数为241.93。从增长趋势来看,前期增长相对较快,后期增长趋缓,但仍保持平稳增长。我国船舶与海工装备制造业专利指数能够持续增长,得益于近年来国家对船舶与海工业的发展及知识产权工作的高度重视及企业知识产权保护意识的提高,也代表着我国船舶与海工装备制造业创新水平的不断提高。

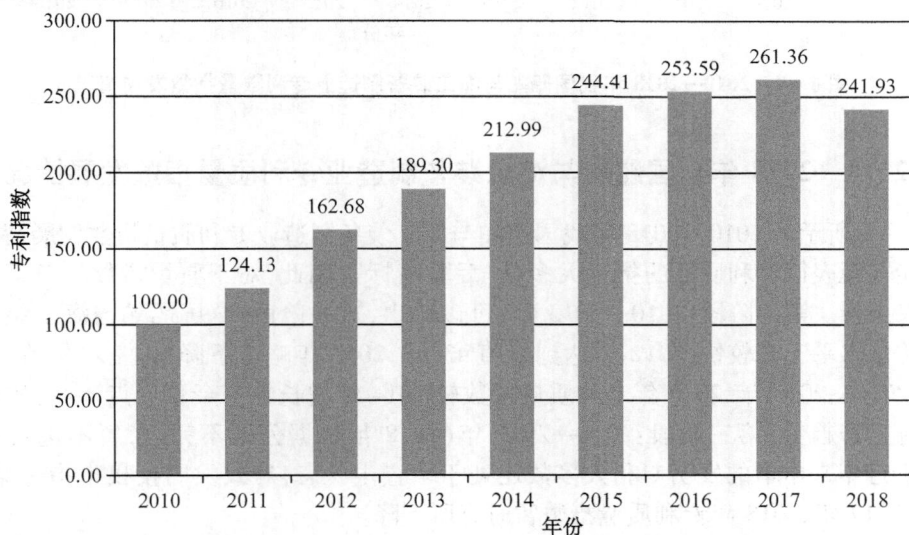

图6-1 2010—2018年我国船舶与海工装备制造业专利指数发展情况

2. 2010—2018 年全国船舶与海工装备制造业数量指数发展情况

图 6 - 2 所示为 2010—2018 年我国船舶与海工装备制造业专利数量指数发展情况。从数量指数角度来看,我国船舶与海工装备制造业总体的技术创新产出规模水平逐年提升,表现为数量指数提升较快。近两年数量指数下降的原因是数据滞后,按照已有发展态势来看,近两年的数量指数要高于现有水平。

总体来看,数量指数也提升较快。2010 年,全国数量指数为 15.66,2015 年已经达到47.45,约是 2010 年度的 3 倍,2016 年、2017 年度基本保持稳定,预测 2018 年实际数量指数水平也在 40 以上。同样,全国数量指数也由前期的快速增长转变为稳定增长。在专利申请数量上,2017 年较 2016 年有所增加,同比增长约 17%;其中发明专利申请数量增长较快,但限于发明专利获得授权时间较长,在数据收集期内,多数发明专利仍处在实质审查阶段,因此在授权发明专利数量这一指标上,2017 年较 2016 年水平低。

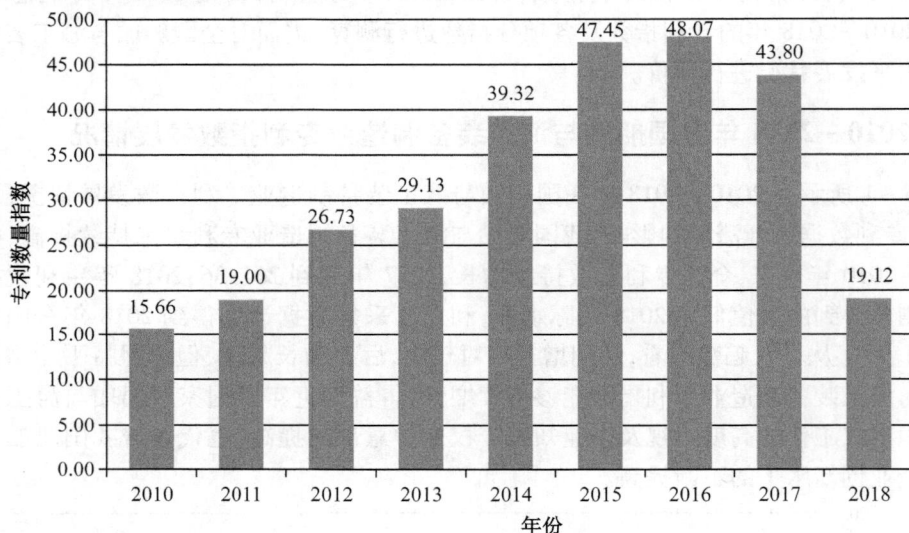

图 6 - 2 2010—2018 年我国船舶与海工装备制造业专利数量指数发展情况

3. 2010—2018 年全国船舶与海工装备制造业专利质量指数发展情况

图 6 - 3 所示为 2010—2018 年我国船舶与海工装备制造业专利质量指数发展情况。由于当前能客观表征专利质量的指标大多是"后验指标",因此,对于质量指数的考察应该按时间段来分析。第一阶段:2010—2013 年,可以看出,这一阶段,全国船舶与海工装备制造业专利质量水平上升较快,2012 年达到峰值 43.90,2013 年略有下降,但基本保持稳定;第二阶段:2014—2015 年,2015 年专利质量指数较 2014 年增长约 6 个百分点,专利质量水平仍然保持上升趋势;第三阶段:2016—2017 年(2018 年数据公开不完全,暂不进行纵向比较),由于近年来申请的发明专利大多数还处于审查中状态,导致发明授权率指标略低,故2016 年、2017 年、2018 年专利质量指数暂时有所下降。

4. 2010—2018 年全国船舶与海工装备制造业专利基础指数发展情况

图 6 - 4 所示为 2010—2018 年我国船舶与海工装备制造业专利基础指数发展情况。可

以看出,全国专利基础指数持续保持逐年增长趋势,说明我国船舶与海工装备制造业经过多年的发展,创新资源、人才、技术、知识等不断积累,研发基础水平得到明显提升。2010 年基础指数为 26.63,2018 年基础指数达到 136.69。从增长速度上来看,自 2010 年以来,全国基础指数前期增长速度较快,后期趋缓。

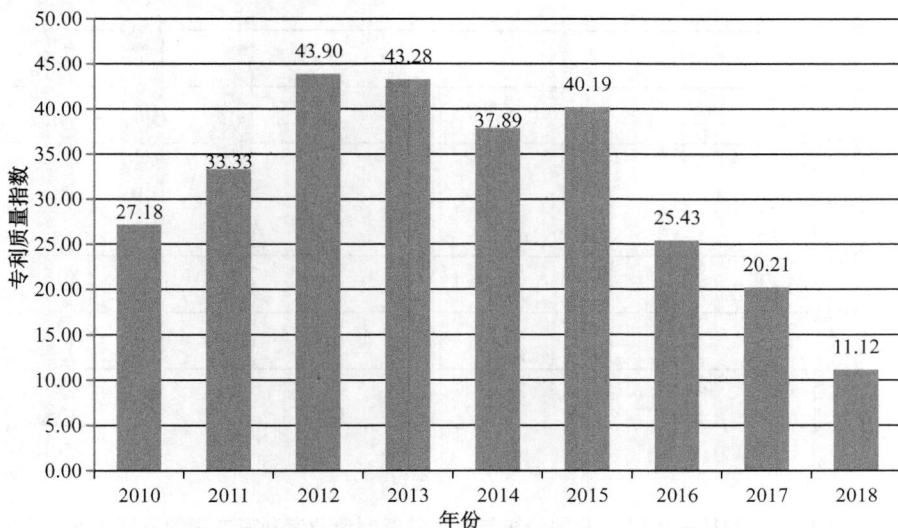

图 6-3 2010—2018 年我国船舶与海工装备制造业专利质量指数发展情况

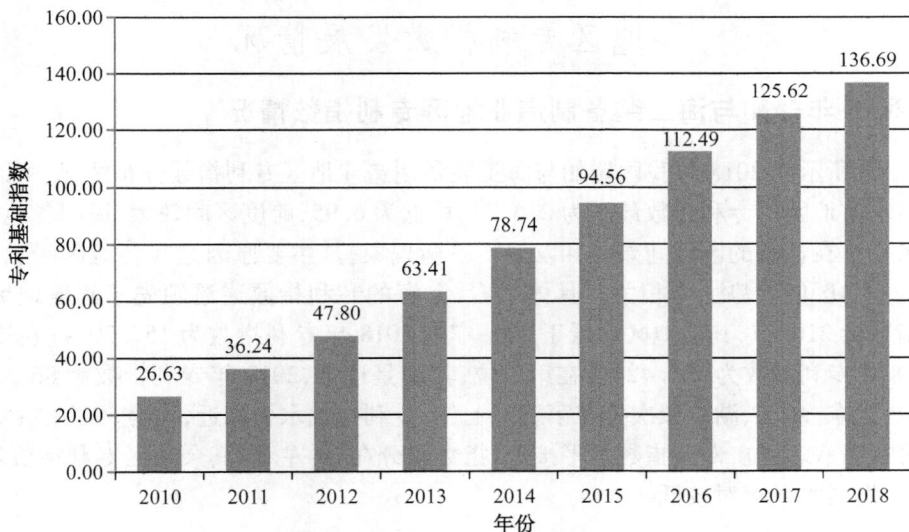

图 6-4 2010—2018 年我国船舶与海工装备制造业专利基础指数发展情况

5. 2010—2018 年全国船舶与海工装备制造业专利有效指数发展情况

图 6-5 所示为 2010—2018 年我国船舶与海工装备制造业专利有效指数发展情况。可以看出,自 2010 年以来,有效指数持续上升,说明我国船舶与海工装备制造业专利维持水平有较大提升,2010 年有效指数为 30.53,到 2018 年达到 75.0。从增长速度来看,2013 年之

前增长较快,之后增速趋缓。有效指数的提高一方面说明我国船舶与海工装备制造业每年的存量专利中有效专利的水平在不断提升,另一方面也反映了我国船舶与海工装备制造企业保护自主知识产权能力的增强。

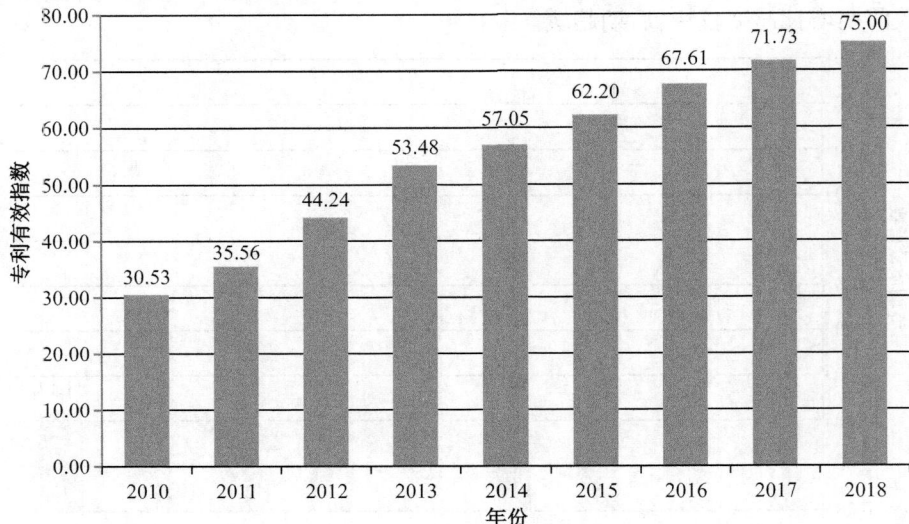

图 6-5 2010—2018 年我国船舶与海工装备制造业专利有效指数发展情况

第二节 2018 年船舶与海工装备制造业地区专利指数发展情况

1. 2018 年船舶与海工装备制造业地区专利指数情况

图 6-6 所示为 2018 年我国船舶与海工装备制造业地区专利指数分布情况,可以看出,这 15 个省、市地区的专利指数最高为 216.77,最低为 6.95,跨度区间较大,说明各地区的专利发展水平存在显著的区域间差异和发展不平衡现象,其主要原因是和各地区船舶与海工装备制造业的区位优势强弱相关。具体来看,上海的专利指数遥遥领先于其他地区,2018 年专利指数为 216.77,其他地区均低于 200;广东 2018 年专利指数为 157.20,排在第二位;江苏 2018 年专利指数为 135.42,排在第三位;其后是辽宁,2018 年专利指数为 86.50,排名在第四位;山东、浙江、湖北依次排在第五至七位,专利指数水平相近,均为 50 左右;安徽、福建依次排在第八、九位,专利指数水平接近,指数得分在 34 左右;其余地区专利指数均在 20 以下,专利发展水平相对较低。

2. 2018 年船舶与海工装备制造业地区数量指数情况

图 6-7 所示为 2018 年我国船舶与海工装备制造业各地区数量指数分布情况。由图 6-7 可以看出,15 个省市中,数量指数差距较大,上海、广东两地 2018 数量指数较高,分别为 24.26、21.21,说明这两个省市 2018 年专利产出规模水平仍然保持领先地位;江苏位列第三,但相较于上海、广东两地,2018 数量指数相对较低,为 10.39;安徽 2018 年数量指数为 6.99,略低于江苏,而按前文分析,安徽专利总指数排名第八,而数量指数排名相对靠前,位列第四,说明安徽在技术创新产出方面具有一定优势,未来上升空间较大;浙江 2018 年数量

指数为 2.49,位列第五;山东、湖北、辽宁三省 2018 数量指数相差不多,三省 2018 年专利产出水平相当;天津、广西、重庆、福建、江西 2018 年数量指数偏低,在技术创新产出方面相对薄弱;在本次使用的专利数据中,河北、湖南两省 2018 年船舶与海工装备制造业还没有检索到已公开的专利数据。

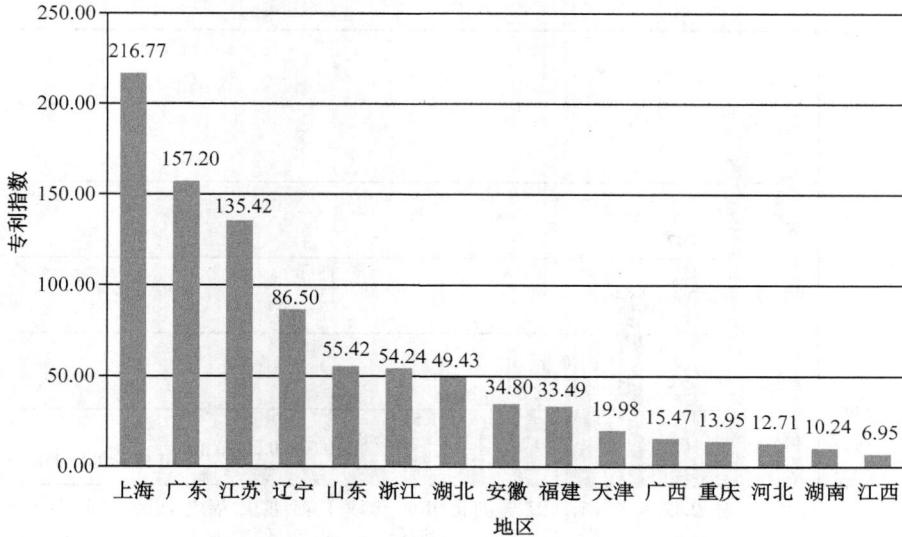

图 6 - 6　2018 年我国船舶与海工装备制造业地区专利指数分布情况

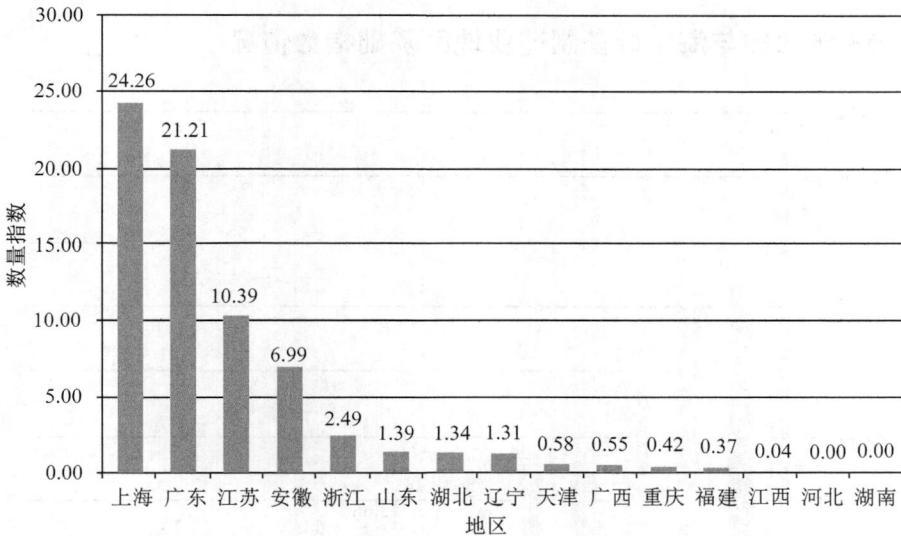

图 6 - 7　2018 年我国船舶与海工装备制造业地区数量指数分布情况

3. 2018 年船舶与海工装备制造业地区质量指数情况

图 6 - 8 所示为 2018 年我国船舶与海工装备制造业地区质量指数分布情况,基本呈阶梯状分布。由图 6 - 8 可以看出,在 2018 年申请专利中质量水平相对较高地区的依然是上海、广东两地,质量指数分别为 10.28,9.63,相差不大,其 2018 年申请专利的质量水平也相

对较好;其次是江苏、安徽两省,2018 年质量指数分别为 5.92,4.83,位列第三、第四;浙江 2018 年质量指数为 2.90,排在第五位;辽宁 2018 年质量指数为 2.02,排在第六位;湖北、山东 2018 年质量指数水平接近,分别为 1.76,1.51,依次排在第七、第八位;天津、广西、重庆、福建、江西 2018 年质量指数偏低。

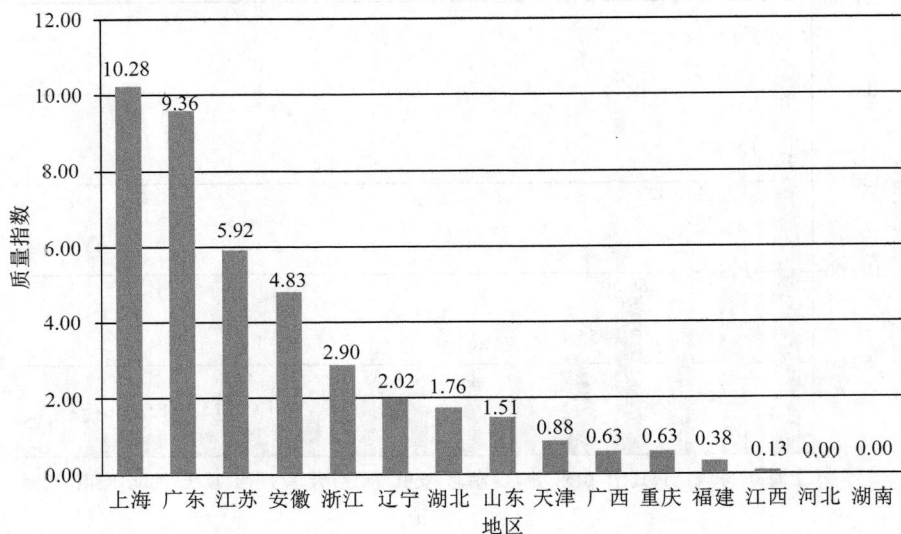

图 6-8 2018 年我国船舶与海工装备制造业地区质量指数分布情况

4. 2018 年船舶与海工装备制造业地区基础指数情况

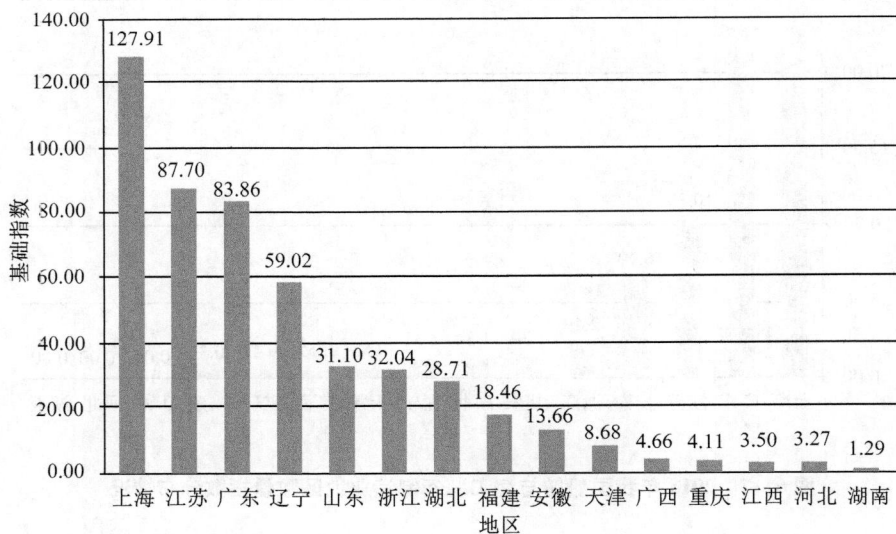

图 6-9 2018 年我国船舶与海工装备制造业地区基础指数分布情况

图 6-9 所示为 2018 年我国船舶与海工装备制造业地区基础指数分布情况,整体呈阶梯状分布。2018 年基础指数排名在第一位的仍然是上海,基础指数达到 127.91;江苏 2018

年基础指数为87.70,位列第二。可以看出,江苏作为我国第一"造船大省",其专利发展基础具有较强优势;广东近年来加速发展,基础指数也逐渐赶超江苏,2018年略低于江苏,为83.86,位于第三位;辽宁研发基础也相对较强,2018年基础指数为59.02,排在第四位;山东、浙江、湖北三省专利研发基础水平相当,2018年基础指数分别为33.10,32.04,28.71,依次排在第五至第七位;福建2018年基础指数为18.46,排在第八位;安徽略低于福建,2018年基础指数为13.66;其余地区2018年基础指数均在10以下。通过上述分析,可以发现,在研发基础方面,各地区的排名基本与船舶与海工装备制造业发展相一致,船舶与海工制造业越发达的地区在技术、人才、知识等方面积累的资源越多,因而研发基础越好,地区专利基础指数就越高。

5. 2018 年船舶与海工装备制造业地区有效指数情况

图6–10为2018年我国船舶与海工装备制造业地区有效指数分布情况。总体来看,前8个地区有效指数逐渐下降,呈现出明显的阶梯状分布,而排名靠后的7个地区,除江西外,有效指数水平相当。具体来看,2018年有效指数排名在第一位的仍然是上海,有效指数为54.32,有效专利维持水平最高;其次是广东,2018年有效指数为42.51,位列第二;江苏2018年有效指数为31.41,位列第三,相对于上海和广东两地,有效指数有待提升,应着重提高申请专利质量,进而提升有效专利维持率和维持时间;随后是辽宁,2018年有效指数为24.15,排在第四位;山东、湖北、浙江有效指数相差不大,分别为19.41,17.62,16.81,依次排在第五至第七位;福建有效指数为14.29,排在第八位;天津、广西、河北、安徽、湖南、重庆有效指数水平相近,有效指数水平在9左右。值得注意的是,2018年安徽有效指数排名为第十二位,与其他分项指数的排名相比,下降幅度较大,说明在存量专利的有效水平上,安徽存在短板,应鼓励和支持企业对有效专利的维持,有利于整体专利水平的提升。

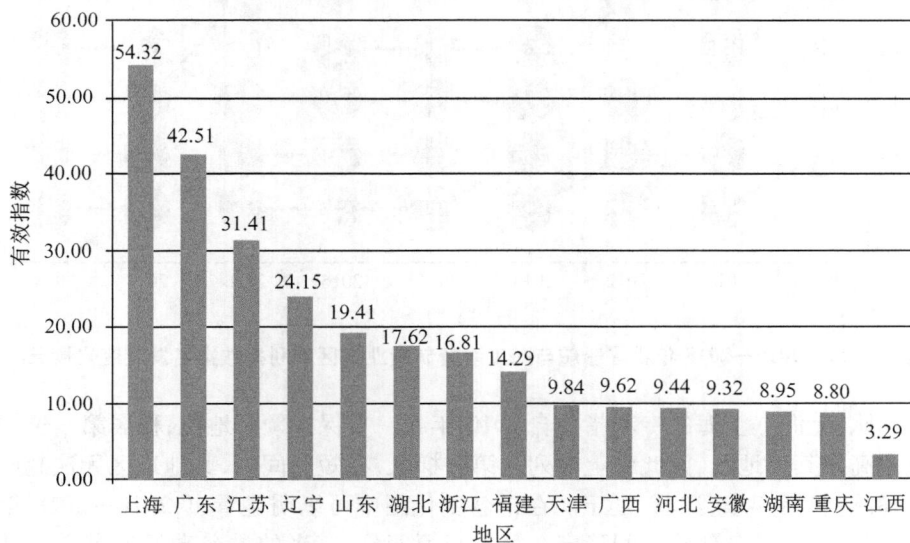

图6–10　2018 年我国船舶与海工装备制造业地区有效指数分布情况

第三节　2010—2018年船舶与海工装备制造业
地区专利指数发展情况

1. 2010—2018年船舶与海工装备制造业地区专利指数排名情况

图6-11为2010—2018年我国船舶与海工装备制造业地区专利指数排名发展变化情况。根据各地区排名变化区间及2018年我国船舶与海工装备制造业地区专利指数情况,可以将上述地区分为五个梯队,专利指数的发展呈阶梯状分布。

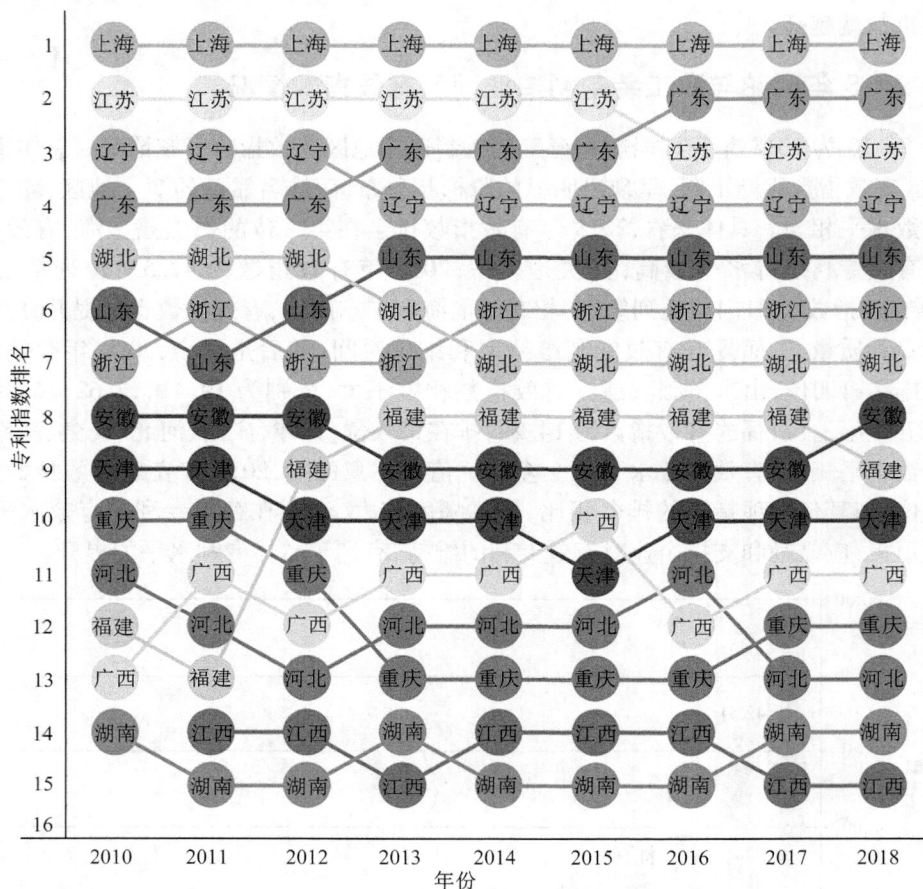

图6-11　2010—2018年我国船舶与海工装备制造业地区专利指数排名发展变化情况

第一梯队:上海。上海的专利指数自2010年起一直保持领先地位,稳居第一位,并且其专利指数远高于其他地区,因此将上海列入第一梯队,在短时间内,其他地区无法超越。

第二梯队:包括广东、江苏、辽宁。在排名变化图中可以明显看出,2010—2018年,在此梯队内,上述三省的排名变化区间稳定在第二至第四位,三者的排名高低虽有变化,但是变化区间稳定。江苏2015年之前专利指数排名稳居第二位,但近三年被广东超越,排名下降至第三位;辽宁在2010—2012年,排在第三位,随着广东的崛起,排名下降至第四位;相应广东的专利指数水平一路上升,由第四位上升至第二位。

第三梯队:包括山东、浙江、湖北。同理,山东、浙江、湖北三省排名区间稳定在第五至第七位,并且三省 2018 年专利指数水平相差不大。山东排名先下降后上升,2011 年由第六位下降至第七位,之后一路上升,近年来稳定在第五位;浙江则表现为波动上升,由第七位逐渐稳定在第六位;而湖北由第五位逐渐下降至第七位,此三省在 2014 年以后排名保持稳定。

第四梯队:包括安徽、福建。从 2018 专利指数和排名变化来看,近年来,安徽、福建两省专利指数水平十分接近,并且排名不相上下。可以看出,安徽专利指数排名基本在第八到第九位之间变化;福建专利指数排名呈现跨梯队变化,2011 年排名由第十二位下降至第十三位,之后迅速上升至第九位,2013—2017 年稳定在第八位,2018 年被安徽反超。虽然上述两省的排名变动较为活跃,但基本保持在第八至第九的位置。

第五梯队:包括天津、广西、重庆、河北、湖南、江西。该梯队内的省市 2018 年专利指数相对较低,并且排名基本稳定在后六位。天津专利指数排名存在跨梯队变化,2010—2011 年,排在第九位,之后基本稳定在第十位的位置;广西专利指数排名变动较大,呈波动变化,变化区间在第十三位和第十位之间,基本稳定在第十一位;重庆专利指数排名虽然近两年有所上升,但从时间变化来看,排名呈下降趋势,由第十位逐渐下降至第十三位,近两年稳定在第十二位;河北专利指数排名也呈波动变化,变化区间在第十一至第十三位间;湖南、江西专利指数水平也相差不大,排名在末两位,其中江西地区船舶与海工装备制造业专利指数发展相对较晚,从 2011 年开始申请专利,为有所区分,在图中 2010 年排名中未标示出江西位置,默认为排在第十五位。

2. 2010—2018 年船舶与海工装备制造业地区专利指数发展情况

与我国知识产权事业的发展历程相同,我国船舶与海洋工程装备制造业地区的专利水平也经历了相似的发展历程。透过专利指数的发展变化情况,可以进一步了解这一历程的具体情况。由于各地区专利水平发展不平衡情况的存在,为了更清楚地看到各地区的变化情况,在对 2010—2018 年船舶与海工装备制造业地区专利指数发展变化比较时,将各地区分成三组进行比较,第一组为第一、第二梯队地区,即上海、广东、江苏、辽宁,第二组为第三、第四梯队,即山东、浙江、湖北、安徽、福建,第三组为第五梯队,即天津、广西、重庆、河北、湖南、江西。

图 6 - 12 为 2010—2018 年上海、广东、江苏、辽宁地区专利指数发展情况。可以看出上海地区起步高、发展快,2010 年专利指数水平已达到 84.28,总体来看,专利指数水平和增速基本处于领先地位,短时间内难以被超越;广东地区在 2010 年专利指数水平相对落后于其他三省,2010 年专利指数为 47.20,经过五年的快速发展,2016 年专利指数超越江苏,专利水平排在第二位;江苏、辽宁在 2010 年前后,专利指数水平相差不大,均在 60 左右,之后江苏发展快于辽宁,差距逐渐增大,江苏 2015 年之前专利指数增长较快,后期增速趋缓;辽宁专利指数增速相对于本组内的其他三省增长相对缓慢,历史最高水平曾达到 96.23。

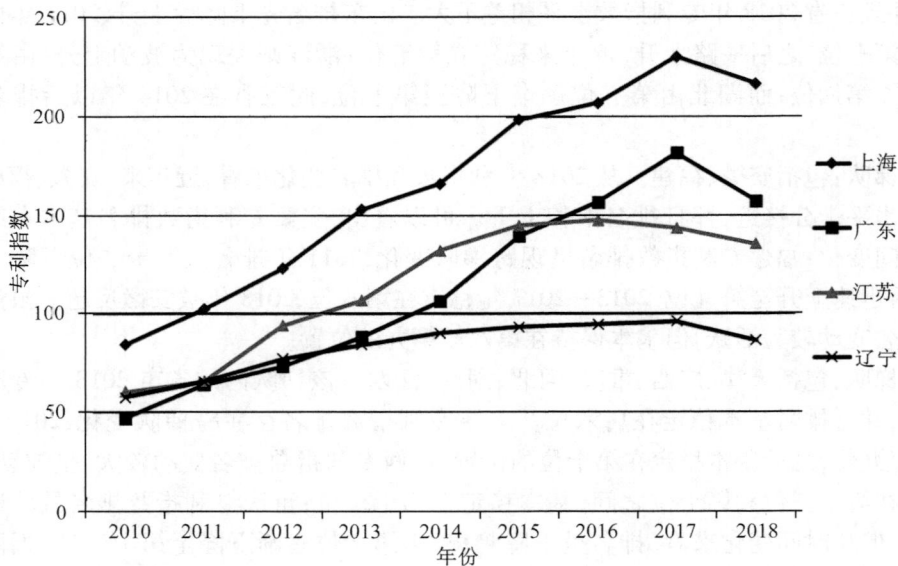

图 6 - 12　2010—2018 年上海、广东、江苏、辽宁地区专利指数发展情况

图 6 - 13 为 2010—2018 年山东、浙江、湖北、安徽、福建地区专利指数发展情况。从 2010—2018 年的专利指数增幅比较可知,相较于第一组地区,第二组地区的专利指数增长速度较为缓慢,起步水平也较低,2010 年专利指数水平均在 40 以下。进一步对组间地区进行比较发现,2010 年湖北专利指数水平较高,为 35.19,后期虽继续增长,但是增速趋缓,历史最高水平达到 55.65;山东、浙江专利指数虽起步不高,2010 年约为 21,但增长相对较快,逐渐超越湖北;安徽 2010 年专利指数水平也在 20 左右,增长缓慢,逐渐被福建赶超;福建 2010 年专利指数水平在本组内最低,为 2.14,而在 2010—2014 年间增长明显,之后增长趋缓,与安徽的差距有缩小的趋势。

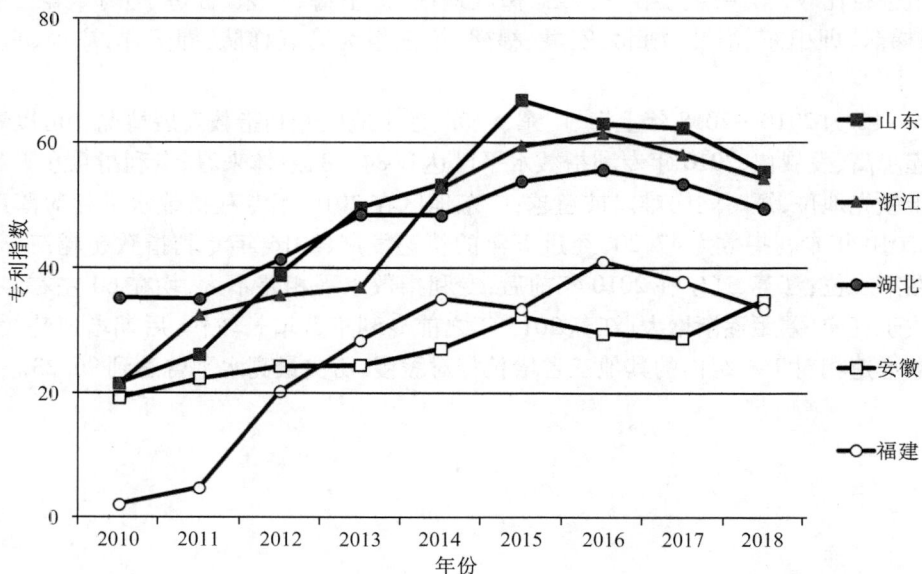

图 6 - 13　2010—2018 年山东、浙江、湖北、安徽、福建地区专利指数发展情况

图 6 – 14 为 2010—2018 年天津、广西、重庆、河北、湖南、江西地区专利指数发展情况。从 2010—2018 年的专利指数增幅比较可知,第三组地区专利指数增长最慢,总体来看,本组内地区专利指数大幅增长集中在 2010—2013 年,之后多数地区基本保持在原有水平,少数地区(如河北、江西)有下降趋势。天津专利指数由 2010 年 13.08 增长至 2013 年 20.50 后呈小幅波动趋势,先下降后逐渐回升,专利指数水平基本围绕在 20 上下波动;广西在组内增长最为明显,2010 年几乎从 0 开始,快速增长至 2012 年 15.72,排名上升较快,2015 年短暂增长后,专利指数回落至 15 左右;重庆 2012 年专利指数增长至 17.61,之后逐渐下降,近三年虽有所回升,但专利指数水平维持在 14 左右;河北专利指数经过前期增长后呈波动变化,2016 年专利指数达到峰值,为 17 左右,之后呈下降趋势;湖南经过前期增长,2013 年专利指数达到 10 左右,之后一直维持在该水平;江西起步相对其他地区晚一年,但其初始年专利指数水平就达到 4 左右,2016 年之前基本略高于湖南,但近两年有所下降,专利指数维持在 7 左右。

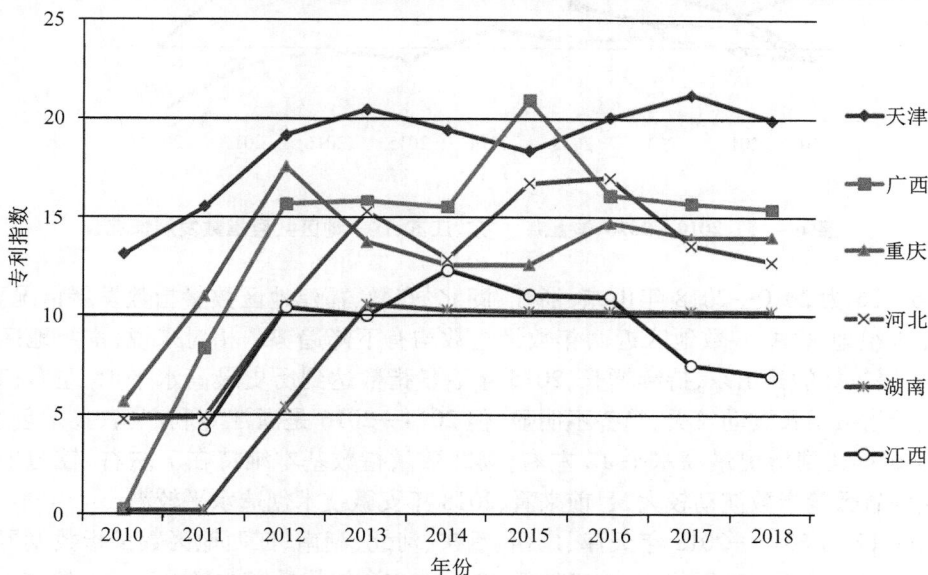

图 6 – 14　2010—2018 年天津、广西、重庆、河北、湖南、江西地区专利指数发展情况

3. 2010—2018 年船舶与海工装备制造业地区数量指数发展情况

同样地,为了能清楚看到各地区的数量指数发展变化情况,在对 2010—2018 年船舶与海工装备制造业地区数量指数发展变化比较时,也将各地区分成三组分别进行比较。

图 6 – 15 为 2010—2018 年上海、广东、江苏、辽宁地区数量指数发展情况。可以看出,在数量指数方面,上海、广东两地自 2010 年起基本保持持续、快速增长状态,说明这两地每年的专利产出规模较大,技术创造水平较高,并且近年来,广东的数量指数已经超过上海,排在第一位;江苏的数量指数水平在 2014 年之前增长较快,技术创造水平较高,基本在所有地区中发展最快,但 2014 年以后,数量指数呈快速下滑,已经落后于上海、广东两省,而江苏作为我国"第一造船大省",在技术创造方面有所落后,与"第一造船大省"地位不符;排在第四位的辽宁,2010 年数量指数水平与上海、广东基本持平,而后续增长缓慢,并有逐渐下降趋势,目前数量指数维持在 10 左右,也应引起相关部门、企业的重视,增强资深老牌造船地

区的技术创新工作。

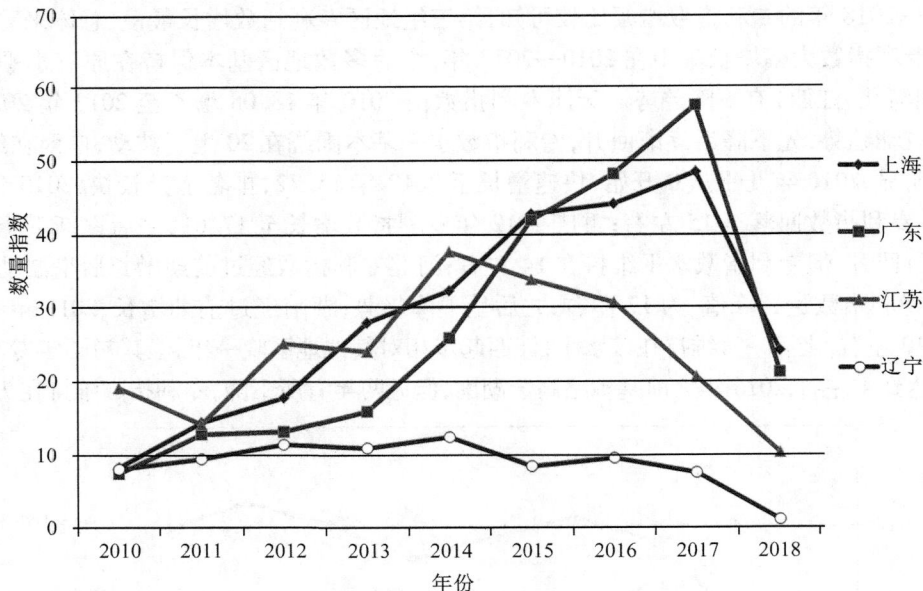

图6-15　2010—2018年上海、广东、江苏、辽宁地区数量指数发展情况

　　图6-16为2010—2018年山东、浙江、湖北、安徽、福建地区数量指数发展情况。可以看出,在本组地区中,多数地区近两年数量指数均有下降趋势。相对来说,本组地区内,数量指数发展较好的是山东,持续增长,2015年数量指数达到历史最高水平15左右;其次是浙江,数量指数增长波动较大,趋势不明显,但2014—2016是浙江专利产出、技术创造的活跃期,2016年达到历史最高水平12左右;湖北数量指数基本维持在7左右,较为平稳;安徽、福建两省数量指数波动较大,目前来看,2018年安徽技术创造水平较高。

　　图6-17为2010—2018年天津、广西、重庆、河北、湖南、江西地区数量指数发展情况。可以看出,与其他两组地区相比,本组地区2010—2018年数量指数基本没有大幅增长,大部分地区保持相对较低的技术创造水平。本组内,仅广西能观察到数量指数在2015年发生明显的增长,数量指数达到5.5左右,说明广西在这一年技术创造水平有了较大提高,而其他年份数量指数保持在1左右;湖南基本连续四年专利零产出;江西属后发地区,但其2017年数量指数也达到1以上水平。

4. 2010—2018年船舶与海工装备制造业地区质量指数发展情况

　　质量指数与数量指数有很强的相关性,数量指数是基础,没有数量,则无从考察质量,但二者没有绝对的正相关关系,数量指数高的地区,质量指数不一定高。图6-18为2010—2018年上海、广东、江苏、辽宁地区质量指数发展情况。可以看出,上海地区的专利质量水平基本保持领先,且2010—2013年间增长较快,由16.99增长至34.17,达到历史最高水平;江苏质量指数在2010年高于其他地区,约为20,后续虽数量水平增长较快,但质量指数增长不同步,增速相对缓慢,在质量水平上不如上海,2015年以后逐渐被上海、广东超越;广东质量指数基本呈波动式增长,2016年质量指数一度超过上海,排在第一位,近两年与上海基本持平,相差不大;辽宁质量指数经过小幅增长后基本呈下降趋势,2012年质量指数曾达到 17.67,与广东相近。

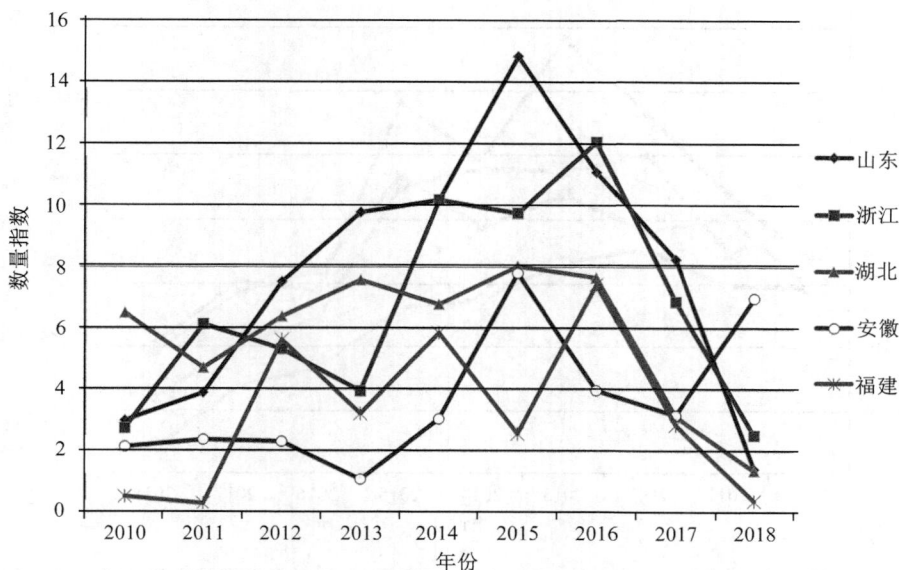

图 6 - 16   2010—2018 年山东、浙江、湖北、安徽、福建地区数量指数发展情况

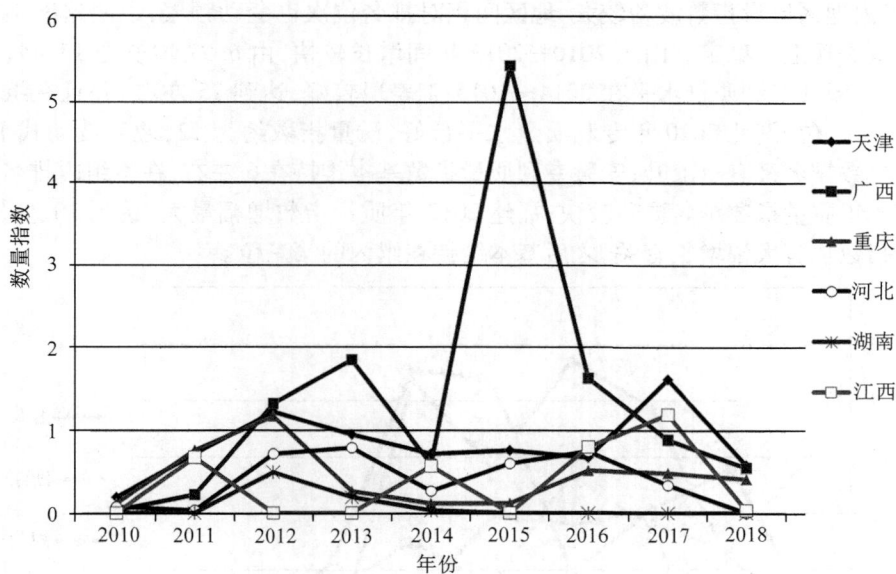

图 6 - 17   2010—2018 年天津、广西、重庆、河北、湖南、江西地区数量指数发展情况

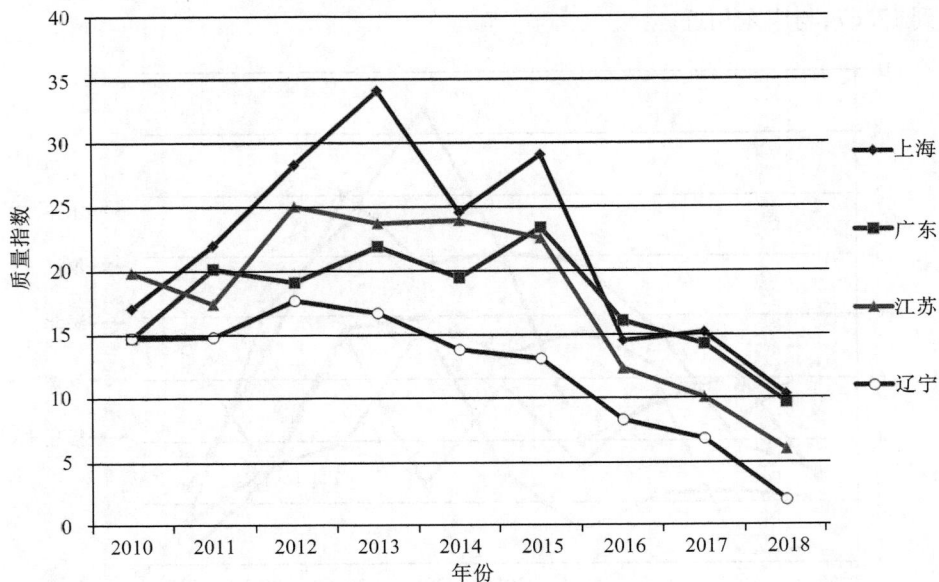

图 6 - 18 2010—2018 年上海、广东、江苏、辽宁地区质量指数发展情况

图 6 - 19 为 2010—2018 年山东、浙江、湖北、安徽、福建地区质量指数发展情况。可以看出,本组内地区质量指数波动较大,地区间相对排名位次也变动频繁,说明这些地区在技术创新质量表现上不稳定。山东 2010—2013 年间增长较快,由 6.97 增长至 15.44,达到历史最高水平;浙江专利质量水平在 2014—2015 年表现较好,达到 15 左右,并且在组内超过山东,排在第一位;湖北 2010 年专利质量水平最好,质量指数约为 12,之后波动式下降,近三年质量指数排名又有所上升;安徽专利质量指数基本维持在 6 左右,在本组内排名相对靠后,但 2018 年质量指数排名提升较快;福建 2012 年质量指数增幅最大,达到 10 左右,与当年的数量指数也有大幅增长有关,之后基本维持在组内的第三位。

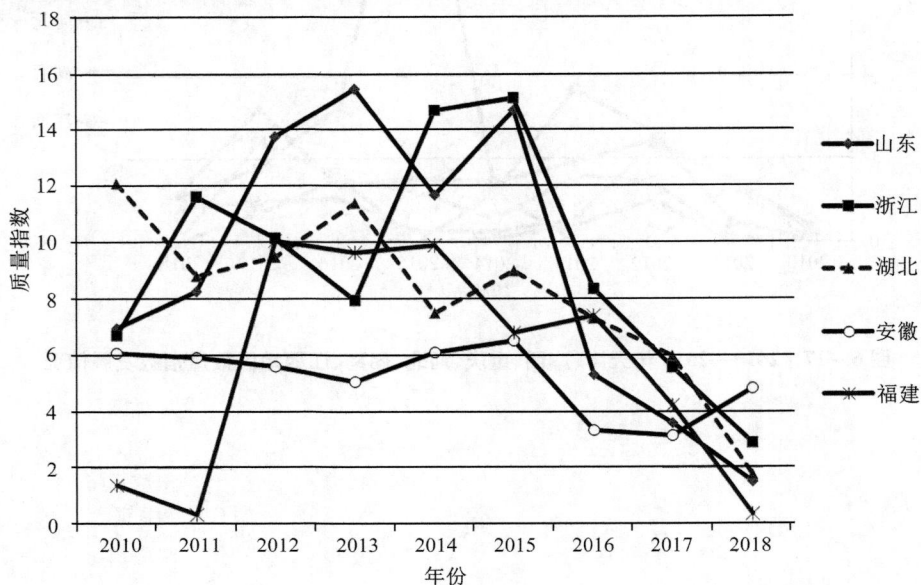

图 6 - 19 2010—2018 年山东、浙江、湖北、安徽、福建地区质量指数发展情况

图 6 – 20 为 2010—2018 年天津、广西、重庆、河北、湖南、江西地区质量指数发展情况。可以看出:一方面,本组质量指数基本在 7 以下,并且变化波动较大,可能是由于本组地区中相应年份的数量指数波动引起;另一方面,本组地区属于后发地区,前期专利申请数量较少,因此 2010 年专利数量指数、质量指数水平均较低,而 2011—2012 年,质量指数基本都有明显增长。天津 2010—2013 年间增长较快,由 0.91 增长至 6,28,达到其历史最高水平;重庆质量指数 2011—2012 年保持在 5 以上,之后排名下降较快,近三年有所回升。

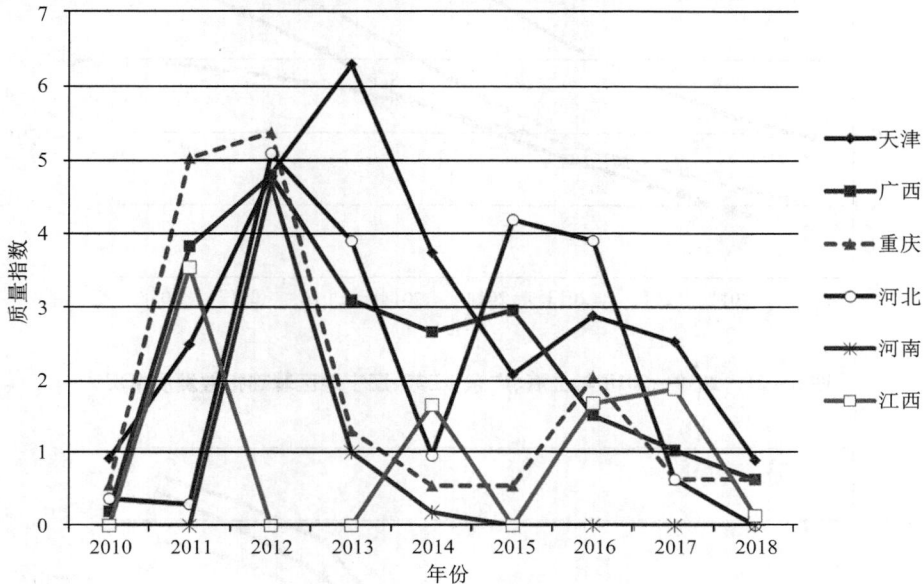

图 6 – 20　2010—2018 年天津、广西、重庆、河北、湖南、江西地区质量指数发展情况

5. 2010—2018 年船舶与海工装备制造业地区基础指数发展情况

图 6 – 21 为 2010—2018 年上海、广东、江苏、辽宁地区基础指数发展情况,通过比较可以看出各地区在技术、人才、知识、优质专利等方面的综合积累情况,各地区的基础指数基本都呈逐年上升趋势,只是增长速度上有所不同。上海的基础指数仍然显著领先于其他地区,由 2010 年 38.70 增长至 2018 年 127.91;江苏、广东基础指数增长也较快,江苏由 2010 年 10.31 增长至 2018 年 87.70,广东由 2010 年 13.56 增长至 2018 年 83.86,虽然江苏近几年在数量指数、质量指数方面表现不如广东,但是在基础指数方面,江苏仍具有一定优势;辽宁基础指数平稳、持续增长,只是增长速度较组内其他地区相对缓慢,由 2010 年 20.52 增长至 2018 年 59.02。

图 6 – 22 为 2010—2018 年山东、浙江、湖北、安徽、福建地区基础指数发展情况。本组内山东、浙江、湖北基础指数水平明显高于安徽、福建两省。通过和上一组地区的对比,本组内地区的 2018 年基础指数甚至不及上海 2010 年基础指数水平,可见,地区间发展不平衡问题尤其显著。山东、浙江两地虽 2010 年基础指数不及湖北,但其发展速度明显快于湖北,2018 年基础指数水平达到约 33 左右;湖北由 2010 年 6.05 增长至 2018 年 28.71;安徽 2010 年基础指数水平与山东、浙江相近,增长相对缓慢,在组内排名靠后;福建基础指数发展相对滞后,2010—2012 年几乎没有增长,后续发展迅速,已超越安徽,2018 年基础指数水平达到 18.46。

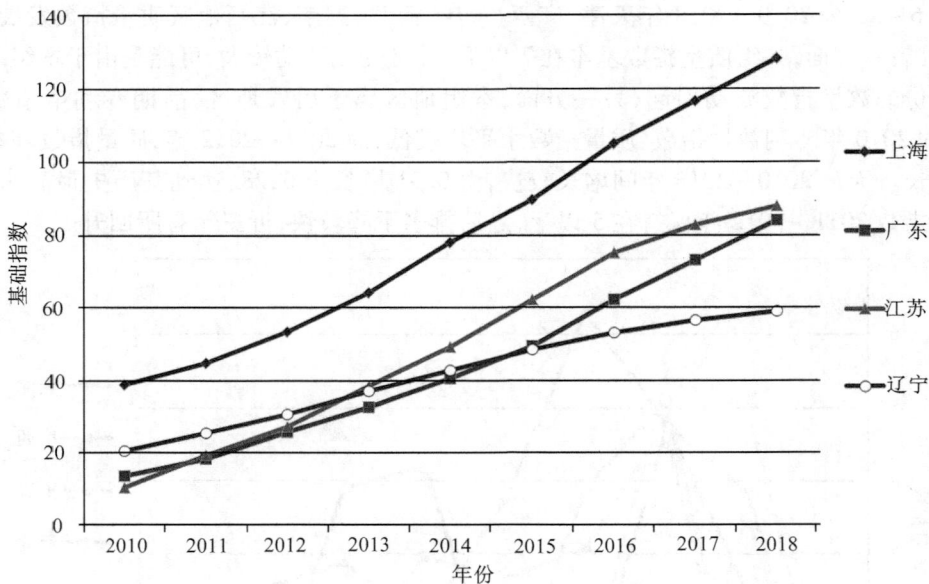

图 6 – 21　2010—2018 年上海、广东、江苏、辽宁地区基础指数发展情况

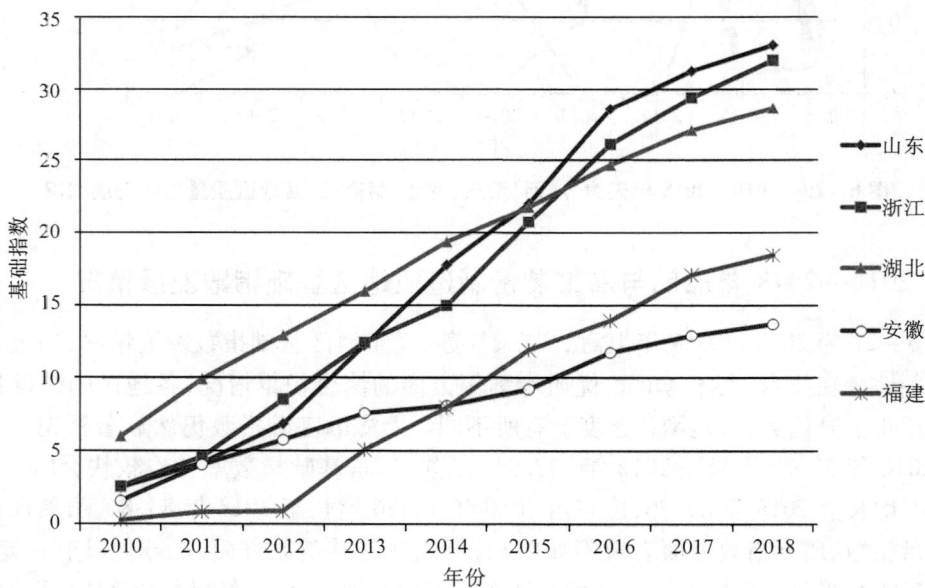

图 6 – 22　2010—2018 年山东、浙江、湖北、安徽、福建地区基础指数发展情况

　　图 6 – 23 为 2010—2018 年天津、广西、重庆、河北、湖南、江西地区基础指数发展情况。从基础指数增长区间可以看出本组地区基础指数发展最慢。在本组内,天津的基础指数发展相对较好,由 2010 年 2.31 增长至 2018 年 8.68;其次是广西,起步时间晚,经过近十年的发展,基础指数已经超过了重庆、河北等地,2018 基础指数达到 4.66;重庆、河北基础指数保持缓慢增长;江西同样起步较晚,近两年基础指数增长较快,逐渐超越河北地区;湖南由于近年来没有新的专利成果产出,其基础指数维持在 2015 年水平保持不变。

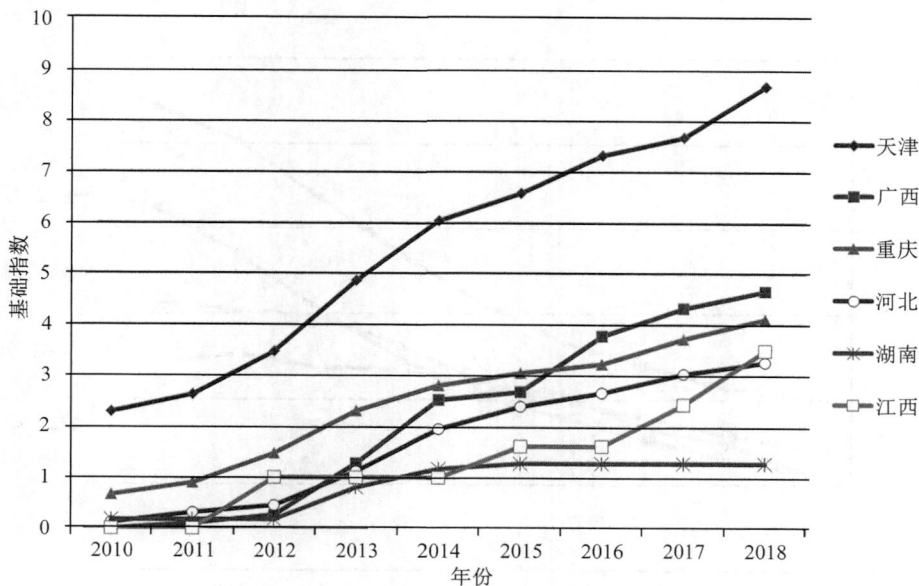

图 6 – 23　2010—2018 年天津、广西、重庆、河北、湖南、江西地区基础指数发展情况

6. 2010—2018 年船舶与海工装备制造业地区有效指数发展情况

图 6 – 24 为 2010—2018 年上海、广东、江苏、辽宁地区有效指数发展情况。可以看出，本组地区在有效指数方面基本也呈持续增长。上海仍然领先于其他地区，由 2010 年 20.14 增长至 2018 年 54.32；广东增长趋势与上海相似，由 2010 年 11.48 增长至 2018 年 42.51；江苏在 2016 年之前基本以微小优势领先于广东，而 2016 年之后，有效指数增长趋势趋缓，逐渐落后于广东，并且差距逐渐加大，近两年维持在 31 左右；辽宁早期有效指数水平较高，但有效指数增长相对较慢，逐渐被本组内其他地区超越，有效指数由 2010 年 14.36 增长至 2018 年 24.15。

图 6 – 25 为 2010—2018 年山东、浙江、湖北、安徽、福建地区有效指数发展情况。总体来看，本组地区有效指数增长缓慢，并且地区之间的差距不大。湖北有效指数在 2014 年之前一直领先于本组其他地区，之后增长放慢，逐渐被山东超越；山东有效指数在 2015 年之后开始快速增长，超越组内其他地区，保持在第一位，有效指数由 2010 年 9.10 增长至 2018 年 19.41；浙江的有效指数基本保持微小的差距紧跟湖北之后，有效指数由 2010 年 9.47 增长至 2018 年 16.81；安徽的有效指数发展基本维持在 10 的水平上下波动；福建是组内增长最快的地区，是由于福建 2010 之前申请的专利均已失效，因此有效指数从 2010 年 0 开始增长至 2018 年 14.29。

图 6 – 26 为 2010—2018 年天津、广西、重庆、河北、湖南、江西地区有效指数发展情况。可以看出，本组地区有效指数均在 10 以下，并且多数地区基本维持在 9 左右，仅江西近年有所下降，说明江西对已授权专利的维持方面存在短板，应注意改善有效专利的维持情况。

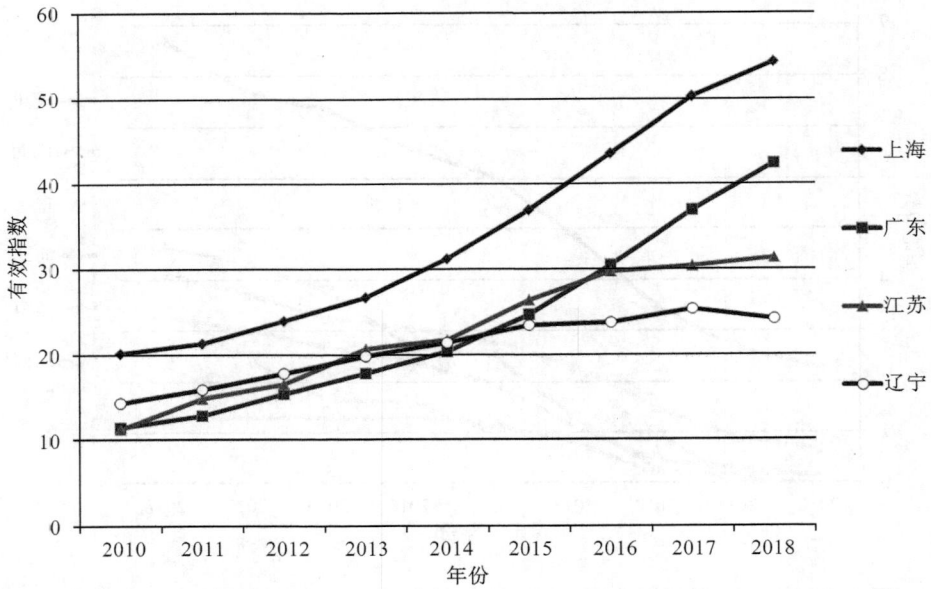

图 6 – 24　2010—2018 年上海、广东、江苏、辽宁地区有效指数发展情况

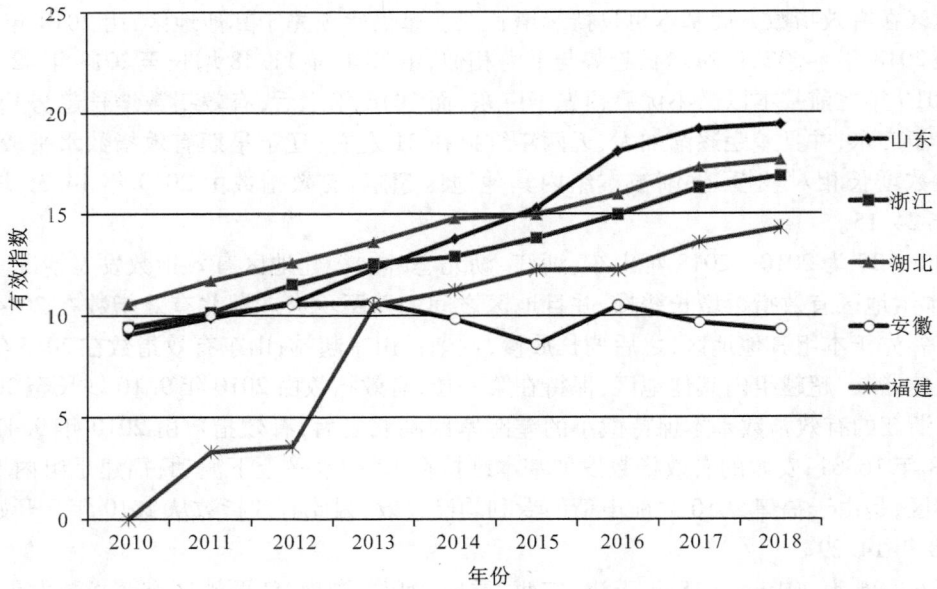

图 6 – 25　2010—2018 年山东、浙江、湖北、安徽、福建地区有效指数发展情况

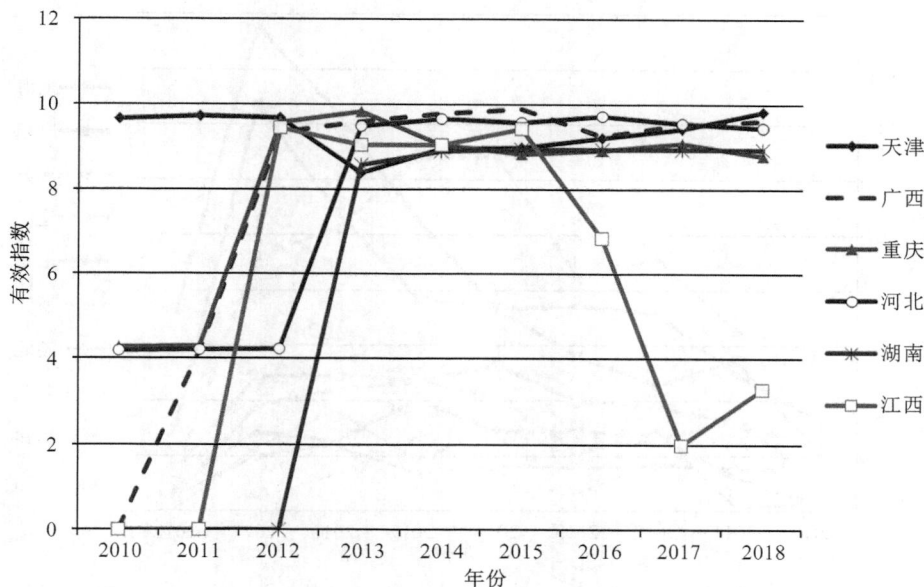

图 6 – 26　2010—2018 年天津、广西、重庆、河北、湖南、江西地区有效指数发展情况

第四节　2010—2018 年船海制造业重点地区核心专利指标发展情况

前文对船舶与海工装备制造业各地区 2010—2018 年专利指数及其分项指数发展情况进行了详细的分析,可以看出我国船舶与海工装备制造业专利的发展主要集中于前四梯队地区,即上海、广东、江苏、辽宁、山东、浙江、湖北、安徽、福建九个地区,第五梯队地区专利水平发展相对滞后,因此本节将以上述九个地区作为分析对象,并对其专利重要指标发展情况进行分析与考察。

1. 2010—2018 年重点地区数量指数部分指标发展情况

（1）新增实用新型专利授权数量

考察年新增的实用新型专利授权数量是反映综合数量指数水平的重要指标之一,图 6 – 27 为 2010—2018 年重点地区新增实用新型专利授权数量指数发展情况。江苏 2010 年该项指数为 6 左右的水平,经过五年的发展,2014、2015 年均达到 13 左右,在此期间一直保持领先水平,随后呈下降趋势,也说明了江苏地区实用新型专利增长发展最好的黄金时期即为 2014—2015 年;上海、广东两地该项指标在 2015 年前均不及江苏,但近几年发展迅速,两地均越过江苏,依次排在第一、第二的位置;辽宁该项指数前期保持缓慢增长,2014 年为其拐点,有缓慢下降的趋势;浙江该项指数 2013 年之后保持稳定增长,2015 年超越辽宁排在第四;湖北该项指数在所有考察重点地区中最为稳定的地区,每年该项指数相差不多;山东、安徽、福建基本呈波动变化。

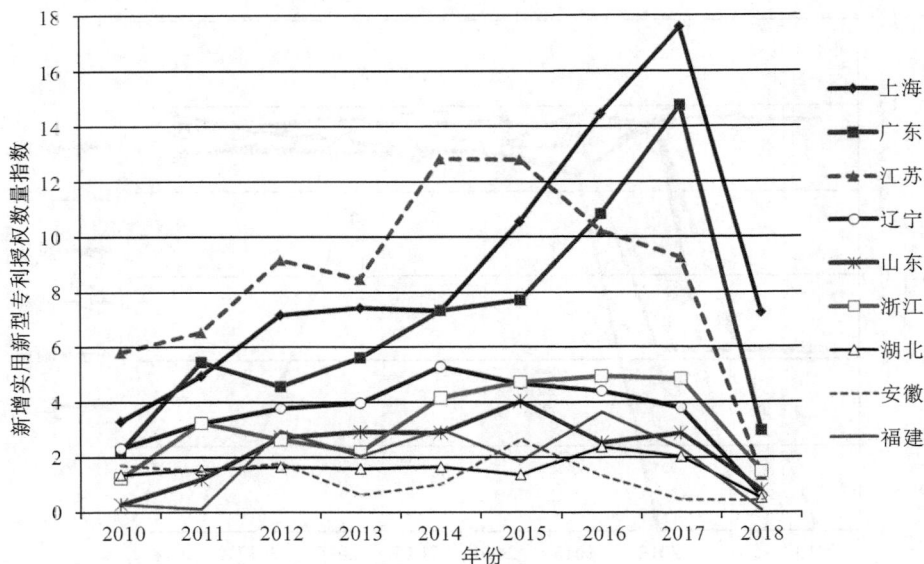

图 6-27 2010—2018 年重点地区新增实用新型专利授权数量指数发展情况

（2）新增发明专利申请数量

图 6-28 为 2010—2018 年重点地区新增发明专利申请数量指数发展情况。与新增实用新型专利数量指数类似，江苏近几年该项指数不及上海和广东，并呈下降趋势，有所区别的是，广东在该项指数的发展上甚至超过了上海，2017 年达到 30.38，说明广东加大了发明专利申请的力度；在其他地区中，山东近年来该项指数发展较好，2016 年脱颖而出，达到5.03；安徽 2018 年增长较快，该项指数排在第四位。

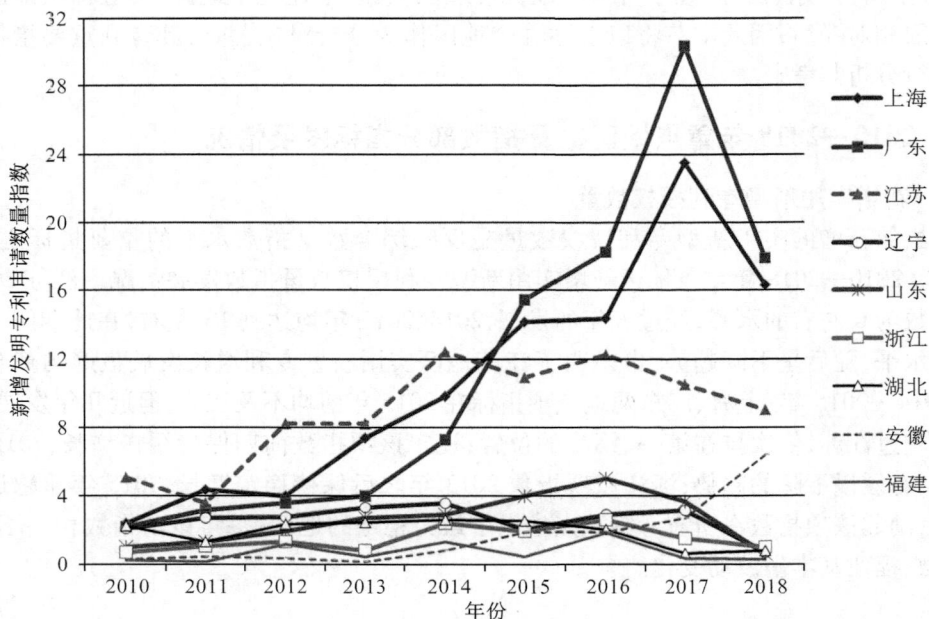

图 6-28 2010—2018 年重点地区新增发明专利申请数量指数发展情况

（3）新增授权发明专利数量

由于发明专利申请后最终不一定会授权,所以新增授权发明专利数量也是重要的考察指标。图6-29为2010—2018年重点地区新增发明专利授权数量指数发展情况。新增授权发明专利数量指数变化与新增发明专利申请数量指数变化有很大区别,可以看出,2016—2018年间,该项指数基本呈急剧下降趋势,是由于近两年的数据公开滞后导致的,很多发明专利申请仍处于实质审查阶段,没有得到授权。仅从目前得到的数据来看,广东、上海仍分别稳居第一、第二的位置。观察2010—2015年间,上海的新增发明专利申请数量指数虽不及江苏,但新增授权发明专利数量指数已经超越了江苏,间接地说明了上海地区发明专利质量较好,获得授权的比率更高。同理,广东的发明专利授权情况也更好些。辽宁该项指数在2010—2012年间表现较好,随后呈下降趋势;山东该项指数呈上升趋势,说明新增授权发明专利水平发展越来越好;浙江、湖北等地呈波动变化。

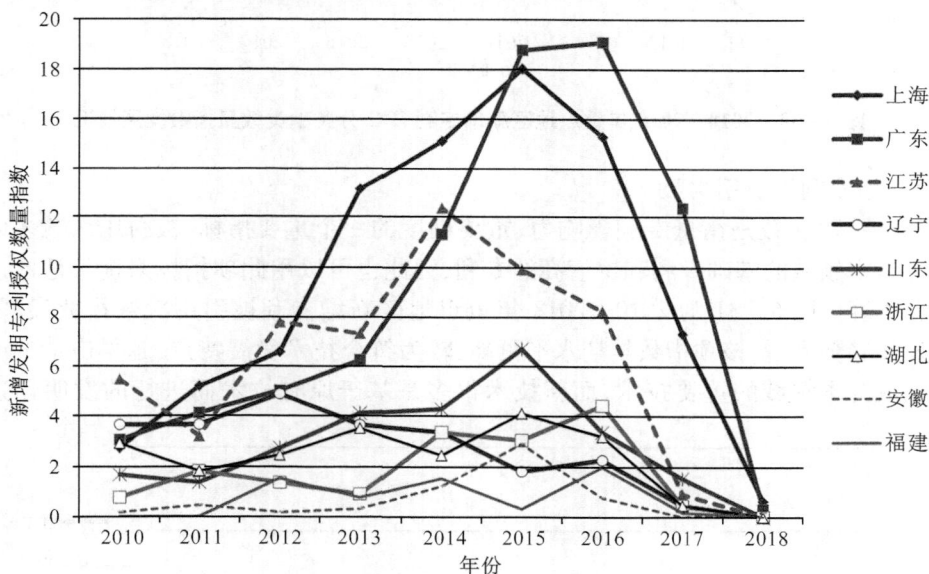

图6-29　2010—2018年重点地区新增发明专利授权数量指数发展情况

2. 2010—2018年重点地区质量指数部分指标发展情况

（1）新增专利IPC分类小类数量

技术覆盖范围是考察专利质量指数的重要指标之一。图6-30为2010—2018年重点地区新增专利IPC分类小类数量指数发展情况。上海、广东、江苏一直是排名在前三位的地区,2015年之前江苏该项指数水平领先,之后被上海、广东超越,指数水平由2010年6.30增长至10.33之后基本保持稳定;上海、广东该项指数水平持续增长,差距相差不大,近年来稳居前两位;辽宁该项指数水平由2010年4.28增长至6.5左右,实现了小幅增长;山东、浙江该项指数增长趋势类似,先增长后下降,但山东近年来下降幅度略大;湖北该项指数基本保持平稳;安徽该项指数增长趋势呈"先降后升",福建则"先升后降",与之相反。

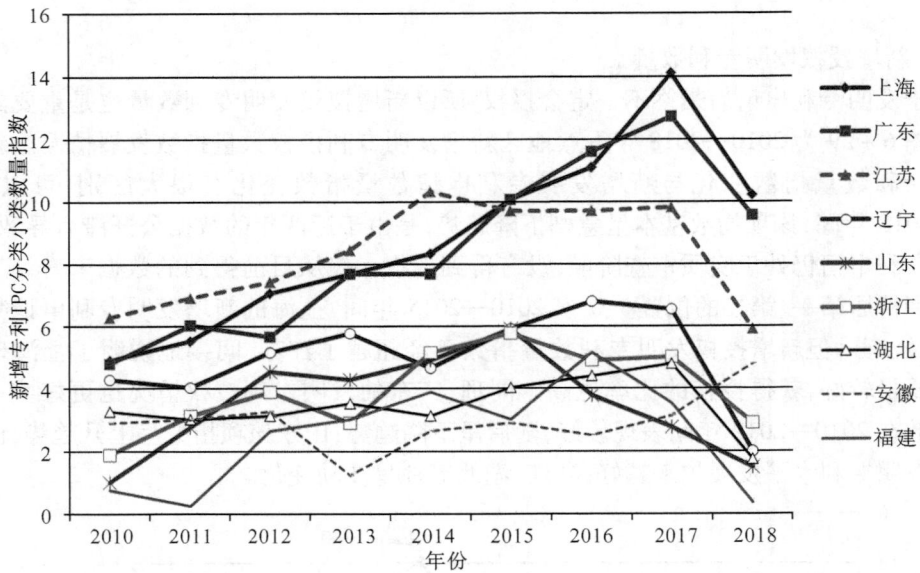

图 6 - 30　2010—2018 年重点地区新增专利 IPC 分类小类数量指数发展情况

（2）新增专利被引用次数

专利被引用次数是衡量专利影响力、重要程度的一个重要指标,被引用次数多的专利可以认为是本领域的基础专利和价值高的专利,因此也可以用此项指标来衡量地区总体专利的重要程度。图 6 - 31 为 2010—2018 年重点地区新增专利被引用次数指数发展情况。从总体发展趋势来看,该项指数早期水平更高,较为符合技术发展特点,越早申请的专利技术越可能成为本领域的重要技术,而新技术很多是基于原有技术而进行的发明创造和改

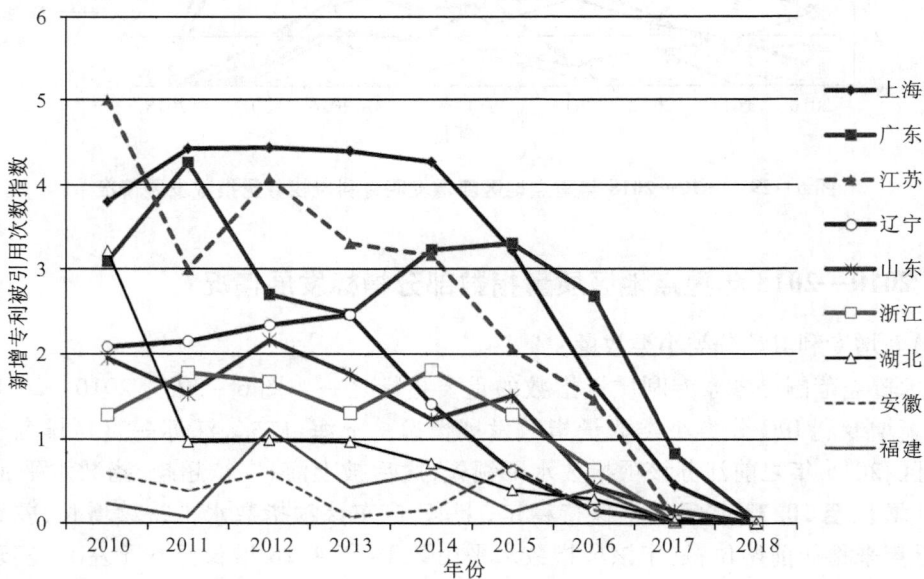

图 6 - 31　2010—2018 年重点地区新增专利被引用次数指数发展情况

进,并且新技术发展时间短,其影响力也有待于时间的进一步检验。从地区间的比较来看,该项指数较高的地区仍然是上海、广东、江苏,江苏2010年申请的专利影响水平最高,达到5.00之后呈波动变化,仍位居前列;2011—2014年间,上海该项指数水平保持领先,近三年,广东地区该项指数水平较高;以上三个地区在本领域贡献了最多的基础技术专利成果。

3. 2010—2018年重点地区基础指数部分指标发展情况

本部分主要是考察各地区部分存量数据指标的发展情况,即比较各地区在考察年之前所积累的各项优质资源、研发基础等方面情况。

（1）专利授权总量

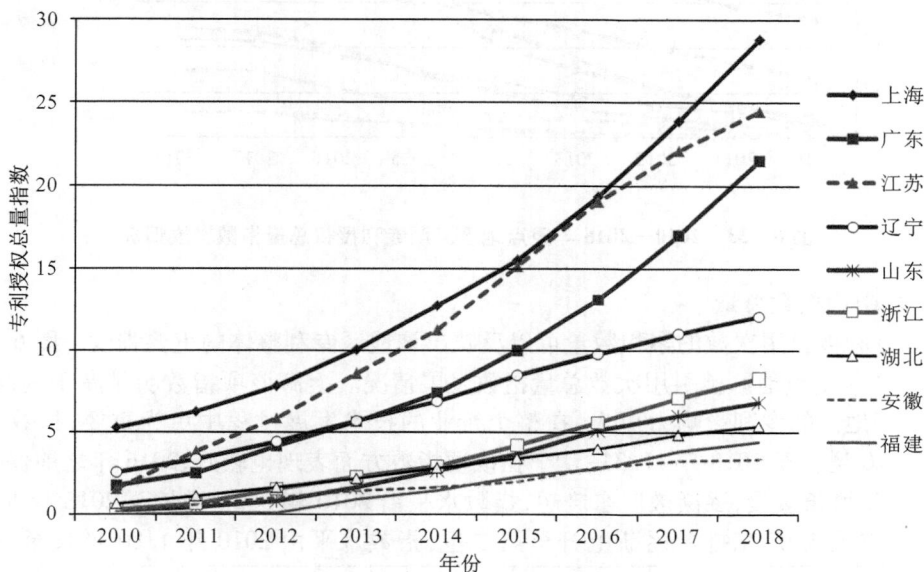

图 6-32 2010—2018年重点地区专利授权总量指数发展情况

图6-32为2010—2018年重点地区专利授权总量指数发展情况。可以看出,上海、广东、江苏、辽宁在专利授权总量指数的发展上优势相对明显,增长较快,其余地区相对较慢。上海在该项指数水平上仍然保持领先,但江苏与上海差距不大,2015—2016年几乎与上海持平,再次证明了江苏专利水平发展最好的时间是2014—2015年,得益于前期积累的优势,在该项指数上虽低于上海,但仍领先于其他地区。广东、辽宁2014年前该项指数水平相近,但随着广东的快速崛起,逐渐拉开与辽宁之间的差距。其余地区该项指数增长虽然缓慢,但差距也逐渐加大。

（2）发明专利授权总量

图6-33为2010—2018年重点地区发明专利授权总量指数发展情况。通过比较,可以看出上海在该项指数水平仍保持领先水平,由2010年5.30增长至2018年20.22;辽宁该项指数水平在2014年之前排名相对靠前,仅次于上海,之后则被广东、江苏逐渐赶超;广东、江苏的该项指数水平在前期相差不大,2015年之后江苏逐渐落后于广东,广东由2010年0.85增长至2018年15.16,江苏由2010年0.60增长至2018年10.49;山东、湖北水平相近,发展趋势也基本一致;浙江该项指数水平排在湖北之后;安徽、福建该项指数水平基本持平,排名靠后。

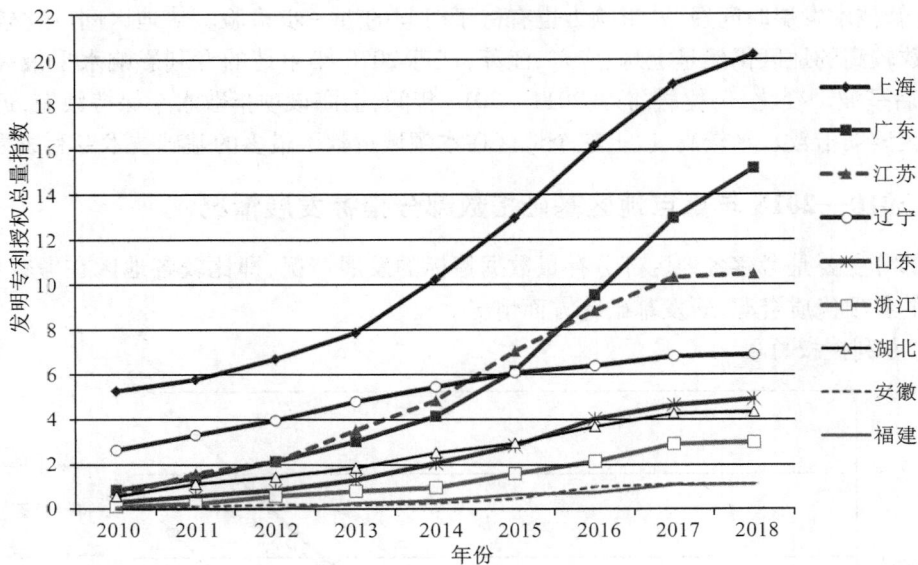

图 6 - 33　2010—2018 年重点地区发明专利授权总量指数发展情况

（3）被引用次数总量

地区专利被引用次数的累积数量可以反映出该地区专利整体的重要程度。图 6 - 34 为 2010—2018 年重点地区被引用次数总量指数发展情况。上海该项指数明显高于其他地区，也说明上海地区的专利影响力更大，在整个行业的技术发展过程中更为重要，指数水平由 2010 年 5.70 增长至 2018 年 11.31；辽宁在该项指数方面表现也较好，2016 年之前保持在第二位，近几年增长缓慢，逐渐被广东赶超，指数水平由 2010 年 3.26 增长至 2018 年 5.62；广东、江苏发展较快，广东排名逐渐上升至第二位，指数水平由 2010 年 1.80 增长至 2018 年

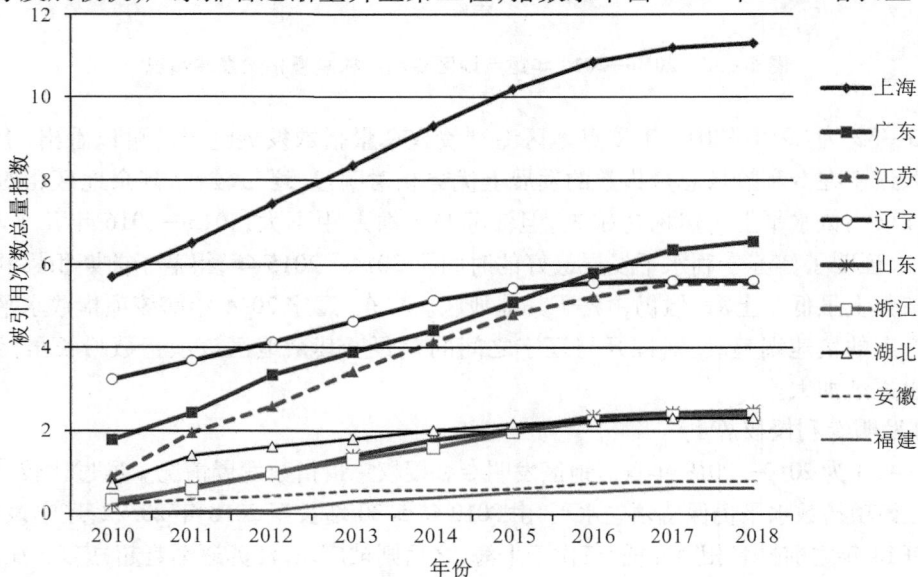

图 6 - 34　2010—2018 年重点地区专利被引用次数总量指数发展情况

6.54,江苏指数水平几乎与辽宁持平,指数水平由 2010 年 0.91 增长至 2018 年 5.56;山东、浙江、湖北该项指数水平相近,差距不大,2018 年约达到 2.40 左右;安徽、福建同样差距不大,该项指数水平更低,2018 年约达到 0.70 左右。

　　(4)专利发明团队数量

　　发明团队数量指数是从技术人才角度来考察地区之间的差异情况。图 6 - 35 为 2010—2018 年重点地区发明团队数量指数发展情况,可以看出,在发明团队数量上,上海也一直保持领先,说明上海注重发明创造、专业技术人才的培养和人才资源积累,该项指数水平由 2010 年 5.40 增长至 2018 年 23.92;其次是江苏,该项指数水平由 2010 年 1.68 增长至 2018 年 18.62;广东、辽宁 2015 年之前该项指数水平基本一致,之后广东增长较快,逐渐加大了二者之间的差距,2018 年该项指数分别为 14.24,9.83;由指数水平的差距可以明显看出,前四个地区相对更加注重对技术人才的培育,以及激发这类人才研发创造的积极性。

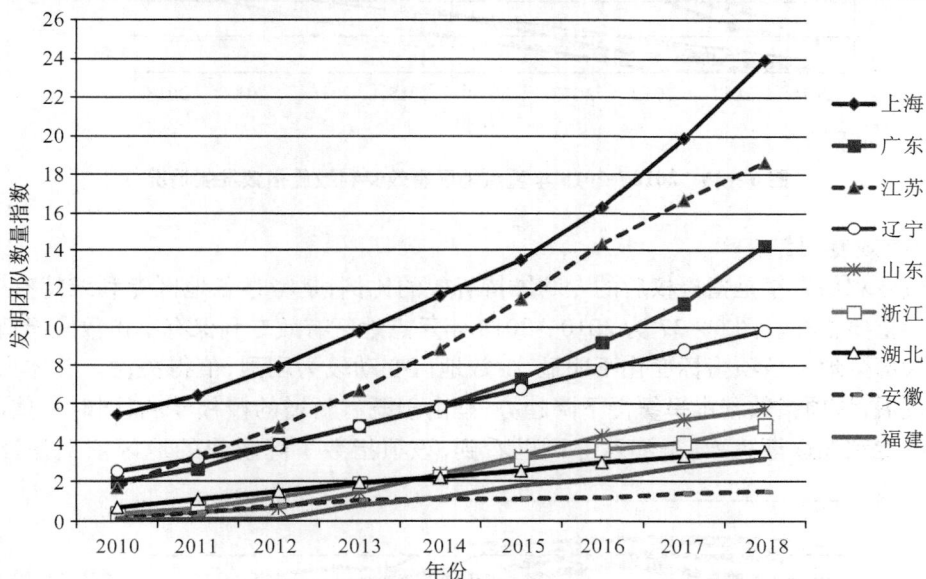

图 6 - 35　2010—2018 年重点地区发明团队数量指数发展情况

4. 2010—2018 年重点地区有效指数部分指标发展情况

　　(1)有效专利数量

　　在法律上有效的专利是真正能保护创新成果,维护自身利益的有效武器,失效的专利则不具有这样的功能,因此有效专利数量指数是衡量创新主体有效专利水平的重要指标。图 6 - 36 为 2010—2018 年重点地区有效专利数量指数发展情况。可以看到,在该项指标上,仍然是上海位居第一,并且近年来与其他地区的差距也逐渐增大,一方面得益于上海对于授权后的专利维持情况较好,另一方面上海近年来新增授权专利规模的快速增长,该项指数水平由 2010 年 5.60 增长至 2018 年 26.57;江苏该项指数增长也较快,而近两年增长趋缓,被广东超越;辽宁前期与广东指数水平相近,但后期增长趋缓;其余地区该项指数水平差距不大。

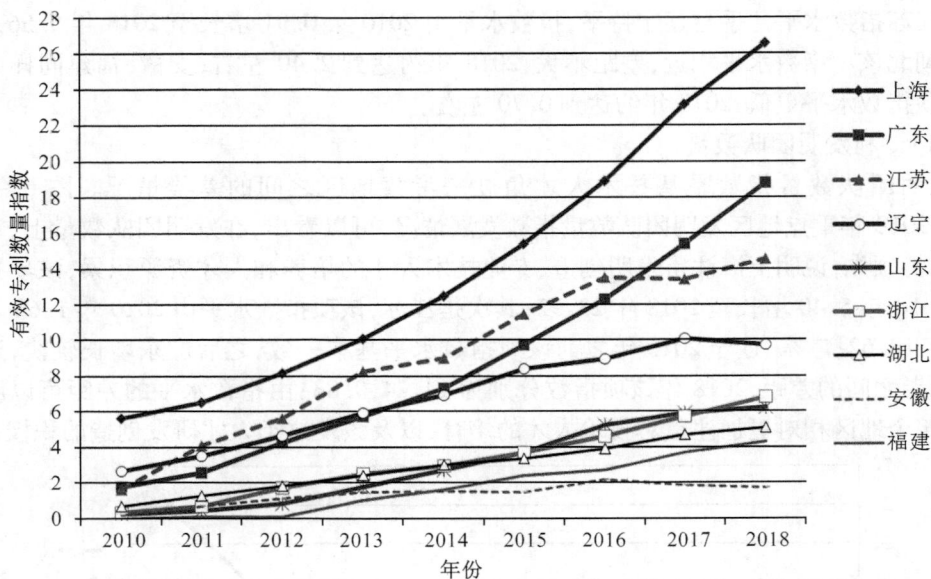

图6-36　2010—2018年重点地区有效专利数量指数发展情况

（2）有效专利保有率

有效专利保有率是指授权后的专利维持有效的比例,是考察各地区专利维持有效情况的另一项重要指标。图6-37为2010—2018年重点地区有效专利保有率指数发展情况,可以看出大部分地区该项指标变化不明显,少数地区变动较为剧烈,值得关注。总体来看,随着时间发展,该项指数基本呈缓慢下降趋势,是由于既有新增的授权专利,同时一些没有维持价值的专利在逐渐失效,被淘汰。可以看到,该项指数下降较快的地区依次是江苏、安

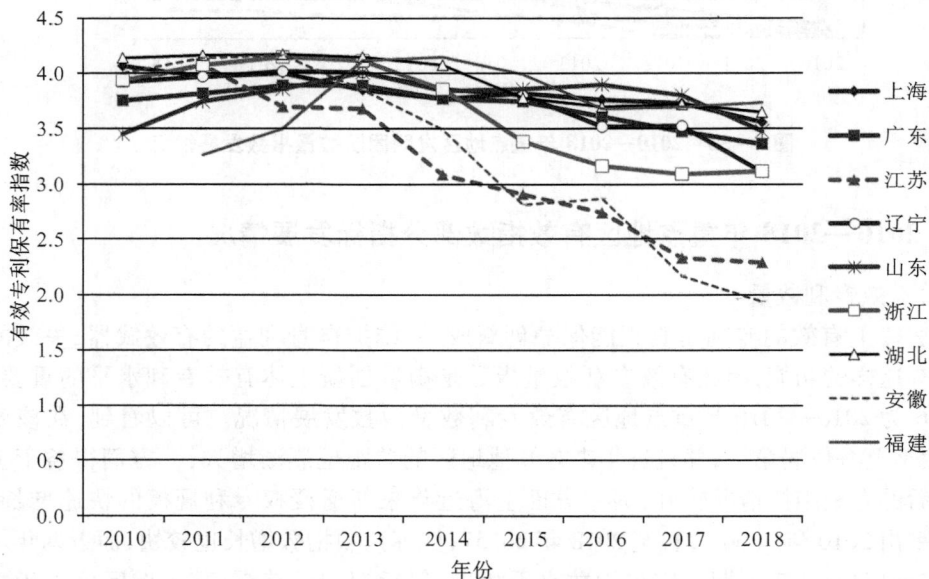

图6-37　2010—2018年重点地区有效专利保有率指数发展情况

徽、浙江,其中江苏该项指数自 2012 年开始逐渐下降,安徽近年该项指数的下降速度已经超过江苏;此外福建该项指数 2010 年为 0,是由于到 2010 年此前积累的专利均已失效,图中未标出。

（3）有效发明专利总量

有效发明专利的数量是考察各重点地区间专利水平"硬实力"的重要指标。图 6-38 为 2010—2018 年重点地区有效发明专利总量指数发展情况。上海在该项指数上依然领先于其他地区,并且增势明显,指数水平由 2010 年 5.40 增长至 2018 年 19.42;增势同样明显的还有广东,指数水平由 2010 年 0.87 增长至 2018 年 15.30,2016 年开始该项指数水平位居第二位,顺利实现"超车";前期优势明显的辽宁逐渐被广东、江苏所超越;江苏该项指数水平由 2010 年 0.62 增长至 2018 年 9.88,近年则增长趋缓;其他地区中,山东、湖北该项指数水平相对较高,浙江适中,安徽、福建该项指数水平相对较低。

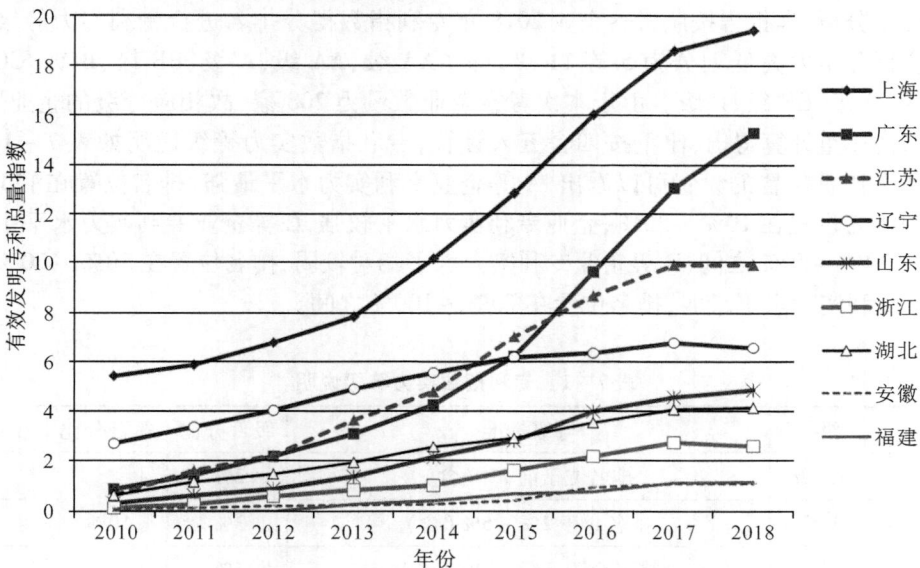

图 6-38　2010—2018 年重点地区有效发明专利总量指数发展情况

第七章 我国船舶与海工装备制造企业专利指数及排名分析

第一节 船舶与海工装备制造企业专利实力等级

1. 专利实力等级标准

为便于分析,本报告按照考察企业 2018 年专利指数得分排名进行专利实力等级划分,按照综合得分实力高低划分为 5 等 11 级,即 AAA 级、AA 级、A 级、BB 级、B 级、CC 级、C 级、DD 级、D 级、EE 级、E 级。由于本次考察企业数量为 208 家,故相应等级的企业数量由各等级所占比重计算得出,比重按四舍五入计算,专利指数实力等级说明如表 7 - 1 所示。从排名所在比重位置的设置可以看出,A 等企业专利实力水平最强,排名位置在前 10%;B 等企业的排名位置在 10% ~30%,企业专利实力水平较强,C 等企业专利实力水平中等,排名位置在 30% ~50% 之间;D 等企业专利实力水平相对较弱,排名位置在 50% ~70% 之间;E 等企业专利实力水平最弱,排名位置在 70% ~100% 之间。

表 7 -1 专利指数实力等级说明

等	级	等级标准	级百分比	等百分比	企业数量
A 等	AAA 级	排名位于前 2%(含)	2%	10%	4
	AA 级	排名介于 2% ~5%(含)	3%		6
	A 级	排名介于 5% ~10%(含)	5%		11
B 等	BB 级	排名介于 10% ~20%(含)	10%	20%	21
	B 级	排名介于 20% ~30%(含)	10%		20
C 等	CC 级	排名介于 30% ~40%(含)	10%	20%	21
	C 级	排名介于 40% ~50%(含)	10%		21
D 等	DD 级	排名介于 50% ~60%(含)	10%	20%	21
	D 级	排名介于 60% ~70%(含)	10%		21
E 等	EE 级	排名介于 70% ~85%(含)	15%	30%	31
	E 级	排名介于 85% ~100%(含)	15%		31

2. 船舶与海工装备制造企业专利实力等级及排名

根据上述专利指数实力等级划分标准及 2018 年各船舶与海工装备制造企业专利指数得分情况,对各考察企业进行等级划分,详情如下。

（1）AAA级

船舶与海工装备制造企业中专利实力为AAA级的企业有4家,分别是上海振华重工（集团）股份有限公司、广船国际有限公司、沪东中华造船（集团）有限公司、中船黄埔文冲船舶有限公司。其中,上海振华重工（集团）股份有限公司专利综合指数为213.58,在所有企业中排名第1位,四个分项指数:数量指数得分为30.92,质量指数得分为9.73,基础指数得分为119.51,有效指数得分为53.42。广船国际有限公司专利综合指数为146.06,在所有企业中排名第2位,四个分项指数:数量指数得分为26.73,质量指数得分为9.03,基础指数得分为74.11,有效指数得分为36.19。沪东中华造船（集团）有限公司专利综合指数为139.30,在所有企业中排名第3位,四个分项指数:数量指数得分为8.49,质量指数得分为3.25,基础指数得分为88.56,有效指数得分为39.00。中船黄埔文冲船舶有限公司专利综合指数为134.63,在所有企业中排名第4位,四个分项指数:数量指数得分为21.11,质量指数得分为8.25,基础指数得分为67.11,有效指数得分为38.15。上海振华重工（集团）股份有限公司在各分项指数上均高于其他三家AAA级企业;沪东中华造船（集团）有限公司在当年产出的数量指数和质量指数上略低于其他三家企业。AAA级企业2015年专利指数及排名如表7-2所示。

表7-2　AAA级企业2018年专利指数及排名

	企业名称	总指数	排名	数量指数	质量指数	基础指数	有效指数
AAA	上海振华重工（集团）股份有限公司	213.58	1	30.92	9.73	119.51	53.42
	广船国际有限公司	146.06	2	26.73	9.03	74.11	36.19
	沪东中华造船（集团）有限公司	139.30	3	8.49	3.25	88.56	39.00
	中船黄埔文冲船舶有限公司	134.63	4	21.11	8.25	67.11	38.15

（2）AA级

船舶与海工装备制造企业中专利实力为AA级的企业包含上海外高桥造船有限公司、大连船舶重工集团有限公司、江南造船（集团）有限责任公司、广州文冲船厂有限责任公司、中船澄西船舶修造有限公司、武昌船舶重工集团有限公司,依次排名在第5～10位。其中,上海外高桥造船有限公司专利综合指数为128.17,四个分项指数:数量指数得分为26.25,质量指数得分为9.75,基础指数得分为70.02,有效指数得分为22.15,有效指数方面表现略差。大连船舶重工集团有限公司专利综合指数为122.56,四个分项指数:数量指数得分为1.87,质量指数得分为2.50,基础指数得分为82.90,有效指数得分为35.30,在当年产出的数量指数和质量指数方面表现有待提高。江南造船（集团）有限责任公司专利综合指数为115.23,四个分项指数:数量指数得分为10.50,质量指数得分为6.75,基础指数得分为66.58,有效指数得分为31.40。广州文冲船厂有限责任公司专利综合指数为76.44,四个分项指数:数量指数得分为10.51,质量指数得分为5.50,基础指数得分为39.51,有效指数得分为20.92。中船澄西船舶修造有限公司专利综合指数为76.26,四个分项指数:数量指数得分为8.23,质量指数得分为3.75,基础指数得分为52.07,有效指数得分为12.21,有效指数方面表现略差。武昌船舶重工集团有限公司专利综合指数为70.16,四个分项指数:数量指数得分为1.03,质量指数得分为0.50,基础指数得分为44.53,有效指数得分为24.10,当年专利产出水平有待提高。AA级企业2018年专利指数及排名如表7-3所示。

表7-3　AA级企业2018年专利指数及排名

	企业名称	总指数	排名	数量指数	质量指数	基础指数	有效指数
AA	上海外高桥造船有限公司	128.17	5	26.25	9.75	70.02	22.15
	大连船舶重工集团有限公司	122.56	6	1.87	2.50	82.90	35.30
	江南造船(集团)有限责任公司	115.23	7	10.50	6.75	66.58	31.40
	广州文冲船厂有限责任公司	76.44	8	10.51	5.50	39.51	20.92
	中船澄西船舶修造有限公司	76.26	9	8.23	3.75	52.07	12.21
	武昌船舶重工集团有限公司	70.16	10	1.03	0.50	44.53	24.10

（3）A级

船舶与海工装备制造企业中专利实力为A级的企业包含烟台中集来福士海洋工程有限公司、渤海船舶重工有限责任公司、中国葛洲坝集团机械船舶有限公司、上海船厂船舶有限公司、招商局重工(江苏)有限公司、江苏新扬子造船有限公司、南通中远船务工程有限公司、上海江南长兴造船有限责任公司、福建省马尾造船股份有限公司、江门市南洋船舶工程有限公司、南通中远海运川崎船舶工程有限公司,依次排名在第11~21位。可以看到,个别企业当年产出水平的数量指数、质量指数较低,甚至为0,可能是由于在数据收集期内,专利数据未充分公开所致。其中招商局重工(江苏)有限公司当年产出的数量指数、质量指数较高,技术创新活力较好。A级企业2018年专利指数及排名如表7-4所示。

表7-4　A级企业2018年专利指数及排名

	企业名称	总指数	排名	数量指数	质量指数	基础指数	有效指数
A	烟台中集来福士海洋工程有限公司	65.77	11	0.31	0.50	43.88	21.08
	渤海船舶重工有限责任公司	50.42	12	0.00	0.00	38.54	11.88
	中国葛洲坝集团机械船舶有限公司	47.71	13	3.26	3.25	24.73	16.48
	上海船厂船舶有限公司	45.39	14	0.73	1.50	27.73	15.43
	招商局重工(江苏)有限公司	42.89	15	11.63	4.75	13.91	12.60
	江苏新扬子造船有限公司	41.80	16	3.47	3.50	24.92	9.91
	南通中远船务工程有限公司	40.59	17	0.00	0.00	23.18	17.42
	上海江南长兴造船有限责任公司	40.15	18	1.34	1.50	23.70	13.62
	福建省马尾造船股份有限公司	39.07	19	0.51	0.25	22.81	15.50
	江门市南洋船舶工程有限公司	34.31	20	1.86	1.78	19.11	11.57
	南通中远海运川崎船舶工程有限公司	33.95	21	0.00	0.00	20.33	13.62

（4）BB 级

船舶与海工装备制造企业中专利实力为 BB 级的企业包含金海智造股份有限公司、渤海造船厂集团有限公司、招商局重工（深圳）有限公司、芜湖市皖南造船有限公司、惠生（南通）重工有限公司、广州中船文冲船坞有限公司、广东精锢海洋工程股份有限公司、广新海事重工股份有限公司、青岛海西重机有限责任公司、芜湖造船厂有限公司、扬帆集团股份有限公司、渤海装备辽河重工有限公司、江苏省镇江船厂（集团）有限公司、上海外高桥造船海洋工程有限公司、天津新港船舶重工有限责任公司、南通象屿海洋装备有限责任公司、青岛造船厂有限公司、江苏扬子鑫福造船有限公司、南京金陵船厂有限公司、厦门船舶重工股份有限公司、舟山长宏国际船舶修造有限公司，共计 21 家企业，排名依次在 22～42 位，BB 级企业 2018 年专利指数及排名如表 7－5 所示。

表 7－5　BB 级企业 2018 年专利指数及排名

	企业名称	总指数	排名	数量指数	质量指数	基础指数	有效指数
BB	金海智造股份有限公司	31.92	22	2.85	3.25	13.86	11.96
	渤海造船厂集团有限公司	31.21	23	0.51	0.50	17.47	12.73
	招商局重工（深圳）有限公司	29.39	24	1.91	1.75	14.54	11.19
	芜湖市皖南造船有限公司	29.04	25	20.45	7.06	1.53	0.00
	惠生（南通）重工有限公司	28.88	26	1.80	1.25	15.90	9.93
	广州中船文冲船坞有限公司	28.73	27	3.29	2.75	11.73	10.97
	广东精锢海洋工程股份有限公司	28.54	28	1.29	1.00	12.71	13.55
	广新海事重工股份有限公司	26.39	29	2.32	1.75	15.46	6.87
	青岛海西重机有限责任公司	26.08	30	1.49	1.25	10.36	12.97
	芜湖造船厂有限公司	25.71	31	0.00	0.00	14.49	11.22
	扬帆集团股份有限公司	24.16	32	0.51	0.50	14.29	8.85
	渤海装备辽河重工有限公司	24.00	33	0.00	0.00	17.39	6.62
	江苏省镇江船厂（集团）有限公司	23.85	34	1.44	0.75	11.45	10.20
	上海外高桥造船海洋工程有限公司	22.98	35	1.65	0.50	13.23	7.61
	天津新港船舶重工有限责任公司	22.96	36	1.03	0.75	12.75	8.43
	南通象屿海洋装备有限责任公司	21.54	37	0.00	0.00	12.37	9.17
	青岛造船厂有限公司	20.38	38	0.51	0.50	9.19	10.18
	江苏扬子鑫福造船有限公司	19.95	39	0.00	0.00	9.58	10.37
	南京金陵船厂有限公司	19.76	40	0.00	0.00	13.96	5.80
	厦门船舶重工股份有限公司	19.53	41	0.47	0.50	9.61	8.95
	舟山长宏国际船舶修造有限公司	19.27	42	0.00	0.00	8.67	10.59

（5）B 级

船舶与海工装备制造企业中专利实力为 B 级的企业包含大连中远海运重工有限公司、长航集团芜湖江东船厂有限公司、青岛北海船舶重工有限责任公司、福建东南造船有限公司、南通中集太平洋海洋工程有限公司、重庆川东船舶重工有限责任公司、江苏新时代造船有限公司、江苏韩通船舶重工有限公司、中航鼎衡造船有限公司、上海中远船务工程有限公司、广东中远海运重工有限公司、蓬莱中柏京鲁船业有限公司、蚌埠市神舟机械有限公司、常石集团（舟山）造船有限公司、舟山中远海运重工有限公司、中船桂江造船有限公司、山海关船舶重工有限责任公司、舟山市沥港船舶修造有限公司、天津港轮驳有限公司、大连中远海运川崎船舶工程有限公司，排名依次在 43～62 位，B 级企业 2018 年专利指数及排名如表 7-6 所示。

表 7-6　B 级企业 2018 年专利指数及排名

	企业名称	总指数	排名	数量指数	质量指数	基础指数	有效指数
B	大连中远海运重工有限公司	19.17	43	0.00	0.00	12.71	6.45
	长航集团芜湖江东船厂有限公司	18.85	44	1.03	1.00	12.42	4.41
	青岛北海船舶重工有限责任公司	18.63	45	0.31	0.25	8.34	9.73
	福建东南造船有限公司	18.33	46	0.00	0.00	8.45	9.88
	南通中集太平洋海洋工程有限公司	17.87	47	0.00	0.00	8.09	9.77
	重庆川东船舶重工有限责任公司	17.60	48	0.98	1.00	7.72	7.89
	江苏新时代造船有限公司	17.52	49	1.90	0.25	6.29	9.07
	江苏韩通船舶重工有限公司	17.44	50	0.00	0.00	7.83	9.62
	中航鼎衡造船有限公司	17.22	51	1.39	1.50	6.23	8.10
	上海中远船务工程有限公司	17.18	52	0.00	0.00	7.66	9.53
	广东中远海运重工有限公司	16.83	53	0.88	0.75	8.12	7.08
	蓬莱中柏京鲁船业有限公司	16.63	54	0.00	0.00	7.23	9.41
	蚌埠市神舟机械有限公司	16.23	55	2.69	2.25	3.98	7.32
	常石集团（舟山）造船有限公司	15.87	56	1.81	2.00	3.52	8.54
	舟山中远海运重工有限公司	15.84	57	0.00	0.00	7.20	8.64
	中船桂江造船有限公司	15.81	58	0.51	0.25	6.74	8.31
	山海关船舶重工有限责任公司	15.56	59	0.00	0.00	6.82	8.74
	舟山市沥港船舶修造有限公司	15.10	60	0.00	0.00	5.33	9.78
	天津港轮驳有限公司	14.98	61	1.03	1.00	4.50	8.45
	大连中远海运川崎船舶工程有限公司	14.93	62	0.77	0.75	4.63	8.77

（6）CC 级

船舶与海工装备制造企业中专利实力为 CC 级的企业包含广州黄船海洋工程有限公

司、广东新船重工有限公司、太平洋海洋工程(珠海)有限公司、南通长青沙船舶工程有限公司、南通润邦海洋工程装备有限公司、江苏宏强船舶重工有限公司、无锡红旗船厂有限公司、中船西江造船有限公司、大连辽南船厂、浙江欧华造船股份有限公司、上海振华重工启东海洋工程股份有限公司、中航威海船厂有限公司、天津新河船舶重工有限责任公司、启东丰顺船舶重工有限公司、江苏大津重工有限公司、新大洋造船有限公司、安润集团安徽中润重工有限公司、蓬莱巨涛海洋工程重工有限公司、大连船舶重工集团海洋工程有限公司、国营海东造船厂、太平洋海洋工程(舟山)有限公司,排名依次在 63～83 位,CC 级企业 2018 年专利指数及排名如表 7-7 所示。其中,虽然一些企业当下阶段已经破产、倒闭,但从专利有效指数可以看出,其申请的专利并没有完全失效,部分有价值的专利仍在继续维持。

表 7-7 CC 级企业 2018 年专利指数及排名

	企业名称	总指数	排名	数量指数	质量指数	基础指数	有效指数
CC	广州黄船海洋工程有限公司	14.87	63	1.03	0.75	3.97	9.12
	广东新船重工有限公司	14.62	64	0.36	0.25	4.78	9.22
	太平洋海洋工程(珠海)有限公司	14.59	65	0.00	0.00	6.54	8.05
	南通长青沙船舶工程有限公司	14.52	66	1.44	0.50	5.65	6.92
	南通润邦海洋工程装备有限公司	14.38	67	0.26	0.25	6.26	7.61
	江苏宏强船舶重工有限公司	14.37	68	0.00	0.00	7.72	6.65
	无锡红旗船厂有限公司	14.31	69	0.00	0.00	5.41	8.91
	中船西江造船有限公司	14.18	70	1.08	1.00	3.82	8.28
	大连辽南船厂	14.06	71	0.00	0.00	5.44	8.62
	浙江欧华造船股份有限公司	14.04	72	0.00	0.00	5.71	8.32
	上海振华重工启东海洋工程股份有限公司	13.86	73	0.26	0.25	5.70	7.65
	中航威海船厂有限公司	13.38	74	0.47	0.50	4.42	8.00
	天津新河船舶重工有限责任公司	13.36	75	0.00	0.00	5.22	8.14
	启东丰顺船舶重工有限公司	13.23	76	0.00	0.00	4.31	8.92
	江苏大津重工有限公司	13.23	77	0.00	0.00	5.23	8.00
	新大洋造船有限公司	13.21	78	0.00	0.00	6.30	6.91
	安润集团安徽中润重工有限公司	13.08	79	0.00	0.00	6.22	6.87
	蓬莱巨涛海洋工程重工有限公司	12.81	80	1.14	1.25	4.51	5.91
	大连船舶重工集团海洋工程有限公司	12.76	81	0.98	1.00	2.87	7.91
	国营海东造船厂	12.74	82	0.00	0.00	3.68	9.06
	太平洋海洋工程(舟山)有限公司	12.55	83	0.00	0.00	3.49	9.06

(7)C 级

船舶与海工装备制造企业中专利实力为 C 级的企业包含泰州口岸船舶有限公司、江苏扬子江船厂有限公司、福建宝中海洋工程股份有限公司、上海华润大东船务工程有限公司、启东中远海运海洋工程有限公司、广东粤新海洋工程装备股份有限公司、福建新胜海船业有限公司、显利(珠海)造船有限公司、华泰重工(南通)有限公司、浙江新乐造船股份有限公司、台州七八一六船舶工业有限公司、中船澄西新荣船舶有限公司、广西金达造船有限公司、江苏海通海洋工程装备有限公司、江苏新世纪造船有限公司、南京东泽船舶制造有限公司、益阳中海船舶有限责任公司、广州市顺海造船有限公司、长航集团武汉青山船厂有限公司、青岛武船重工有限公司、舟山万邦永跃船舶修造有限公司,排名依次在 84～104 位,C 级企业 2018 年专利指数及排名如表 7-8 所示。

需要说明的是,这一级别以下(含)的企业中,有一些企业经营困难,有一些企业目前已经破产、倒闭、重组,故其大部分当年专利产出较少,甚至没有专利产出,表现为当年的专利产出水平大部分为 0。但从专利有效指数可以看出,其申请的专利并没有完全失效,部分有价值的专利仍在继续维持。

表 7-8 C 级企业 2018 年专利指数及排名

	企业名称	总指数	排名	数量指数	质量指数	基础指数	有效指数
C	泰州口岸船舶有限公司	12.33	84	0.00	0.00	5.29	7.04
	江苏扬子江船厂有限公司	12.28	85	0.00	0.00	7.58	4.70
	福建宝中海洋工程股份有限公司	12.23	86	0.00	0.00	3.75	8.48
	上海华润大东船务工程有限公司	12.15	87	0.00	0.00	3.75	8.40
	启东中远海运海洋工程有限公司	11.97	88	0.00	0.00	3.42	8.55
	广东粤新海洋工程装备股份有限公司	11.79	89	0.00	0.00	3.35	8.45
	福建新胜海船业有限公司	11.52	90	0.00	0.00	3.11	8.41
	显利(珠海)造船有限公司	11.44	91	0.00	0.00	2.95	8.50
	华泰重工(南通)有限公司	11.43	92	0.00	0.00	3.07	8.35
	浙江新乐造船股份有限公司	11.29	93	0.00	0.00	2.76	8.52
	台州七八一六船舶工业有限公司	11.19	94	0.00	0.00	2.71	8.48
	中船澄西新荣船舶有限公司	11.07	95	0.00	0.00	3.17	7.90
	广西金达造船有限公司	11.06	96	0.00	0.00	2.84	8.22
	江苏海通海洋工程装备有限公司	11.04	97	0.00	0.00	2.86	8.18
	江苏新世纪造船有限公司	10.81	98	0.00	0.00	3.78	7.03
	南京东泽船舶制造有限公司	10.74	99	0.00	0.00	2.52	8.22
	益阳中海船舶有限责任公司	10.34	100	0.00	0.00	2.30	8.04
	广州市顺海造船有限公司	10.33	101	0.62	0.25	1.34	8.13
	长航集团武汉青山船厂有限公司	10.32	102	0.00	0.00	4.05	6.26

续表

	企业名称	总指数	排名	数量指数	质量指数	基础指数	有效指数
C	青岛武船重工有限公司	10.18	103	0.00	0.00	2.01	8.17
	舟山万邦永跃船舶修造有限公司	9.97	104	0.51	0.25	1.26	7.94

（8）DD 级

船舶与海工装备制造企业中专利实力为 DD 级的企业包含浙江合兴船业有限公司、龙口市丛林铝合金船舶有限公司、山海关造船重工有限责任公司、泰州三福船舶工程有限公司、山东丛林凯瓦铝合金船舶有限公司、江苏熔盛重工有限公司、日照港达船舶重工有限公司、友联船厂（蛇口）有限公司、浙江东海岸船业有限公司、青岛扬帆船舶制造有限公司、宜昌达门船舶有限公司、山东航宇船业集团股份有限公司、台州市五洲船业有限公司、安徽省五洲船舶制造有限公司、扬州中远海运重工有限公司、厦门市海陆工程有限公司、江西华东船业有限公司、青岛前进船厂、浙江造船有限公司、浙江南港船业有限公司、南京奕淳船舶制造有限公司，排名依次在 105～125 位，DD 级企业 2018 年专利指数及排名如表 7−9 所示。

表 7−9　DD 级企业 2018 年专利指数及排名

	企业名称	总指数	排名	数量指数	质量指数	基础指数	有效指数
DD	浙江合兴船业有限公司	9.96	105	0.00	0.00	1.95	8.01
	龙口市丛林铝合金船舶有限公司	9.96	106	0.00	0.00	1.75	8.20
	山海关造船重工有限责任公司	9.64	107	0.00	0.00	1.96	7.68
	泰州三福船舶工程有限公司	9.49	108	0.00	0.00	1.83	7.66
	山东丛林凯瓦铝合金船舶有限公司	9.34	109	0.00	0.00	1.26	8.08
	江苏熔盛重工有限公司	9.29	110	0.00	0.00	7.10	2.19
	日照港达船舶重工有限公司	9.28	111	0.00	0.00	1.30	7.98
	友联船厂（蛇口）有限公司	9.22	112	1.29	1.25	2.91	3.77
	浙江东海岸船业有限公司	9.17	113	0.00	0.00	3.87	5.30
	青岛扬帆船舶制造有限公司	8.88	114	0.00	0.00	1.03	7.85
	宜昌达门船舶有限公司	8.73	115	0.00	0.00	0.96	7.77
	山东航宇船业集团股份有限公司	8.66	116	0.00	0.00	2.10	6.55
	台州市五洲船业有限公司	8.63	117	0.00	0.00	4.42	4.21
	安徽省五洲船舶制造有限公司	8.51	118	0.00	0.00	0.62	7.89
	扬州中远海运重工有限公司	8.42	119	1.80	1.25	2.37	3.00
	厦门市海陆工程有限公司	8.41	120	0.00	0.00	0.78	7.63
	江西华东船业有限公司	8.38	121	0.10	0.25	3.52	4.51
	青岛前进船厂	8.35	122	0.00	0.00	3.37	4.98

	企业名称	总指数	排名	数量指数	质量指数	基础指数	有效指数
DD	浙江造船有限公司	8.10	123	0.00	0.00	6.06	2.04
	浙江南港船业有限公司	8.02	124	0.00	0.00	0.75	7.27
	南京奕淳船舶制造有限公司	7.78	125	0.00	0.00	1.55	6.22

（9）D级

船舶与海工装备制造企业中专利实力为D级的企业包含浙江方圆造船有限公司、南通港闸船舶制造有限公司、大连渔轮有限公司、江苏大洋海洋装备有限公司、浙江增洲造船有限公司、福建省华海船业有限公司、芜湖新远船业修造有限公司、吉宝（南通）船厂有限公司、嘉兴市禾东船业有限责任公司、重庆东港船舶产业有限公司、福建省立新船舶工程有限公司、威海东海船舶修造有限公司、吉宝（南通）重工有限公司、福建省白马船厂、浙江金港船业股份有限公司、福建省平潭雄鹰船厂有限公司、天津新港船务工程有限公司、浙江东鹏船舶修造有限公司、鄂州市光大造船股份有限公司、江苏华滋能源工程有限公司、同方江新造船有限公司，排名依次在126~146位，D级企业2018年专利指数及排名如表7-10所示。

表7-10 D级企业2018年专利指数及排名

	企业名称	总指数	排名	数量指数	质量指数	基础指数	有效指数
D	浙江方圆造船有限公司	7.66	126	0.00	0.00	3.70	3.95
	南通港闸船舶制造有限公司	7.63	127	0.00	0.00	4.57	3.06
	大连渔轮有限公司	7.28	128	0.00	0.00	3.56	3.72
	江苏大洋海洋装备有限公司	7.15	129	0.88	1.00	1.70	3.57
	浙江增洲造船有限公司	7.02	130	0.00	0.00	3.29	3.74
	福建省华海船业有限公司	6.93	131	0.00	0.00	2.03	4.90
	芜湖新远船业修造有限公司	6.47	132	0.00	0.00	0.40	6.07
	吉宝（南通）船厂有限公司	6.31	133	0.00	0.00	2.67	3.64
	嘉兴市禾东船业有限责任公司	6.26	134	0.62	0.50	1.40	3.74
	重庆东港船舶产业有限公司	6.26	135	0.26	0.25	2.18	3.57
	福建省立新船舶工程有限公司	6.25	136	0.00	0.00	2.51	3.74
	威海东海船舶修造有限公司	6.22	137	0.00	0.00	1.39	4.83
	吉宝（南通）重工有限公司	6.14	138	0.00	0.00	2.51	3.64
	福建省白马船厂	5.94	139	0.00	0.00	2.41	3.53
	浙江金港船业股份有限公司	5.90	140	0.00	0.00	0.97	4.93
	福建省平潭雄鹰船厂有限公司	5.89	141	0.00	0.00	2.09	3.80
	天津新港船务工程有限公司	5.83	142	0.00	0.00	2.03	3.80
	浙江东鹏船舶修造有限公司	5.83	143	0.83	1.25	0.49	3.26

	企业名称	总指数	排名	数量指数	质量指数	基础指数	有效指数
D	鄂州市光大造船股份有限公司	5.68	144	0.00	0.00	2.08	3.60
	江苏华滋能源工程有限公司	5.47	145	1.03	1.00	0.21	3.23
	同方江新造船有限公司	5.43	146	0.00	0.00	1.87	3.57

（10）EE 级

船舶与海工装备制造企业中专利实力为 EE 级的企业包含浙江东红船业有限公司、辽宁东宝集团船舶制造有限公司、青岛致远海洋船舶重工有限公司、江苏华夏重工有限公司、武汉双柳武船重工有限责任公司、福建福宁船舶重工有限公司、广东新粤丰海洋工程装备有限公司、广州海明船舶维修服务有限公司、江苏新韩通船舶重工有限公司、浙江天时造船有限公司、广州市番禺灵山造船厂有限公司、宁波博大船业有限公司、福建国安船业有限公司、东莞市南祥造船有限公司、马鞍山天宇船舶制造有限公司、浙江宏盛造船有限公司、天津万美达船舶科技发展有限公司、台州枫叶船业有限公司、重庆中江船业有限公司、威海三进船业有限公司、浙江盘峙船舶修造有限公司、浙江正和造船有限公司、江苏润扬船业有限公司、江苏海新船务重工有限公司、江苏通洋船舶有限公司、舟山市和泰船舶修造有限公司、佛山市南海珠峰造船有限公司、长航集团宜昌船厂有限公司、宜昌发中船务有限公司、湖南长沙船舶有限公司、江西江州联合造船有限责任公司，排名依次在 147～177 位，EE 级企业 2018 年专利指数及排名如表 7-11 所示。

表 7-11　EE 级企业 2018 年专利指数及排名

	企业名称	总指数	排名	数量指数	质量指数	基础指数	有效指数
EE	浙江东红船业有限公司	5.39	147	0.00	0.00	1.76	3.64
	辽宁东宝集团船舶制造有限公司	5.20	148	0.00	0.00	1.66	3.53
	青岛致远海洋船舶重工有限公司	5.19	149	0.00	0.00	2.49	2.70
	江苏华夏重工有限公司	5.16	150	0.00	0.00	1.66	3.50
	武汉双柳武船重工有限责任公司	5.10	151	0.00	0.00	1.60	3.50
	福建福宁船舶重工有限公司	5.04	152	0.26	0.25	1.04	3.50
	广东新粤丰海洋工程装备有限公司	5.02	153	0.00	0.00	2.59	2.42
	广州海明船舶维修服务有限公司	4.90	154	0.00	0.00	1.44	3.47
	江苏新韩通船舶重工有限公司	4.76	155	0.26	0.25	2.32	1.94
	浙江天时造船有限公司	4.75	156	0.00	0.00	1.32	3.43
	广州市番禺灵山造船厂有限公司	4.68	157	0.00	0.00	2.36	2.32
	宁波博大船业有限公司	4.47	158	0.00	0.00	0.93	3.53
	福建国安船业有限公司	4.41	159	0.00	0.00	0.88	3.53
	东莞市南祥造船有限公司	4.26	160	0.00	0.00	0.86	3.40

	企业名称	总指数	排名	数量指数	质量指数	基础指数	有效指数
	马鞍山天宇船舶制造有限公司	4.06	161	0.00	0.00	0.83	3.23
	浙江宏盛造船有限公司	4.02	162	0.00	0.00	0.69	3.33
	天津万美达船舶科技发展有限公司	3.88	163	0.00	0.00	0.42	3.47
	台州枫叶船业有限公司	3.87	164	0.42	0.25	0.99	2.22
	重庆中江船业有限公司	3.86	165	0.00	0.00	0.49	3.37
	威海三进船业有限公司	3.80	166	0.00	0.00	0.46	3.33
	浙江盎峙船舶修造有限公司	3.60	167	0.00	0.00	0.33	3.26
EE	浙江正和造船有限公司	3.59	168	0.00	0.00	3.59	0.00
	江苏润扬船业有限公司	3.57	169	0.00	0.00	0.73	2.83
	江苏海新船务重工有限公司	3.55	170	0.00	0.00	0.31	3.23
	江苏通洋船舶有限公司	3.50	171	0.00	0.00	0.23	3.26
	舟山市和泰船舶修造有限公司	3.30	172	0.00	0.00	0.80	2.50
	佛山市南海珠峰造船有限公司	3.25	173	0.00	0.00	1.30	1.94
	长航集团宜昌船厂有限公司	3.14	174	0.00	0.00	3.14	0.00
	宜昌发中船务有限公司	2.92	175	0.00	0.00	2.92	0.00
	湖南长沙船舶有限公司	2.58	176	0.00	0.00	0.92	1.67
	江西江州联合造船有限责任公司	2.43	177	0.00	0.00	2.43	0.00

(11)E 级

船舶与海工装备制造企业中专利实力为 E 级的企业包含浙江省海运集团舟山五洲船舶修造有限公司、宜昌新高湖造船有限公司、黄海造船有限公司、南通通州海通船舶修造有限公司、台州市东海船舶修造有限公司、广州航通船业有限公司、福建省长兴船舶重工有限公司、扬州国裕船舶制造有限公司、台州市园山船务工程有限公司、九江翔升造船有限公司、杭州千岛湖造船有限公司、泰州中航船舶重工有限公司、九江银星造船股份有限公司、广东锐新船舶工程有限公司、中兴海陆工程有限公司、舜天造船(扬州)有限公司、武汉南华黄冈江北造船有限公司、上海江南造船厂有限公司、江苏奕淳船舶重工有限公司、岱山县高亭船厂、福建华东船厂有限公司、中山利德丰造船有限公司、中船广西船舶及海洋工程有限公司、舟山市海晨船务工程有限责任公司、大连松辽船厂、STX(大连)造船有限公司、安徽省枞阳县泰航船舶有限公司、舟山隆昇船业有限公司、扬州龙和造船有限公司、南京蓝昇船舶修造有限公司、江苏省无锡船厂有限公司,排名依次在 178~208 位,E 级企业 2018 年专利指数及排名如表 7-12 所示。可以看出 E 级的大部分企业数量指数、质量指数、有效指数均为0,说明这部分企业基本上已经退出知识产权保护的行列,当前指数仅代表其以往申请的专利所处的历史水平。当然,还有一部分企业,由于刚刚开始知识产权保护的道路,初始水平也较低,但随着后续的发展,相应等级也会随之发生变化。

表 7 – 12 E 级企业 2018 年专利指数及排名

	企业名称	总指数	排名	数量指数	质量指数	基础指数	有效指数
	浙江省海运集团舟山五洲船舶修造有限公司	2.14	178	0.00	0.00	2.14	0.00
	宜昌新高湖造船有限公司	2.10	179	0.00	0.00	0.80	1.30
	黄海造船有限公司	2.09	180	0.00	0.00	2.09	0.00
	南通通州海通船舶修造有限公司	1.90	181	0.00	0.00	1.90	0.00
	台州市东海船舶修造有限公司	1.84	182	0.00	0.00	1.84	0.00
	广州航通船业有限公司	1.66	183	0.00	0.00	0.56	1.10
	福建省长兴船舶重工有限公司	1.63	184	0.00	0.00	1.63	0.00
	扬州国裕船舶制造有限公司	1.63	185	0.00	0.00	1.63	0.00
	台州市园山船务工程有限公司	1.32	186	0.00	0.00	1.32	0.00
	九江翔升造船有限公司	1.31	187	0.00	0.00	1.31	0.00
	杭州千岛湖造船有限公司	1.13	188	0.00	0.00	0.57	0.57
	泰州中航船舶重工有限公司	1.10	189	0.00	0.00	1.10	0.00
	九江银星造船股份有限公司	1.08	190	0.00	0.00	1.08	0.00
	广东锐新船舶工程有限公司	1.08	191	0.00	0.00	1.08	0.00
	中兴海陆工程有限公司	1.02	192	0.77	0.25	0.00	0.00
E	舜天造船(扬州)有限公司	0.98	193	0.00	0.00	0.98	0.00
	武汉南华黄冈江北造船有限公司	0.85	194	0.00	0.00	0.85	0.00
	上海江南造船厂有限公司	0.77	195	0.26	0.25	0.26	0.00
	江苏奕淳船舶重工有限公司	0.64	196	0.00	0.00	0.64	0.00
	岱山县高亭船厂	0.64	197	0.00	0.00	0.64	0.00
	福建华东船厂有限公司	0.63	198	0.00	0.00	0.63	0.00
	中山利德丰造船有限公司	0.51	199	0.00	0.00	0.51	0.00
	中船广西船舶及海洋工程有限公司	0.51	200	0.26	0.25	0.00	0.00
	舟山市海晨船务工程有限责任公司	0.47	201	0.00	0.00	0.47	0.00
	大连松辽船厂	0.47	202	0.00	0.00	0.47	0.00
	STX(大连)造船有限公司	0.45	203	0.00	0.00	0.45	0.00
	安徽省枞阳县泰航船舶有限公司	0.44	204	0.00	0.00	0.44	0.00
	舟山隆昇船业有限公司	0.35	205	0.00	0.00	0.35	0.00
	扬州龙和造船有限公司	0.34	206	0.00	0.00	0.34	0.00
	南京蓝昇船舶修造有限公司	0.28	207	0.00	0.00	0.28	0.00
	江苏省无锡船厂有限公司	0.24	208	0.00	0.00	0.24	0.00

3. 不同专利实力等级企业地区分布情况

根据上述企业专利实力等级划分标准,确定所考察的每家企业等级情况,并映射到地区,可以得到不同专利实力等级企业的地区分布情况,如表 7-13 所示。通过分析可以得出以下结论:

(1)上海的企业数量虽不占优势,但是大部分企业专利实力等级较高,创新水平较好,6家企业等级在 A 等及以上,其中 AAA 级、AA 级、A 级企业各 2 家;另有 BB 级、B 级企业各 1 家,专利指数排名均在全国前 30% 以内,名列前茅;仅有 2 家企业分别位于 C 级和 E 级。

(2)广东企业的专利实力等级呈现两头多,中间少的特点,即专利实力等级较强的企业和较弱的企业数量多,而中等水平的企业数量少。B 等及以上企业有 9 家,其中 AAA 级企业有 2 家,AA 级、A 级企业各 1 家,BB 级企业 4 家、B 级企业 1 家;C 等企业 6 家,CC 级、C 级企业各 3 家;D 等、E 等企业共 10 家,其中 DD 级企业 1 家,EE 级企业 5 家,E 级企业 4 家,专利实力水平最弱的企业数量偏多。

(3)江苏企业数量众多,在所有考察省市中体量最大,但是还没有 AAA 级企业,这和江苏“造船大省”的地位不相匹配。少部分企业专利实力等级较强,A 等企业有 5 家,其中,AA 级企业有 1 家,A 级企业有 4 家,A 等企业约占其企业总量的 10%;B 等企业有 9 家,其中 BB 级企业 5 家,B 级企业 4 家;大部分企业分布于 C 等、D 等、E 等,数量分别是 16 家、9 家、13 家,说明江苏大部分企业的专利实力位于中等偏下水平。

(4)辽宁企业在不同实力等级上分布较为均衡。B 等及以上企业有 6 家,占其企业总量的 50%,其中 A 等企业 2 家,AA 级、A 级企业各 1 家;B 等企业 4 家,BB 级、B 级企业各 2 家。C 等、D 等、E 等企业中包含 CC 级企业 2 家,D 级企业 1 家,EE 级企业 1 家,E 级企业 2 家。

(5)山东情况与江苏类似,少部分企业专利实力水平较强,大部分企业专利实力位于中等偏下水平。B 等及以上企业有 5 家,其中 A 等企业只有 1 家,等级为 A 级;BB 级、B 级企业各 2 家。C 等、D 等、E 等企业数量分别为 3 家、7 家、3 家,以 D 等居多,其中 C 等包含 CC 级企业 2 家,C 级企业 1 家;D 等企业包含 DD 级企业 6 家,D 级企业 1 家;E 等企业包含 EE 级企业 2 家和 E 级企业 1 家。

(6)浙江虽然企业数量在考察地区中排名第二,但没有 A 等企业,并且 D 等、E 等企业数量规模在所有考察地区中最大,说明浙江大部分企业专利发展水平不高。实力等级在 B 等的企业有 6 家,约占企业总量的 16%,其中 BB 级、B 级企业各 3 家。C 等企业 6 家,包含 CC 级、C 级企业各 3 家。D 等、E 等企业数量分别为 10 家、15 家。

(7)湖北企业专利实力等级主要分布在 A 等、D 等及 E 等。湖北企业数量不多,但是 A 等企业有 2 家,占其企业总量的 20%,其中 AA 级、A 级企业各 1 家,均为优势企业。B 等企业空缺。C 级企业为 1 家。D 等企业有 2 家,包含 DD 级、D 级企业各 1 家。E 等企业有 5 家,包含 EE 级企业 3 家、E 级企业 2 家。

(8)安徽约一半的企业专利实力水平较强,其余企业分布在中下等。A 等企业空缺。B 等企业有 4 家,包含 BB 级、B 级各 2 家。CC 级、DD 级、D 级、EE 级、E 级企业均为 1 家。

(9)福建少部分企业专利实力水平较高,大部分分布在 D 等、E 等。B 等及以上企业包含 A 级、BB 级、B 级企业各 1 家,约占其企业总量的 21%。C 等企业只包含 C 级企业 2 家。D 等、E 等企业数量分别为 5 家、4 家。

（10）天津企业数量较少，包含 B 等企业有 2 家，C 等、D 等、E 等企业各 1 家。企业专利实力等级分布在 BB 级、B 级、CC 级、D 级及 EE 级。

（11）广西有 3 家企业分布在中等偏上水平，包含 B 级、CC 级、C 级企业各 1 家。E 级企业 1 家。

（12）重庆包含 B 级、D 级、EE 级企业各 1 家。

（13）河北包含 B 级、DD 级企业各 1 家。

（14）湖南包含 C 级、EE 级企业各 1 家。

（15）江西企业全部分布在 D 等、E 等，包含 DD 级、D 级、EE 级企业各 1 家，E 级企业 2 家。

通过上述分析可知，专利实力水平最强的 4 家企业，上海和广东各占两家，二者"平分秋色"。AA 级企业在上海有 2 家，辽宁、江苏、湖北、广东各 1 家。江苏 2018 年地区专利指数排名第三，而企业数量众多，但还没有 AAA 级企业，这和江苏"造船大省"的地位不相匹配，江苏企业专利实力水平在 B 等、C 等所占规模最大，分别有 9 家、16 家。专利实力最弱（E 等）的企业主要分布于浙江、江苏、广东三省，数量分别为 15 家、13 家、9 家。江苏、浙江专利实力等级较低的企业数量较多，原因可能是民营、中小企业比重较大，研发投入不足，并且有相对较多的企业破产、倒闭、重组，间接导致这些企业的专利实力水平持续下降。

表 7-13　不同专利实力等级企业的地区分布情况

地区	不同实力等级企业数量										
	AAA	AA	A	BB	B	CC	C	DD	D	EE	E
上海	2	2	2	1	1	0	1	0	0	0	1
广东	2	1	1	4	1	3	3	1	0	5	4
江苏	0	1	4	5	4	8	8	4	5	5	8
辽宁	0	1	1	2	2	2	0	0	1	1	2
山东	0	0	1	2	2	2	1	6	1	2	1
浙江	0	0	0	3	3	3	3	5	5	8	7
湖北	0	1	1	0	0	0	1	1	1	3	2
安徽	0	0	0	2	2	1	0	1	1	1	1
福建	0	0	1	1	1	0	2	1	4	2	2
天津	0	0	0	1	1	1	0	0	1	1	0
广西	0	0	0	0	1	1	1	0	0	0	1
重庆	0	0	0	0	1	0	0	0	1	1	0
河北	0	0	0	0	1	0	0	1	0	0	0
湖南	0	0	0	0	0	0	1	0	0	1	0
江西	0	0	0	0	0	0	0	1	1	1	2

第二节 2018 年排名在前十位的企业专利指数发展比较

由于统计到的企业数量很多,无法逐一分析,本节仅对 2018 年专利指数排名在前十位的企业的专利指数及各分项指数的发展情况进行比较,可以了解最优秀企业专利水平发展情况。

根据前文对船舶与海工装备制造业专利发展情况的分析,比较时间区间选择 2010—2018 年。

1. 2018 年排名在前十位的企业专利指数发展比较

图 7-1 为 2018 年专利指数排名在前十位的企业在 2010—2018 年间专利指数发展比较。总体来看,排名在前十位的企业在 2010 年左右专利指数相差不多,专利实力水平相差不大,后续随着一些企业发展较快,逐渐走在本行业专利发展的前列,处于行业领先地位,企业之间的差距也随之加大。具体来看,上海振华重工(集团)股份有限公司的专利实力水平在当前我国船舶与海工装备制造企业中最强,专利指数发展最快,上升趋势最明显,自 2010 年以后一直保持在第一的位置;广船国际有限公司 2014 年之前增长相对平缓,而 2014 年以后排名上升较快,迅速跻身前三,专利指数水平逐步赶超排名靠前的企业;沪东中华造船(集团)有限公司专利指数发展相对快速且平稳,2010—2018 年间一直保持在前三名以内;中船黄埔文冲船舶有限公司专利指数增长势头也较为显著,2016 年开始排名进入前四位;上海外高桥造船有限公司专利指数仅在 2015 年出现过一次较快增长,整体上增长相对缓慢,在第五名上下波动;大连船舶重工集团有限公司起点较高,2010 年专利指数排在第一位,之后虽然被超越但也保持在第二名的位置,而 2015 年之后专利指数增长明显趋缓且有逐渐下降趋势,同时被其他发展较快的企业不断赶超;江南造船(集团)有限责任公司专利指数发展势头也较好,在排名靠后的几家企业中逐渐脱颖而出,专利指数水平逐渐赶超上海外高桥造船有限公司;中船澄西船舶修造有限公司、武昌船舶重工集团有限公司两家企业在专利指数总体水平上看,实力相差不大,二者增长趋势相似,都呈现出增长趋缓趋势;广州文冲船厂有限责任公司专利指数增长呈上升趋势,排名已经上升至第七名。

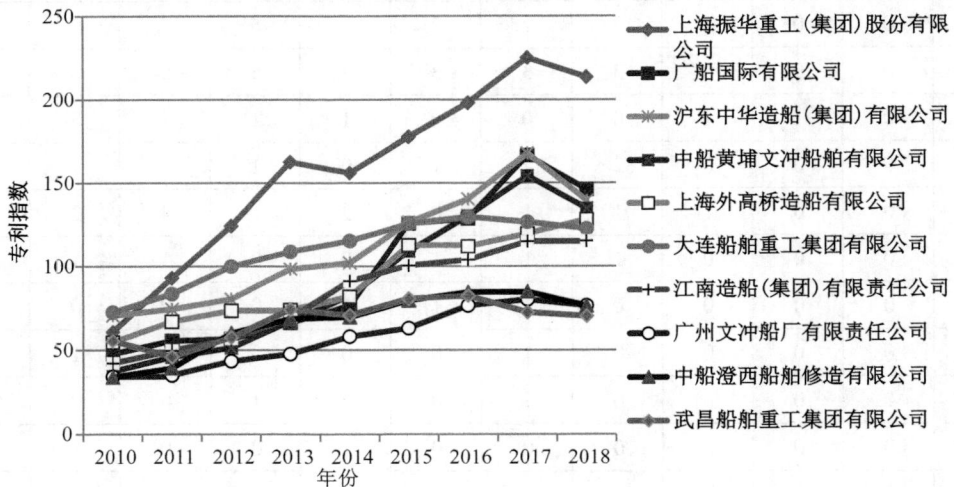

图 7-1 2018 年排名在前十位的企业在 2010—2018 年间专利指数发展比较

2. 2018 年排名在前十位的企业数量指数发展比较

图 7－2 为 2018 年专利指数排名在前十位的企业在 2010—2018 年间数量指数发展比较,通过比较可以看出上述企业在每年的技术创新产出规模上水平的高低,及其技术创新的活跃程度。总体来看,每年的技术创新规模增长相对较快的企业仍集中分布在排名前五的企业,这些企业数量指数明显高于其他企业。具体来看,2014 年之前,上海振华重工(集团)股份有限公司的数量指数增长水平明显高于其他企业,2014 年以后广船国际有限公司、中船黄埔文冲船舶有限公司技术创新活跃,数量指数增长迅速,已经在技术产出规模上逐步赶超上海振华重工(集团)股份有限公司,并且广船国际有限公司数量指数在 2017 年创新高,接近 60;沪东中华造船(集团)有限公司在数量指数上增长也较快;上海外高桥造船有限公司数量指数在 2015 年水平较高,但随后呈现下降趋势;大连船舶重工集团有限公司数量指数在 2010 年排名在第一位,在 2014 年前技术产出规模水平基本保持稳定,技术创新活跃程度也好于大多数企业,但在 2014 年后,数量指数及排名均有所下降;江南造船(集团)有限责任公司在数量指数发展上也呈现出先增长后下降的趋势;广州文冲船厂有限责任公司数量指数保持增长趋势,技术创新在近几年也较为活跃;中船澄西船舶修造有限公司数量指数在 2012 年增长较快,近年来保持稳定;武昌船舶重工集团有限公司近年来数量指数有所下降。

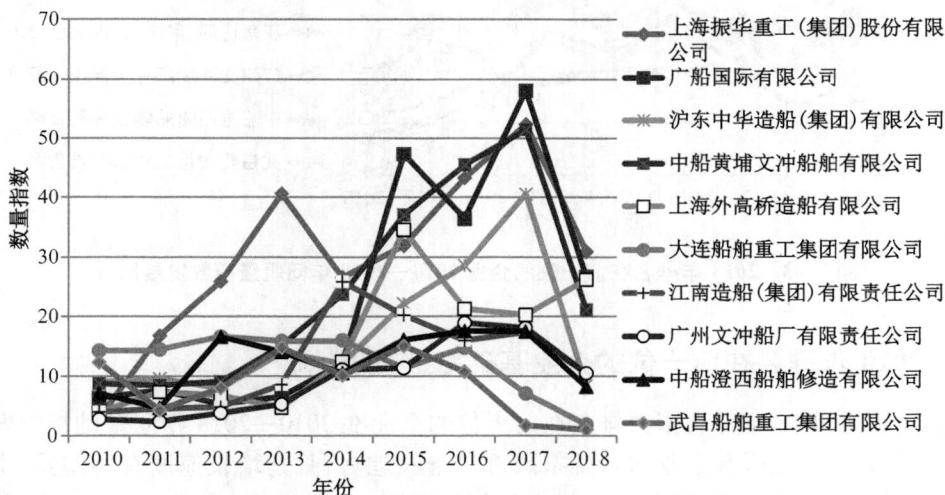

图 7－2　2018 年排名在前十位的企业在 2010—2018 年间数量指数发展比较

3. 2018 年排名在前十位的企业质量指数发展比较

图 7－3 为 2018 年专利指数排名在前十位的企业在 2010—2018 年间质量指数发展比较,通过比较可以看出上述企业每年的技术创新质量水平的高低。从数值上来看,质量指数总体呈下降趋势,这是由于反映质量指数的数据具有"滞后性"所引起的,即专利的质量需要经过市场和时间的双重检验,无法在产出当年准确判定,而当前能客观表征专利质量的指标大多是"后验指标"(如"专利被引用次数"这一指标,越早授权的专利被引用的次数可能越多),导致后期质量指数低于前期质量指数,因此,对于质量指数的考察应该按时间

段来分析,同时间段内质量指数的比较更有意义。第一阶段:2010—2013 年间,上海振华重工(集团)股份有限公司在专利质量水平上表现最好,质量指数增长最快,2011 年开始明显高于本行业的其他企业;其次是大连船舶重工集团有限公司,质量指数也一直维持较高水平;武昌船舶重工集团有限公司质量指数在 2010 年水平较高,2011 年下降后有所回升;其余企业质量指数基本在 5~20 的区间内波动。第二阶段:2014—2015 年,可以看到,2015 年较 2014 年的质量指数大多企业都是上升的,少数企业呈略微下降趋势,而在质量指数的排名上,广船国际有限公司上升较快,质量指数增幅也较大。第三阶段:2016—2017 年(2018 年数据公开不完全,暂不进行纵向比较),总体上,质量指数水平上的差距在逐渐缩小。上海振华重工(集团)股份有限公司、中船黄埔文冲船舶有限公司质量指数较 2016 年基本保持稳定;广船国际有限公司、沪东中华造船(集团)有限公司质量指数较 2016 年有所上升,其余企业均有不同程度的下降。

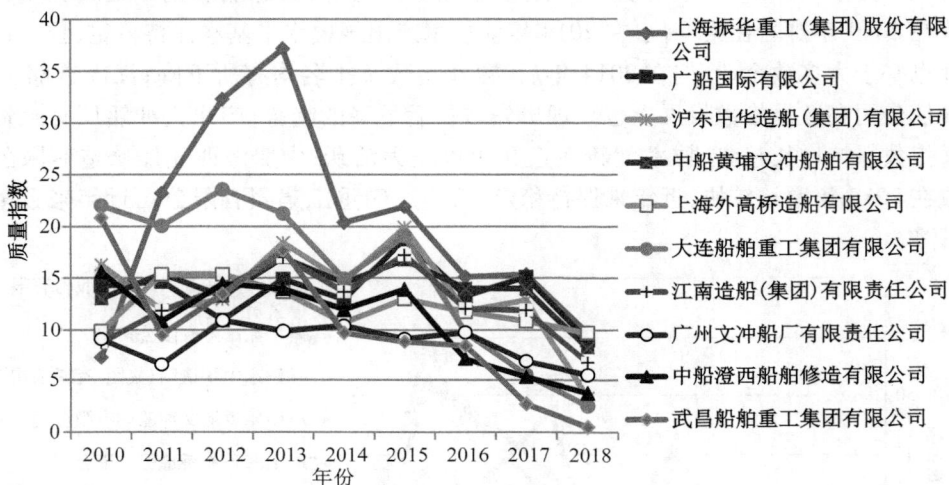

图 7 - 3　2018 年排名在前十位的企业 2010—2018 年间质量指数发展比较

4. 2018 年排名在前十位的企业基础指数发展比较

图 7 - 4 为 2018 年专利指数排名在前十位的企业在 2010—2018 年间基础指数发展比较,可以看出,基本上所有企业的基础指数都呈增长趋势,只是增长速度有所差异,说明这些企业经过多年的发展,已经积累了相应的创新资源,研发基础水平也越来越高。随着我国的专利事业经历了从无到有、从建立到成熟的发展历程,我国船海企业的专利技术也进入快速积累期。从研发基础水平来看,上海振华重工(集团)股份有限公司的基础指数仍然排在第一位,并且增长速度较快,优势愈加明显;其次为大连船舶重工集团有限公司,基础指数也一直表现较好,由 2010 年 23 增长至 2018 年 83,但已有被其他企业超越的可能;沪东中华造船(集团)有限公司 2015 年开始,基础指数增速加快,2018 年已上升至第二名的位置;同样近年来基础指数加速增长的有广船国际有限公司、上海外高桥造船有限公司、江南造船(集团)有限责任公司等;而基础指数增速趋缓的有中船澄西船舶修造有限公司、武昌船舶重工集团有限公司。

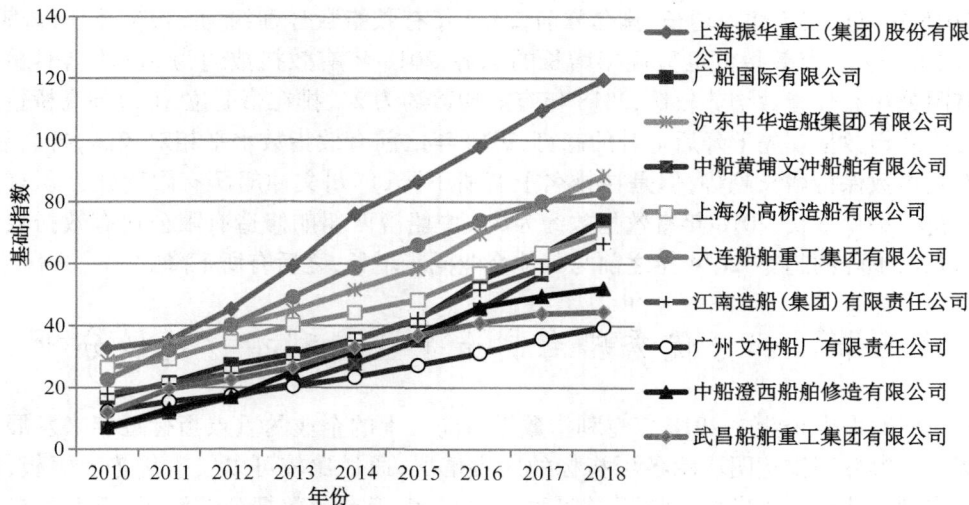

图7-4　2018年排名在前十位的企业在2010—2018年间基础指数发展比较

5. 2018年排名在前十位的企业有效指数发展比较

图7-5为2018年专利指数排名在前十位的企业在2010—2018年间有效指数发展比较,通过比较可以看出上述企业每年的存量专利中实际有效专利水平变化情况。总体而言,大部分企业有效指数呈逐年上升趋势,少数企业有效指数近年来有所下降。具体来看,上海振华重工(集团)股份有限公司的有效指数仍然增长最快,说明其存量专利质量较好,维持水平较高,2018年有效指数约达到53;大连船舶重工集团有限公司在2016年之前,有效指数水平相对较高,近两年逐渐被其他企业赶超;沪东中华造船(集团)有限公司与大连船舶重工集团有限公司相差不大,近两年有效指数增长加快,2018年有效指数约为39,排名在第二位;中船黄埔文冲船舶有限公司与广船国际有限公司有效指数增长趋势基本相似,

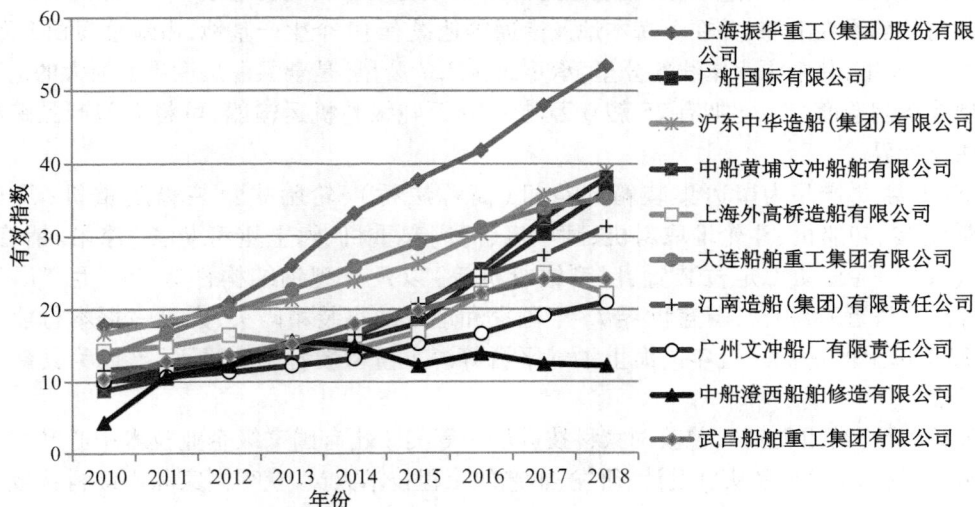

图7-5　2018年排名在前十位的企业在2010—2018年间有效指数发展比较

均在 2015 年以后实现快速增长,排名靠前,2018 年有效指数分别约为 38、36;江南造船(集团)有限责任公司有效指数也呈逐年增长的态势,2018 年有效指数约为 31;武昌船舶重工集团有限公司有效指数增势较缓,2018 年有效指数约为 24,排在第七位;上海外高桥造船有限公司有效指数呈现先下降后上升的态势,2014 年之前有效指数水平相对较高,排名靠前,之后有效指数保持增长趋势,但是在排名上有所下降;广州文冲船厂有限责任公司有效指数保持持续平稳增长,2018 年有效指数约为 21;中船澄西船舶修造有限公司有效指数呈现出先增长后下降的趋势,2014 年之前与其他企业同步增长,之后有所下降。

第三节　部分优秀船海制造企业专利指标发展分析

本节将对考察企业中 2018 年专利指数排名前二十的企业的重点指标近年来发展情况进行逐一考察并用雷达图展示各项指标的发展情况,通过比较可以发现优势及短板,促进企业的专利事业进一步发展。需要说明两点,一是由于专利数据公开滞后,近两年专利数据会低于实际数量,当前结果仅供参考;二是由于发明专利数据从申请到授权时间较长,部分发明专利在收集数据的时间点上仍处于审查中状态,分析发明专利指标时则重点关注发明专利申请数量指标的变化。本节中涉及的关于企业情况介绍的资料主要来源于各企业的官方网站。

1. 上海振华重工(集团)股份有限公司

上海振华重工(集团)股份有限公司(曾用名:上海振华港口机械(集团)股份有限公司,简称 ZPMC)是重型装备制造行业的知名企业,为国有控股 A、B 股上市公司,控股方为世界 500 强之一的中国交通建设股份有限公司。公司前身是成立于 1885 年的公茂船厂,历经百余年的发展,于 2009 年正式更名为振华重工。近年来,振华重工谋求转型升级,进军海工市场,在海工领域创新能力不断提升,同时依托港口机械制造与海工重型装备的研发制造能力,全面进入船舶制造领域,在造船与海工领域逐渐占据重要地位。

公司总部设在上海,并在上海本地及南通等地设有 10 个生产基地,占地总面积 1 万亩,总岸线 10 公里,其中深水岸线 5 公里,承重码头 3.7 公里,是全国也是世界上最大的港口机械重型装备制造商。公司拥有 25 艘 6 万吨 ~ 10 万吨级整机运输船,可将大型产品跨海越洋运往全世界。

ZPMC 主要产品为岸边集装箱起重机(简称岸桥)、轮胎式集装箱起重机(简称场桥)、散货装、卸船机、斗轮堆取料机、翻车机、门座起重机、海上重型装备(浮吊、铺管船、采油气各种平台、动力定位装置、巨型锚绞机等)以及大型钢结构件等。已生产岸桥近 1 600 台、场桥近 3 000 台,覆盖世界 73 个国家和地区的集装箱码头,产品占据本行业世界市场 75% 以上的份额。近年向海上油气平台等海上重型装备制造进军,已成为其新的经济增长点。

公司厉行"自主创新",曾获国家科技进步一等奖。建有国家级企业技术中心和博士后工作站。现有 2 600 余名从事设计、研发、工艺的工程技术人员,获得国家和市级科技成果奖 50 余项。

图 7 - 6 为 2016—2018 年上海振华重工(集团)股份有限公司主要专利指标发展情况,可以看出,新增发明申请数量、专利授权总量、有效专利数量及发明团队数量均是其增长较

快的指标。同时,优势指标数量多,呈扩散式发展,大部分指标水平较高,技术创新较为活跃,创新资源、基础较好,专利的创造与积累方面指标整体发展相对均衡。技术创新的快速增长带动了企业创新资源的积累,而企业创新资源的增长相应的促进了新的技术创新的产生,二者是相互促进、协同增长的关系。

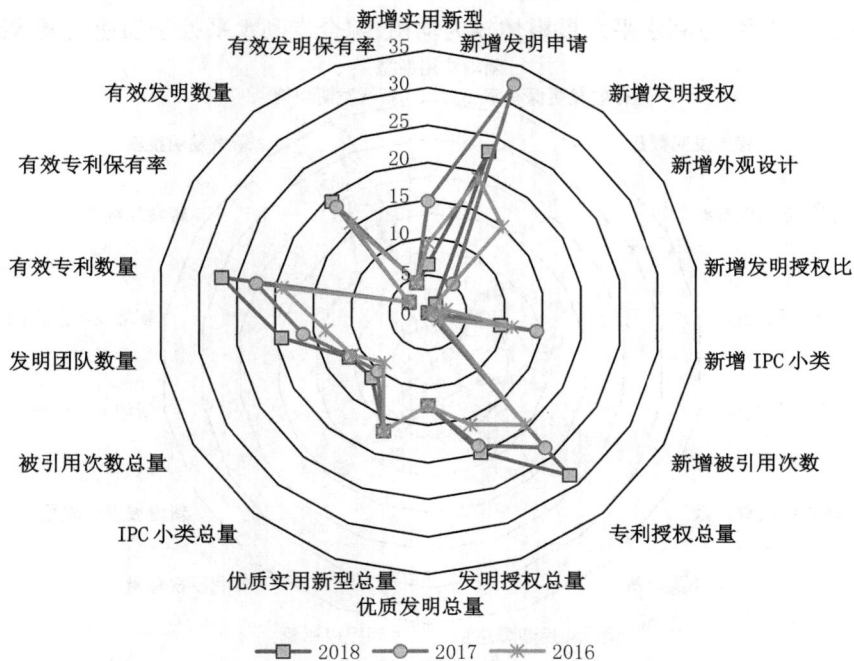

图7-6 2016—2018年上海振华重工(集团)股份有限公司主要专利指标发展情况

2. 广船国际有限公司

1914年,侨商谭礼庭在广州南石头建"广南船坞"。1954年8月1日,广州造船厂成立。1993年6月7日,经改制,广州广船国际股份有限公司成立,同年在香港和上海上市,是中国第一家造船上市公司。2014年收购广州中船龙穴造船有限公司。2015年5月,公司更名为广船国际有限公司。

广船国际有限公司是中国船舶集团有限公司属下的现代化造船企业,由中船集团控股的中船海洋与防务装备股份有限公司全资拥有;是中国制造业500强,广东省50家重点装备制造企业,享有自营进出口权;是国家高新技术企业,拥有国家级企业技术中心,是华南地区最大最强的军辅船生产和保障基地,可设计符合世界各主要船级社规范要求的40万载重吨以下的各类船舶。公司年造船能力达到350万载重吨,在MR、AFRA、VLCC、VLOC型船舶,以及半潜船,客滚船,极地运输船等高技术、高附加值船舶和军辅船、特种船等船型方面掌握核心技术。

公司造船和海洋工程业务生产基地分为荔湾、南沙两大厂区。荔湾厂区坐落于广州市白鹅潭经济圈,拥有2座5万吨级船台、1座3万吨级船台和1座6万吨级船坞,码头岸线约1 600米;南沙厂区坐落于国家级自由贸易区龙穴岛,毗邻香港和澳门。工厂占地253万平方米,配置 30 万吨级以上造船干坞 2 座,4 台 600 吨龙门吊、5 个超大型船舶泊位,拟新增置 900 吨龙门吊 1 台,2 座 5 万吨级造船平台。

图 7 - 7 为 2016—2018 年广船国际有限公司主要专利指标发展情况,可以看出,新增发明申请数量、新增发明授权数量、专利授权总量、发明授权总量、有效专利数量是其增长较快的指标,目前来看,其创新产出指标的增势快于创新资源积累指标的增长速度,技术创新活跃,优势指标较多,专利水平发展整体较为均衡,综合专利水平处于加速发展状态。

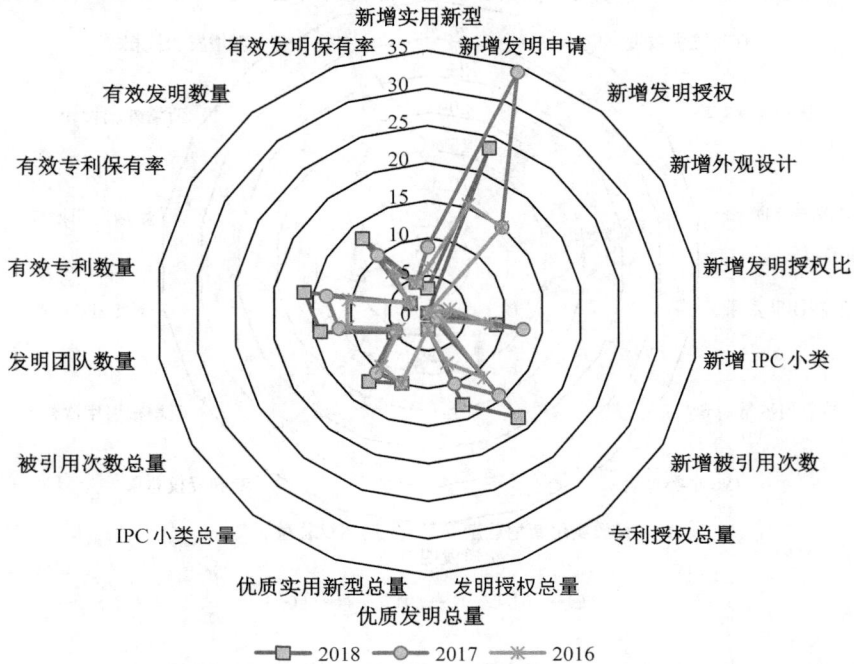

图 7 - 7　2016—2018 年广船国际有限公司主要专利指标发展情况

3. 沪东中华造船(集团)有限公司

沪东中华造船(集团)有限公司(简称沪东中华)是中国船舶集团有限公司旗下的骨干核心企业,是集合造船、海洋工程、非船三大业务板块为一体的综合性产业集团,主要生产区域分布在上海的浦东、浦西、长兴岛和崇明岛。

公司总部位于上海浦东新区,主要生产区域分布在上海东部的黄浦江两岸,占地面积 135 万平方米,码头岸线 2 800 米;拥有 360 米×92 米大型干船坞 1 座,700 吨龙门吊 2 台,12 万吨级浮船坞、12 万吨级和 7 万吨级船台各 1 座,2 万吨级以下船台 3 座。公司具有雄厚的船舶开发、设计、和建造实力,产品以军用舰船、大型 LNG 船、超大型集装箱船、海洋工程及特种船为主。

图 7 - 8 为 2016—2018 年沪东中华造船(集团)有限公司主要专利指标发展情况,可以看出,该企业 2017 年新增发明专利申请数量指标增长迅速,新增 IPC 小类数量指标也有小幅增长;基础指数、有效指数等指标基本呈逐年增长态势,专利授权总量、发明团队数量、有效专利数量是其增长较快的指标。总体上,该企业技术创新较为活跃,创新资源及基础也较好,专利水平整体发展相对均衡。

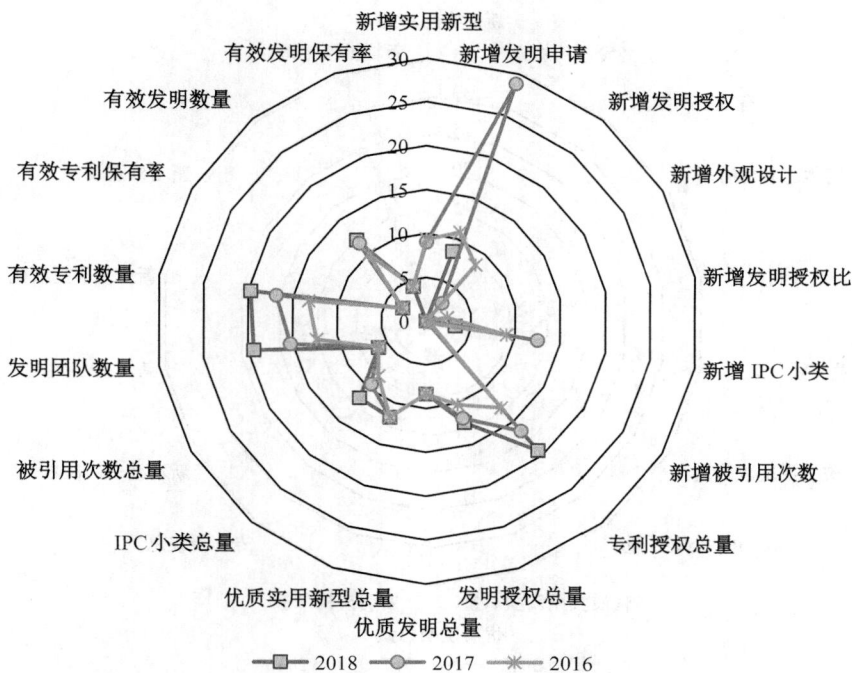

图 7-8　2016—2018 年沪东中华造船（集团）有限公司主要专利指标发展情况

4. 中船黄埔文冲船舶有限公司

中船黄埔文冲船舶有限公司是中国船舶集团有限公司属下大型造船企业，由原广州中船黄埔造船有限公司和广州文冲船厂有限责任公司组成，是华南地区军用舰船、特种工程船和海洋工程的主要建造基地，也是目前中国疏浚工程船和支线集装箱船最大最强生产基地。

公司现有三个厂区。其中，长洲厂区位于广州东南部的长洲岛，毗邻广州大学城和举世闻名的黄埔军校，占地近 70 万平方米，岸线长 3 000 米，码头长 900 米，具备 3 万吨级船舶的建造能力，主要产品有军用舰船、各类公务船、海洋救助船以及平台供应船等。
文冲厂区位于广州市黄埔区，邻近黄埔港，占地面积 70 万平方米，码头岸线 1 500 多米，拥有 2.5 万吨级船台一座、2.5 万吨级、7 万吨级和 15 万吨级船坞各一座，具备 5 600 TEU 以下支线集装箱船和 7 万吨级以下船舶建造能力，同时具备制造、安装各种大型金属结构件工程、成套机电设备的能力，主要产品有 1 700 TEU 浅吃水集装箱、2 200 TEU 集装箱船、2500TEU 集装箱船、多种型号的大中型挖泥船等。

龙穴厂区位于广州市南沙区龙穴岛，邻近香港、澳门，拥有 10 万吨船坞 1 座、600 吨、900 吨龙门吊以及海洋平台生产线等先进设施设备，具备 10 万吨级船舶以及海洋工程装备的建造能力，主要产品有 76 000 吨、65 000 吨、57 000 吨等各类散货船以及 5 万吨半潜船、3 000 米深水工程勘察船、3 000 米水下工程作业支持船、铺管船等海洋工程船舶。

图 7-9 为 2016—2018 年中船黄埔文冲船舶有限公司主要专利指标发展情况，可以看出，该企业 2017 年新增发明申请数量指标增长迅速，新增实用新型专利数量增长也较快；专利授权总量、发明团队数量、有效专利数量呈逐年增长态势。技术创新活跃度较好，专利水平整体发展相对均衡。

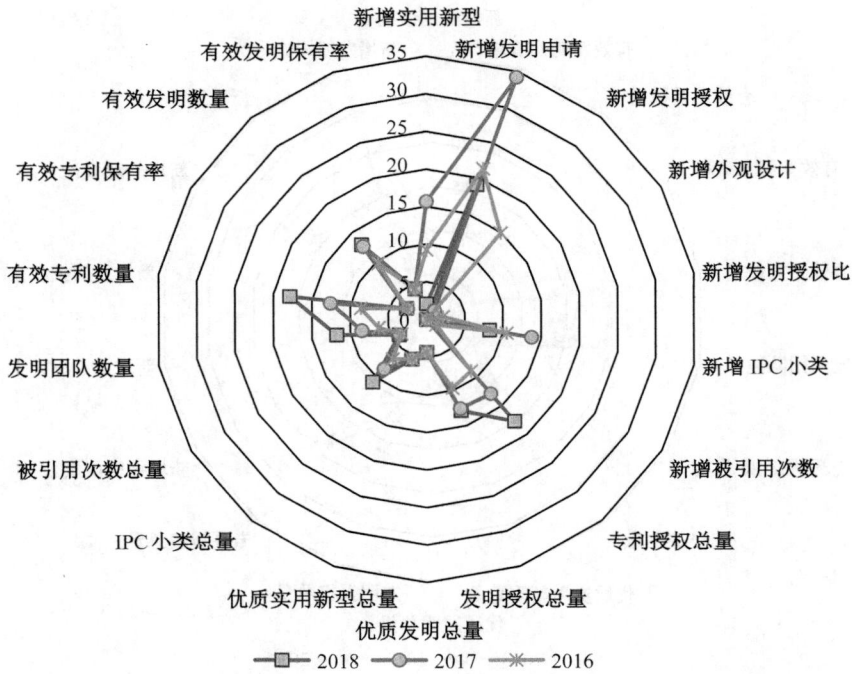

图 7-9 2016—2018 年中船黄埔文冲船舶有限公司主要专利指标发展情况

5．上海外高桥造船有限公司

上海外高桥造船有限公司成立于 1999 年,是中国船舶集团有限公司旗下的上市公司中国船舶工业股份有限公司的控股公司。公司全资拥有上海外高桥造船海洋工程有限公司、控股上海外高桥造船海洋工程设计有限公司、参股中船邮轮科技发展有限公司。发展至今,公司已成为业内最具规模化、现代化、专业化和影响力的造船企业之一。公司累计承建并交付的好望角型散货船占全球好望角散货船船队比重的 16%,是中国船舶出口"第一品牌";30 万吨级超大型油轮 VLCC 累计交付量占全球 VLCC 船队的 9%;公司建造并交付了世界上最大的第二代超大型 40 万吨矿砂船,18 000TEU、20 000 TEU 超大型集装箱船和 8.3 万、8.5 万立方米大型液化气运输船,15.8 万吨苏伊士型油轮和 10.9 万吨冰区加强型阿芙拉型油轮等。

在海工装备领域,公司承建并交付的产品有海上浮式生产储油轮(FPSO)、深水半潜式钻井平台、自升式钻井平台(Jack-up)、海工辅助船(PSV)等。截至 2019 年上半年,公司累计交付的各类船舶、海工产品超过 450 艘(座)。根据中船集团的统一部署,公司已全面开展国内首制大型邮轮的设计和建造。

图 7-10 为 2016—2018 年上海外高桥造船有限公司主要专利指标发展情况,可以看出,该企业 2018 年新增发明申请数量指标增长迅速,较前两年水平进一步提高,创新活力较好,2016—2017 年技术创新产出指标基本保持稳定;专利授权总量、发明团队数量指标呈逐年增长趋势,优势指标较多,优质实用新型专利总量、IPC 小类总量指标水平也较高,专利水平整体发展相对均衡。

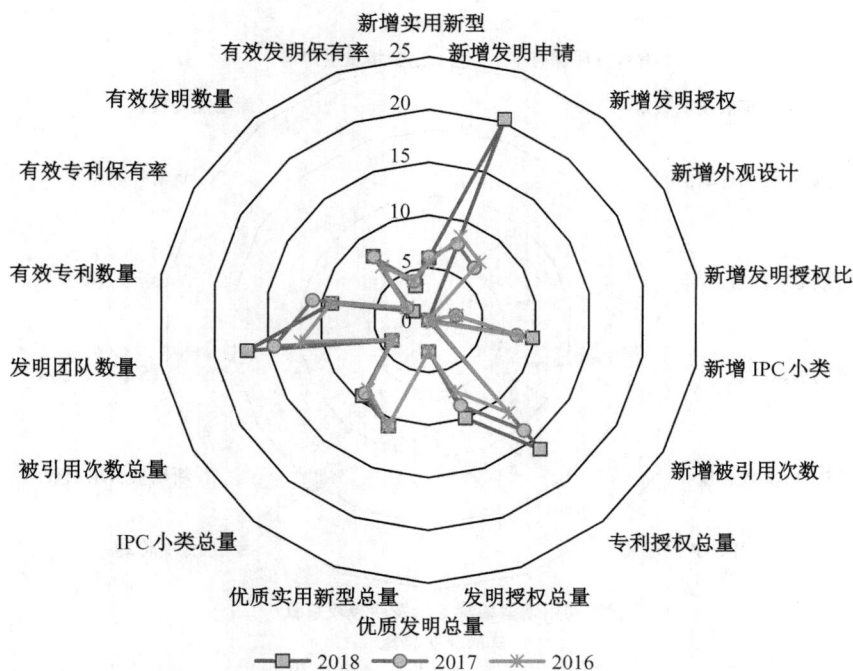

图7-10　2016—2018年上海外高桥造船有限公司主要专利指标发展情况

6. 大连船舶重工集团有限公司

大连船舶重工集团有限公司(简称大船集团)隶属中国船舶集团有限公司,前身为"中东铁路公司轮船修理工场"和"中东铁路公司造船工场",始建于1898年6月10日。2005年12月9日,原大船重工和原新船重工按照"优势互补,资源共享,降本增效,做强做大"的十六字方针进行整合重组,成立大连船舶重工集团有限公司。

大船集团为国内领先、国际知名的船舶与海洋装备制造企业,也是军民融合型的国家重点保军企业,是国内有能力提供产品研发、设计、建造、维修、改装等全寿命周期服务的船舶企业集团,也是国内汇聚军工、造船、海洋工程装备、修/拆船、重工等五大业务板块的装备制造企业集团。

大船集团按照"一总部、三基地"的总体布局,以大连为总部,拥有大连、葫芦岛和山海关三个生产建造基地,并拥有海洋工程装备建造基地、装备制造基地、渔轮和工程船建造基地等专业化产业基地以及钢材加工、舱口盖制作、舾装件制作、船用吊机、甲板机械等装备的专业化配套基地。

图7-11为2016—2018年大连船舶重工集团有限公司主要专利指标发展情况,可以看出,优势指标有专利授权总量、优质实用新型专利总量、发明团队数量、有效专利数量,创新资源及研发基础类指标水平较高,但2017—2018年创新产出相关指标较2016年略有下降。

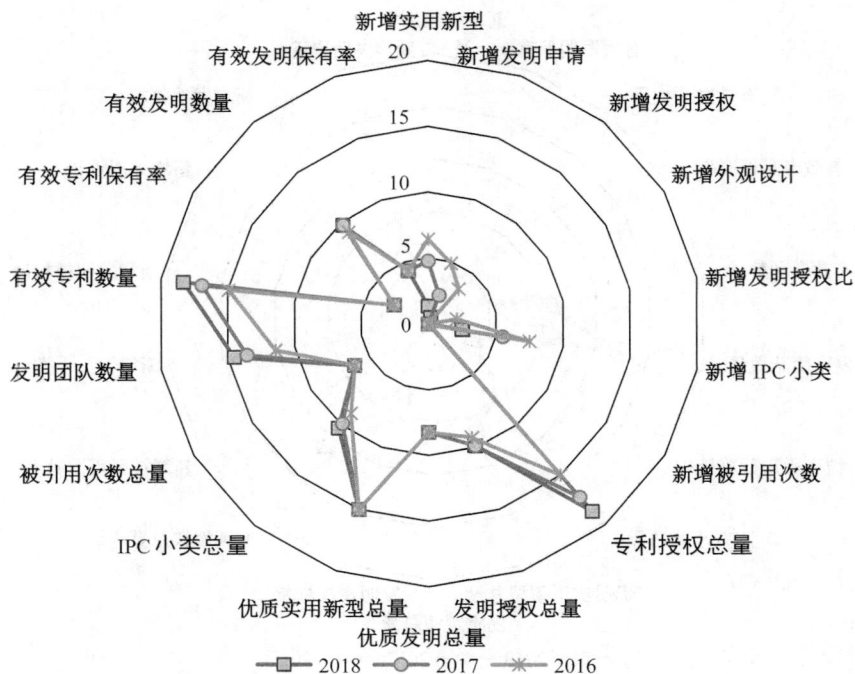

图 7-11 2016—2018 年大连船舶重工集团有限公司主要专利指标发展情况

7. 江南造船(集团)有限责任公司

江南造船(集团)有限责任公司,隶属于中国船舶集团有限公司,前身是 1865 年清朝创办的江南机器制造总局,历经江南机器制造总局、江南船坞、海军江南造船所、江南造船厂,1996 年改制为"江南造船(集团)有限责任公司",是中国民族工业的发祥地,是中国打开国门、对外开放的先驱,同时也是国家特大型骨干企业和国家重点军工企业。

江南开发、设计和建造了多型国防高新产品、液化气船、集装箱船、散货船、汽车滚装船、化学品船、火车渡轮、成品油船、自卸船等 12 大类 40 多型船,拥有以江南液化气船、巴拿马型散货船、化学品船等为代表的二十多型自主知识产权的高附加值船型。

2008 年,在江南造船建厂 143 周年之际,正式完成搬迁入驻中船江南长兴造船基地。中船江南长兴造船基地地处长江口长兴岛,占地面积约 580 万平方米,岸线长度约为 3 800 米,主要建设内容包括四座大坞、17 座舾装码头,规划纲领为民用船舶年造船能力 450 万吨,是目前国内规模最大、设施最先进、生产品种最为广泛的现代化造船基地。

图 7-12 为 2016—2018 年江南造船(集团)有限责任公司主要专利指标发展情况,可以看出,2016—2017 年技术创新产出指标相对平稳,专利授权总量、发明团队数量、有效专利数量指标增长较快,优势指标较多,创新资源及研发基础类指标水平较高,综合专利水平发展相对均衡。

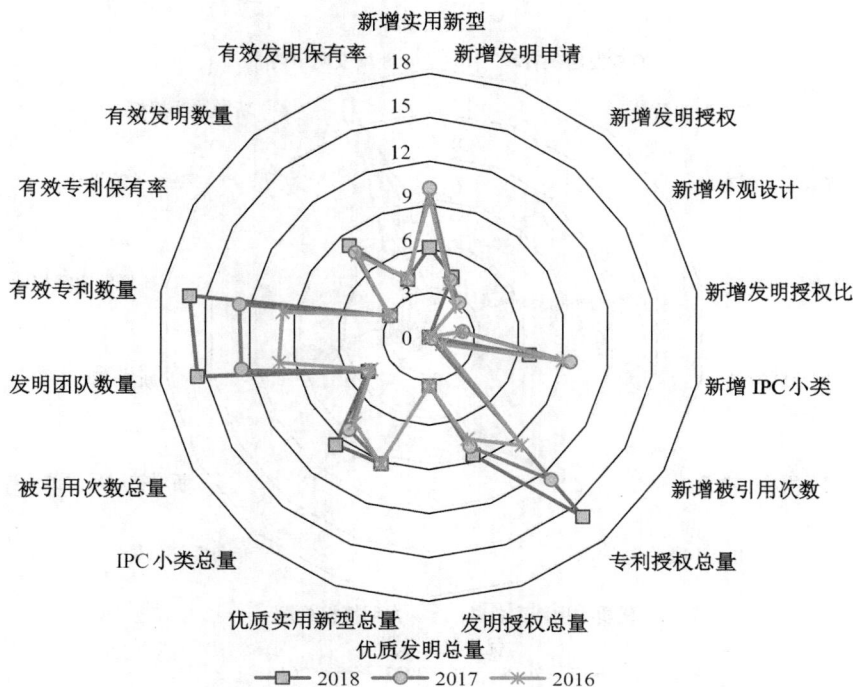

图 7-12　2016—2018 年江南造船(集团)有限责任公司主要专利指标发展情况

8. 广州文冲船厂有限责任公司

广州文冲船厂有限责任公司始建于 1955 年,是中国船舶集团有限公司旗下的大型骨干企业之一,公司位于广州市黄埔区,毗邻港澳,交通十分便利,自然条件得天独厚。

广州文冲船厂有限责任公司位于广州市东南约 20 公里,地处广州黄埔新老港之间。公司厂区占地面积约 69.9 万平方米,拥有 2.5 万吨级、7 万吨级造船干船坞各一座,2.5 万吨级船台一座,码头岸线 460 米,以及完善的造船、重工和机械生产配套设施。具有年造 3 500 TEU 以下支线集装箱船、大中型挖泥船、7 万吨以下散货船 20 艘的能力。

图 7-13 为 2016—2018 年广州文冲船厂有限责任公司主要专利指标发展情况,可以看出,近年来,其技术创新活动也相对稳定,专利授权总量、发明授权总量、发明团队数量、有效专利数量指标增长较快,优势指标之间水平相差不大,整体专利水平发展相对均衡。

9. 中船澄西船舶修造有限公司

中船澄西船舶修造有限公司始建于 1973 年,是中国船舶工业股份有限公司(简称中国船舶)的全资子公司,位于长江南岸的江苏省江阴市境内,水陆交通便捷。

公司主要从事船舶修理、船舶制造、钢结构件制造及海洋工程修造、机电设备修造,具备年修理、改装 30 万吨级及以下各类船舶 250 艘,建造巴拿马型以下各类船舶 30 艘,生产钢结构件 12 万吨,制造风力发电塔 1 000 套的能力。公司现有员工及务工人员逾万名,其中专业技术人员 1 200 余名。生产区域占地面积 77 万平方米,沿江岸线 2 200 多米。拥有岸壁式舾装码头 1 630 米,5~10 万吨级浮船坞 3 座,7 万吨级船台和内港池码头各一座,以及 1 600 吨浮式起重船等完善的修造船设施。

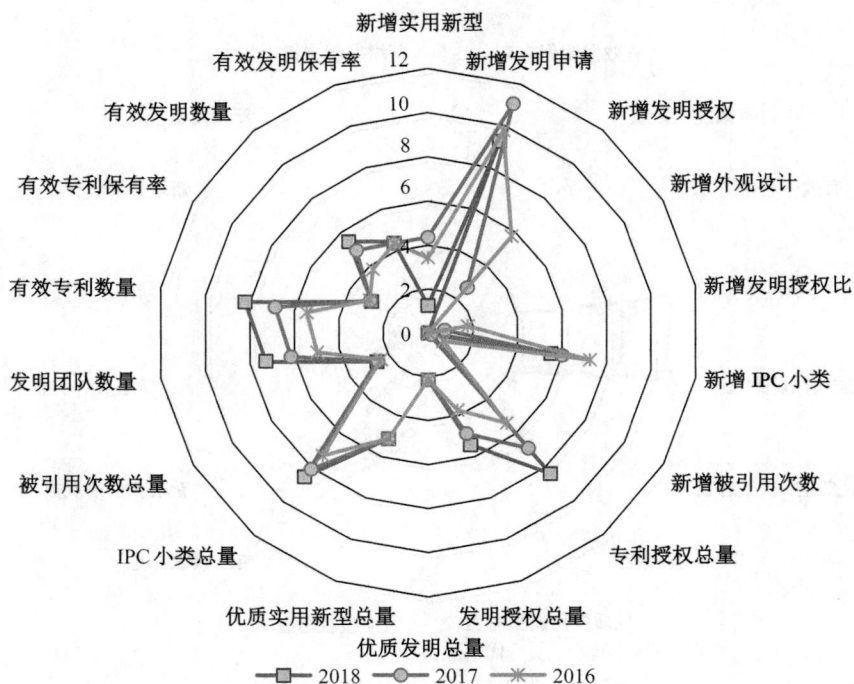

图 7 – 13　2016—2018 年广州文冲船厂有限责任公司主要专利指标发展情况

图 7 – 14 为 2016—2018 年中船澄西船舶修造有限公司主要专利指标发展情况,可以看出,各项指标近年来基本保持稳定,高水平指标相对集中,如新增发明申请数量、专利授权

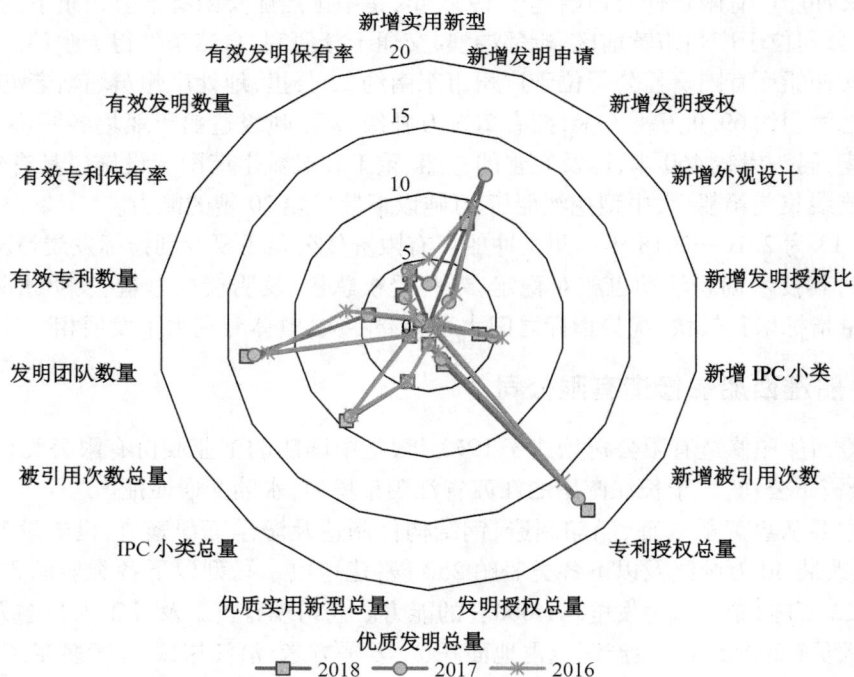

图 7 – 14　2016—2018 年中船澄西船舶修造有限公司主要专利指标发展情况

总量、IPC小类总量、发明团队数量,其中专利授权总量指数最高,但有效专利数量指数差距较大,表明企业曾经在专利产出方面优势较强,但在专利质量及维持方面有待提高。

10. 武昌船舶重工集团有限公司

武昌船舶重工有限责任公司(简称武船),隶属于中国船舶集团有限公司,始建于1934年,"一五"期间被国家列入156个重点建设项目。原名武昌造船厂,2009年2月改制为武昌船舶重工有限责任公司,是我国重要的军工生产基地和以造船为主的大型现代化综合性企业。

经过多年持续发展,武船形成了武汉武昌、青岛海西湾、武汉双柳三大生产基地和军工、军贸、海工和大型船舶、中小型船舶、桥梁装备、建筑钢结构、能源装备、特种成套设备、物资贸易和物流服务九大产品板块协调发展的格局。

武船是我国最主要的公务船、工程船建造基地,具备30万吨级船舶设计建造能力。多年来,相继建造了各类公务船、工程船、运输船、海工船、散货船、客滚船、运输船1 600余艘。武昌船舶重工有限责任公司拥有海洋工程装备设计建造能力,与国际一流的海洋工程专业公司合资合作,发展FPSO、海洋平台等大型海洋工程装备,全面进军海洋工程装备市场。

图7-15为2016—2018年武昌船舶重工集团有限公司主要专利指标发展情况,可以看出,从存量数据指标来看,该企业在专利授权总量、发明授权总量、IPC小类总量、发明团队数量、有效专利数量、有效发明数量指标上的水平相对较好,说明企业的创新资源和研发基础水平较高。

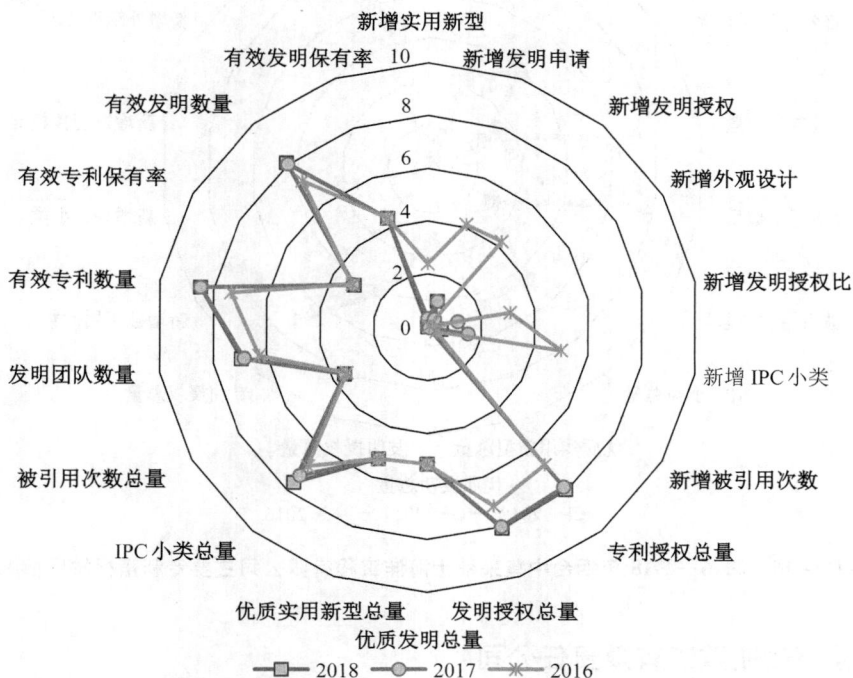

图7-15　2016—2018年武昌船舶重工集团有限公司主要专利指标发展情况

11. 烟台中集来福士海洋工程有限公司

烟台中集来福士海洋工程有限公司是一家集设计、建造、调试海洋工程装备及其他特殊用途船舶为一体的海工企业。前身是1977年建成的烟台造船厂,1994年,烟台造船厂与新加坡企业合资成立了烟台普泰造船有限公司,该合资公司经中集集团正式收购后更名为烟台中集来福士海洋工程有限公司,成为中集集团旗下全资子公司,经过十多年的发展,烟台中集来福士已成为国际领先的船舶及海工建造企业。

中集来福士海洋工程有限公司拥有烟台、上海、挪威、瑞典四个海洋研究院,以及烟台、海阳、龙口三个建造基地,形成了"四院三地"的总体产业格局。主营业务包括钻井平台、生产平台、海洋工程船、海上支持船、海洋牧场平台、海上风电船、豪华游艇和高端游船、海上综合体等各类海洋装备的设计、新建、维修和改造,同时涉及装备的运营、租赁等,为客户提供"交钥匙"总包服务。

图7-16为2016—2018年烟台中集来福士海洋工程有限公司主要专利指标发展情况,可以看出,2016年新增发明申请指数表现较好,但2017—2018年技术创新活跃度较低。基础指数和有效指数项下的各项指标,表现相对稳定,其中专利授权总量、发明团队数量、有效专利数量指标水平相对较好。

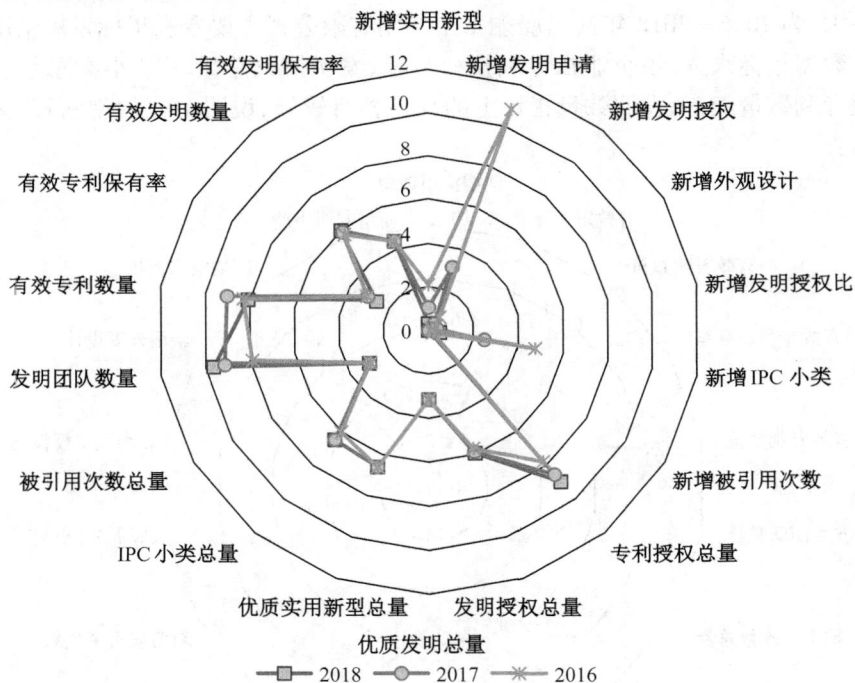

图7-16 2016—2018年烟台中集来福士海洋工程有限公司主要专利指标发展情况

12. 渤海船舶重工有限责任公司

渤海船舶重工有限责任公司(简称渤船重工),是中国船舶集团有限公司所属骨干企业之一,前身为辽宁渤海造船厂,2001年更名为渤海船舶重工有限责任公司。2019年,中国重工完成大船重工与渤船重工的整合,如今渤船重工已成为大船集团的全资子公司。

渤船重工主要从事船舶、海洋工程及配套设备的研发、设计、建造、修理、改装,是集造船、修船、海洋工程、大型钢结构加工、冶金设备和大型水电设备制造为一体的大型现代化企业。

渤船重工占地面积360万平方米,注册资金16.415 5亿元。拥有中国最大的七跨式室内造船台、两个30万吨级船坞、15万吨级半坞式船台、5万吨级可逆双台阶注水式干船坞等国内外先进的造船设施和一流设备。能够按CCS. DNV. BV. ABS. LR. NK等船级社规范规则和各种国际公约建造400 000吨级以下各类船舶。

图7-17为2016—2018年渤海船舶重工有限责任公司主要专利指标发展情况,可以看出,从存量数据的各项指标来看,研发基础指数下的各项指标在原有水平上保持不变,而有效指数项下的有效专利数量、有效专利保有率指标均有所下降,相应综合专利水平也随之下降,另外,企业连续三年技术创新指标不理想。

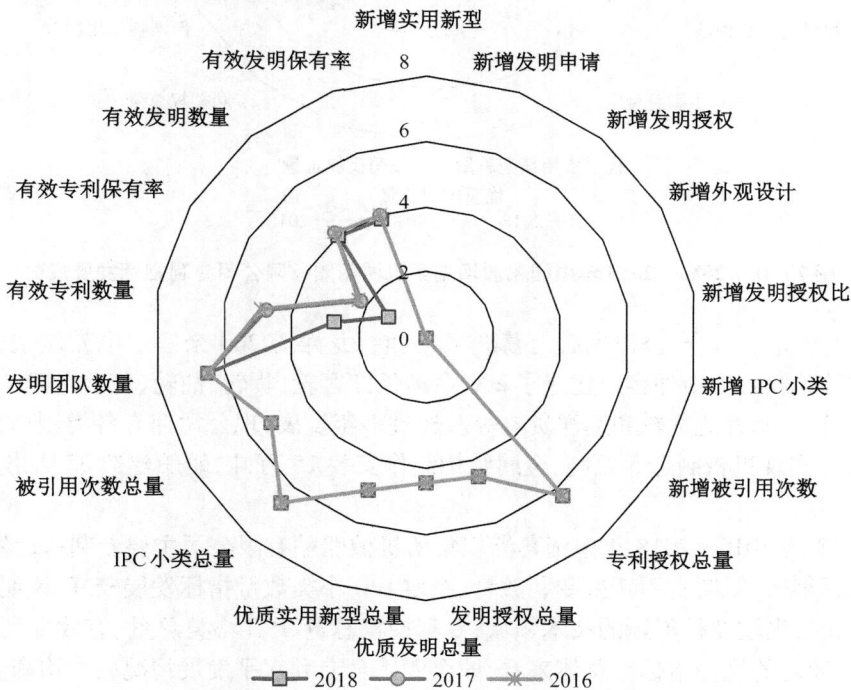

图7-17　2016—2018年渤海船舶重工有限责任公司主要专利指标发展情况

13. 中国葛洲坝集团机械船舶有限公司

中国葛洲坝集团机械船舶有限公司是中国葛洲坝集团股份有限公司旗下重要的控股子企业,是其装备制造业务核心骨干企业。公司始建于1971年,1998年9月企业改制成立葛洲坝集团机械有限公司,2004年9月与宜昌市葛洲坝船业公司合并重组,更名为中国葛洲坝集团机械船舶有限公司。

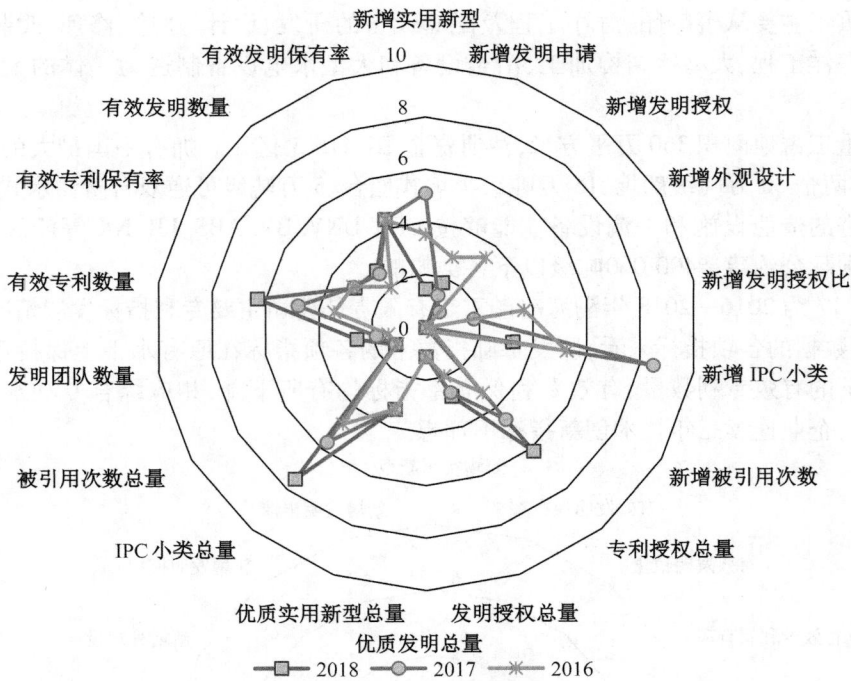

图 7-18　2016—2018 年中国葛洲坝集团机械船舶有限公司专利指标发展情况

从 1971 年始建自今,公司先后为葛洲坝、三峡、龙滩等 200 余座水电站制造安装了 60 余万吨水工钢结构;为中外客户建造了 200 余艘长江客轮、货轮、油轮、化学品船、滚装船、沥青船、LPG 船、江海直达货轮和远洋货轮等。经过多年发展,现公司拥有各类制造设备 1 800 余台(套),可实现机械制造 5 万吨、金属结构制作安装 15 万吨、船舶建造 35 万载重吨的年综合生产能力。

图 7-18 为 2016—2018 年中国葛洲坝集团机械船舶有限公司主要专利指标发展情况,可以看出,近年来,新增实用新型专利数量、新增 IPC 小类数量指标发展较好,说明企业在持续创新的同时,也注意扩展新的技术领域;专利授权总量、IPC 小类总量、有效专利数量也是其增长较为稳定的优势指标。总体来看,该企业综合专利水平发展情况较为均衡。

14. 上海船厂船舶有限公司

上海船厂船舶有限公司前身是创建于 1862 年的祥生船厂,地处上海市崇明岛,占地面积 151 余万平方米。公司以船舶、海洋工程设计建造和钢结构生产为主体。主要产品有集装箱船、多用途船、重吊船、散货船、冷藏船、海洋救助船、钻井平台、钻井船、物探船、钻井驳、海洋工程辅助船等。公司已成为国内具有鲜明特色的自主研发和建造能力的大型企业。近年来,公司钻井船、物探船、多用途船的研发建造技术处于国内外领先水平。

上海船厂崇明生产基地占地约 151 万平方米,拥有岸线总长 2 350 米,主要生产设施设备有:7 万吨级船台 1 座,配有 100 吨、120 吨、150 吨的门座式起重机各 2 台;270×110 米港池一座,配有 600 吨龙门式起重机 1 台、150 吨门座式起重机 2 台、45 吨门座式起重机 1 台;海工平台输出码头长 85 米,配有 300 吨龙门式起重机 1 台,200 吨门座式起重机;造船舾装码头长 850 米,配有 15～120 吨门座式起重机 7 台;海工舾装码头长 760 米,配有 15～110

吨门座式起重机6台;二喷四涂涂装厂房1座,总面积22 226平方米。

图7-19为2016—2018年上海船厂船舶有限公司主要专利指标发展情况,可以看出2016—2017年新增实用新型专利数量、新增发明专利申请数量指标基本保持稳定,新增IPC小类指标有小幅增长,基本保持一个稳定的产出状态;专利授权总量、IPC小类总量、发明团队数量、有效专利数量也保持稳定发展状态,目前专利水平各项指标发展相对均衡。

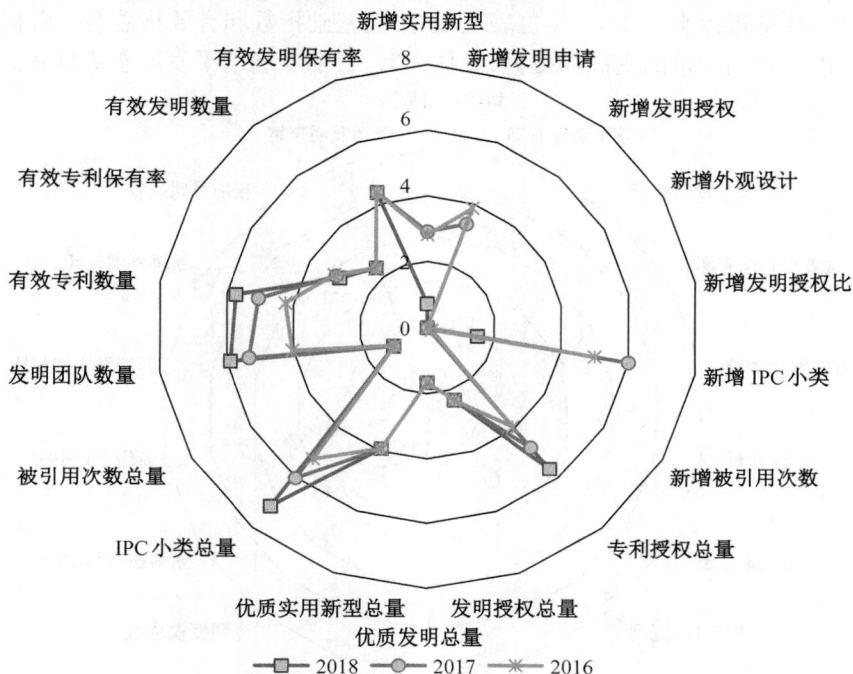

图7-19　2016—2018年上海船厂船舶有限公司主要专利指标发展情况

15. 招商局重工(江苏)有限公司

招商局重工(江苏)有限公司成立于2013年,是招商局工业集团有限公司的全资子公司。公司注册地点为江苏省南通海门市经济技术开发区,位于苏通大桥下游8公里,毗邻上海,水路、陆路交通极为便利。公司主营海洋工程装备(含模块)的设计、制造和修理,主要产品包括:海洋石油钻井平台、移动式多功能修钻井平台、钻井模块、生活模块、海上起重船、大型铺管船、挖泥船、物缆船和钻探船等特种工程船舶。

公司占地面积为136万平方米,拥有530米×130米×13.8米大型干船坞1座,配套有约9万平方米的船坞工程装焊平台,配有跨距226米起重能力900吨门式起重机1台,跨距141米及70米起重能力300吨门式起重机各2台及辅助坞内作业的MQ40100、MQ4070门座式起重机等。

厂区配置有"U"型一体化流水生产线,依次设有物料码头、钢料堆场、联合车间、分段制造车间、舾装场地、涂装车间、总组和大组场地以及3个船台等。联合车间内设两条钢材预处理生产线,年预处理钢板和型材能力20万吨。厂区码头呈"E"型布置,由3座舾装码头和1座引桥组成,可利用港口岸线总长为2 467米,码头前沿水深10米,码头配套多台门座式起重机。同时公司配套有38 000吨举力半潜下水驳一条,起重能力3 000吨、起升高度165

米浮吊一座。

图 7 - 20 为 2016—2018 年招商局重工(江苏)有限公司主要专利指标发展情况,可以看出,近年来技术创新产出相关指标增长迅速,因成立晚,故其研发基础、创新资源的积累相对薄弱,说明该企业属于后起型企业并且起点较高,正处于快速发展阶段。新增发明专利申请数量是增长最快的指标,也是该企业技术硬实力的象征;新增实用新型专利数量及新增 IPC 小类数量指标水平 2016 年也表现较好;而基础指数和有效指数会随着持续不断的技术创新产出和专利质量的提高而提升;总体而言,目前专利水平发展态势良好。

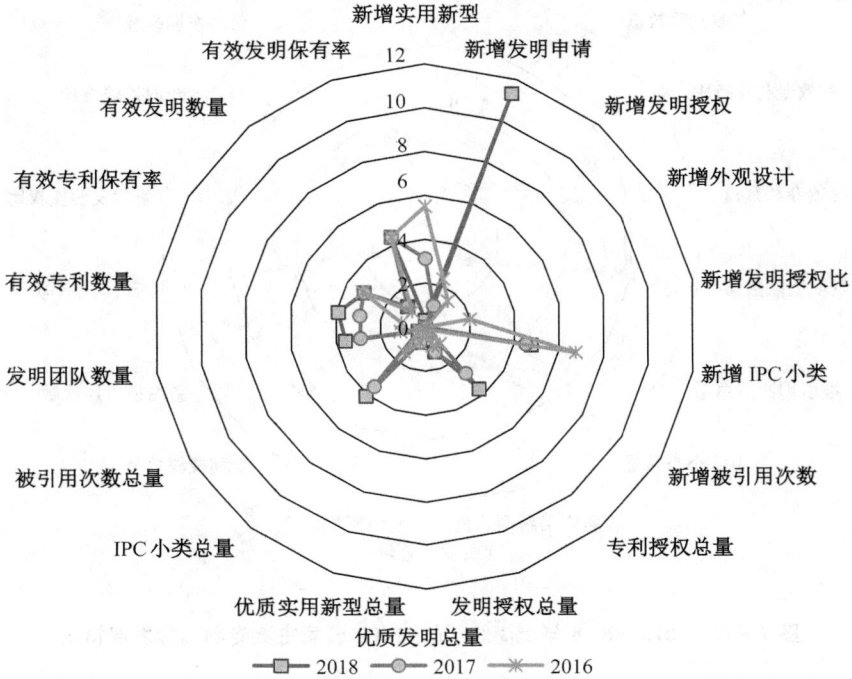

图 7 - 20 2016—2018 年招商局重工(江苏)有限公司专利指标发展情况

16. 江苏新扬子造船有限公司

江苏新扬子造船有限公司是江苏扬子江船业集团公司旗下的子公司,公司成立于2005年,位于江苏省靖江市的江阴—靖江工业园区内,主要从事大中型远洋运输船舶和海洋工程装备设计和制造业务。具备年造船 30 艘/300 万载重吨的造船生产能力。企业造船生产能力和产量位于全国造船企业前五强,经济效益连续多年位居全国同行业首位,是江苏省优秀民营企业、江苏省开放型经济先进企业和江苏省高新技术企业。

企业产品涵盖1 100 TEU ~ 14 000 TEU 系列集装箱船、36 000 DWT ~ 93 000 DWT 系列散货/多用途船、27 500立方米液化天然气船、470 万立方英尺木片船、94 000 DWT 自卸船等特种船舶。

图 7 - 21 为 2016—2018 年江苏新扬子造船有限公司主要专利指标发展情况,可以看出,该企业近年来技术创新产出指标基本维持稳定状态,而基础指数、有效指数各指标有小幅变化:专利授权总量、IPC 小类总量、发明团队数量均有小幅增长,有效专利数量及保有率略有下降。优质实用新型总量指标水平较高。目前综合专利水平发展态势较为稳定。

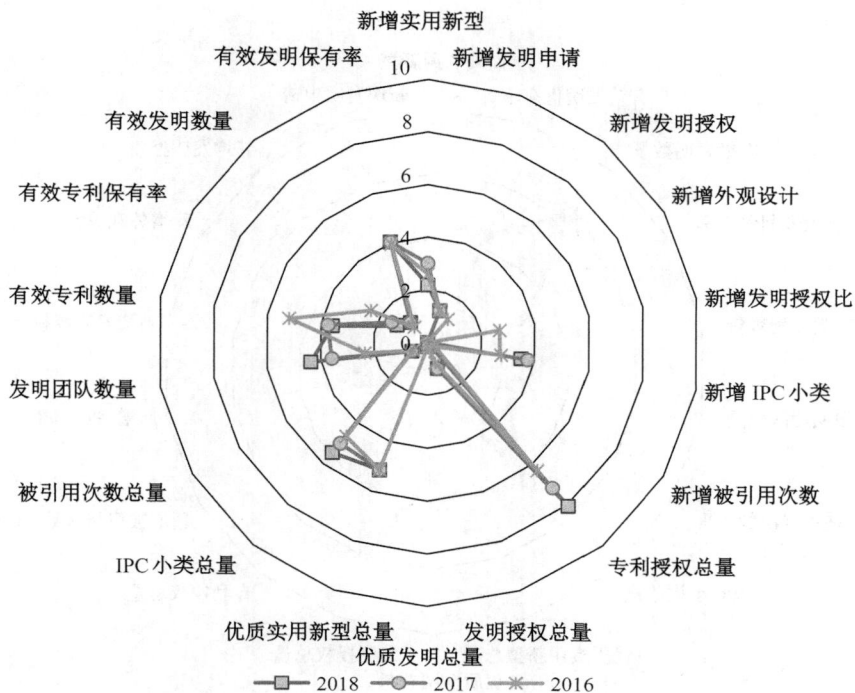

图 7 - 21   2016—2018 年江苏新扬子造船有限公司主要专利指标发展情况

17. 南通中远船务工程有限公司

南通中远船务工程有限公司是中远(集团)总公司旗下中远船务工程集团核心企业之一。公司始建于 1977 年 12 月,历经交通部南通船厂、南通远洋船务工程有限公司和南通中远船务工程有限公司三大发展阶段。公司位于长江入海口北岸,拥有优良岸线1 120米,占地近 40 万平方米,总体布局为"一滑道二坞三泊位",10 ~ 15 万吨级深水码头 3 座,15 万吨级和 8 万吨级大型浮船坞各一座,拥有配套完善的水上、陆上设备设施和经验丰富、业务精湛的工程技术设计、项目管理和生产技能工人团队。

公司主营海洋工程装备制造和船舶修理改装业务,在成功修理和改装散货轮、油轮、滚装船等各类大型常规船和特种船百余艘基础上,全面进军海洋工程制造领域,自行设计并成功建造了世界最先进的首座圆筒型超深水海洋钻探储油平台 SEVANDRILLER,以及SUPERM2 自升式钻井平台、350POB、GM4000 等一大批高端海工产品,在中国海洋工程装备制造领域享有盛誉。

图 7 - 22 为 2016—2018 年南通中远船务工程有限公司主要专利指标发展情况,可以看出,2017 年新增发明申请数量、新增 IPC 小类数量几乎与 2016 年持平。该企业的优势指标与其他企业略有不同,发明授权总量、有效发明数量指标是其水平较高的两项指标,说明该企业专利水平的竞争力主要集中在发明专利上;而实用新型、外观设计专利相关指标水平较低也说明了企业更倾向于采用发明专利保护自主创新;发明专利的稳定性也确保了整体专利水平的稳定。

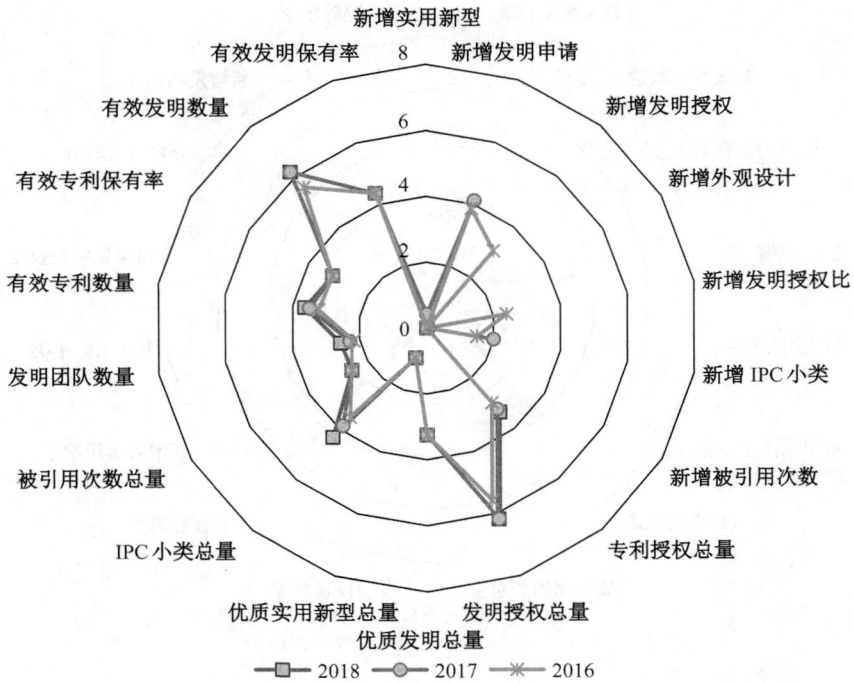

图 7-22　2016—2018 年南通中远船务工程有限公司主要专利指标发展情况

18. 上海江南长兴造船有限责任公司

上海江南长兴造船有限责任公司是中国船舶集团有限公司的控股子公司,于 2006 年 12 月 7 日正式注册登记成立。江南造船坐落于上海长兴岛,建设用地面积 170.80 万平方米,拥有岸线1 322 米,规划年造船能力 332 万载重吨,主要生产设施包括 2 座船坞,一号坞长 520 米,宽 76 米;二号坞长 510 米,宽 106 米;600 吨龙门起重机四座,舾装码头泊位四个,具备建造各类大型船舶、海洋工程和钢结构等产品的能力。

长兴造船于 2007 年 5 月 18 日正式开工投产,主要产品有 7.6 万吨巴拿马型散货船、29.7 万吨超级油轮(VLCC)、17.7 万吨和 17.6 万吨好望角型散货船等。

图 7-23 为 2016—2018 年上海江南长兴造船有限责任公司主要专利指标发展情况,可以看出,2016—2017 年该企业大部分指标保持稳定的增长状态,2018 年技术创新产出相关指标较前两年下降,基础指数、有效指数相关指标略有增长。优势指标较多,发明团队数量指标水平增长较快,整体来看,各项优势指标发展相对均衡。

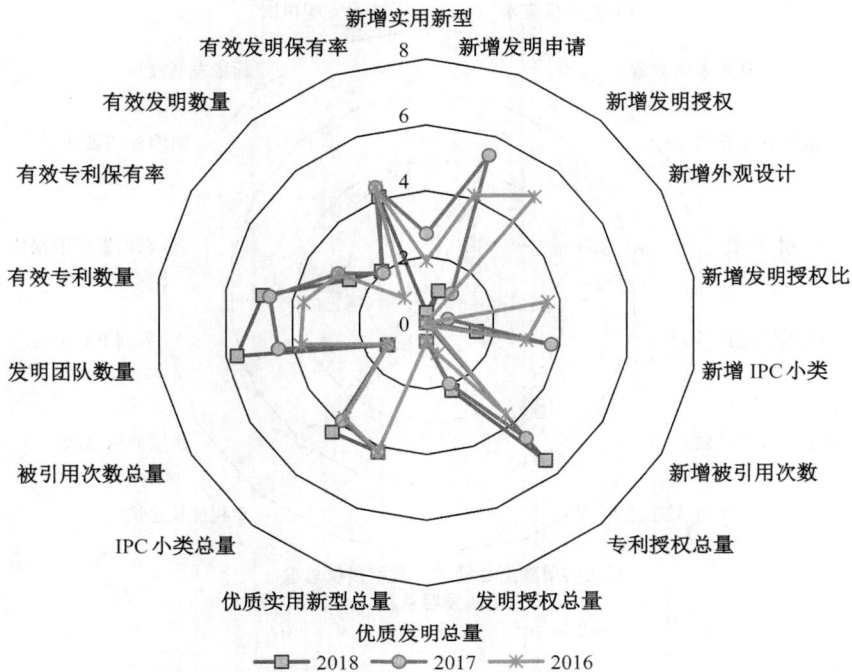

图 7 - 23 2016—2018 年上海江南长兴造船有限责任公司主要专利指标发展情况

19. 福建省马尾造船股份有限公司

福建省马尾造船股份有限公司,是中国南方重要的造船企业。马尾造船厂创办于 1866 年(清同治五年),时称福建船政,是中国最先建立的造船企业,作为我国民族工业的重要源头,为近代中国舰船制造、海军建设、科技人才的培养,以及包括飞机制造等诸多工业领域的开拓,都做出令人瞩目的贡献。目前,马尾造船厂已具备设计、建造和修理35 000 吨级以下各类船舶的生产能力,成为中国南方重要的船舶生产基地。

马尾造船厂位于闽江下游福州经济技术开发区,占地面积334 000 平方米,厂内有 35 000 吨、15 000 吨、3 000 吨级船台各一座,20 000 吨级干船坞一座,舾装码头 345 米,15 ~ 100 吨高架吊车共8 台,200 吨门式吊车 1 台,另有数控切割机等其他各种设备近千台。

图 7 - 24 为 2016—2018 福建省马尾造船股份有限公司年主要专利指标发展情况,可以看出,该企业基础指数、有效指数各项指标基本保持稳定。专利授权总量、优质实用新型总量、IPC 小类总量、发明团队数量、有效专利数量为其优质指标。2016 年各项指标发展相对均衡,但 2017—2018 年创新活跃度有所下降。

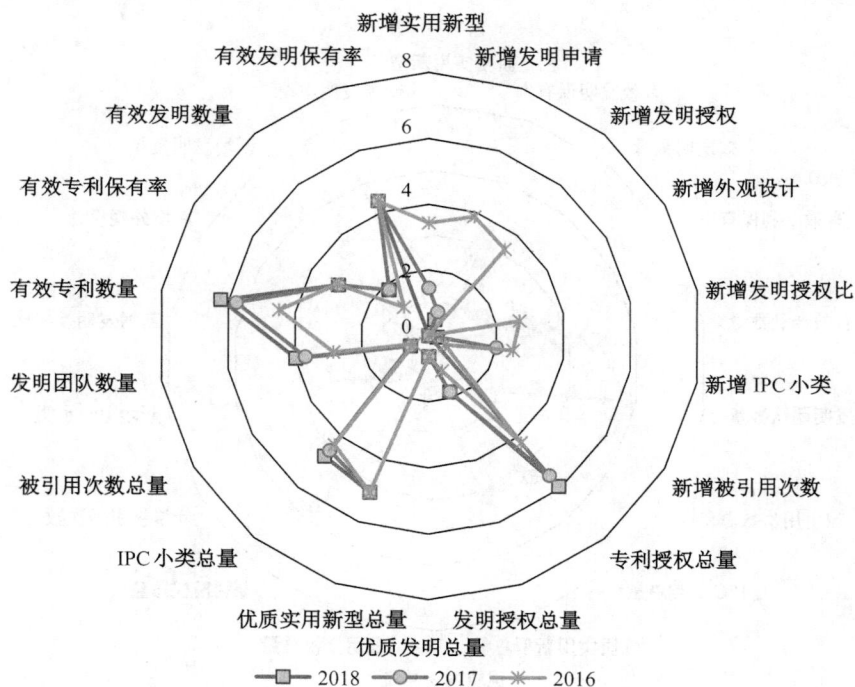

图 7 - 24　2016—2018 年福建省马尾造船股份有限公司主要专利指标发展情况

20. 江门市南洋船舶工程有限公司

江门市南洋船舶工程有限公司,成立于 2005 年初,位于广东省江门市新会区银洲湖畔,下辖南洋厂区和银星厂区,占地面积 72 万平方米,岸线 1 000 米,拥有现代化的造船设施。

江门市南洋船舶工程有限公司所建船型在国际市场上被称为"南洋型"船。近年来,公司推出多款绿色环保灵便型散货船。该类船型成为英国劳氏船级社"EP"绿色标志证书的首个获得者。其中,39 000 DWT 绿色环保灵便型散货船的各项指标国际领先。2016 年,该船获得了广东省高新技术产品的认定,是目前主推产品。

图 7 - 25 为 2016—2018 年江门市南洋船舶工程有限公司主要专利指标发展情况,可以看出,该企业 2016—2018 年专利授权总量指标略有增长,有效专利数量及有效专利保有率指标小幅下降,需要关注有效专利的维持。

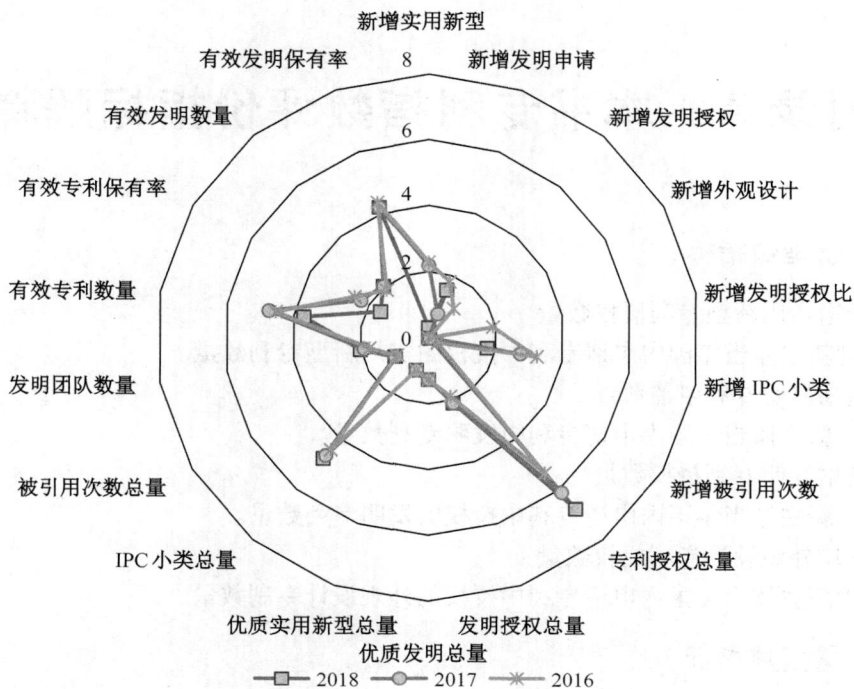

图 7 – 25 2016—2018 年江门市南洋船舶工程有限公司主要专利指标发展情况

附录 A 本书专利指数评价指标解释

1. 数量指数指标

(1)新增实用新型专利授权数量

考察创新主体当年国内申请专利中授权的实用新型专利数量。

(2)新增发明专利申请数量

考察创新主体当年国内申请专利中发明专利数量。

(3)新增发明专利授权数量

考察创新主体当年国内申请专利中授权的发明专利数量。

(4)新增外观设计专利授权数量

考察创新主体当年国内申请专利中授权的外观设计专利数量。

2. 质量指数指标

(1)新增发明专利授权比

新增发明专利授权比指考察创新主体当年申请的专利中发明专利授权数量/发明专利申请数量,反映当年申请的发明专利质量。

(2)新增优质发明专利数量

新增优质发明专利数量指考察创新主体当年申请的发明专利中维持时间在 5 年以上发明专利数量。这是一个后验性指标,通过计算出每件授权的发明专利维持时间,进而识别是否为优质发明专利。

(3)新增优质实用新型专利数量

新增优质实用新型专利数量指考察创新主体当年申请的实用新型专利中维持时间在 3 年以上实用新型专利数量。同样,这也是一个后验性指标。

(4)新增专利 IPC 分类小类数量

新增专利 IPC 分类小类数量指考察创新主体当年申请的专利 IPC 技术分类小类号的数量,反映当年申请专利的技术领域覆盖情况。

(5)新增专利被引用次数

新增专利被引用次数指考察创新主体当年申请的专利被引用次数的总量。该指标可以反映当年申请专利的重要程度,但该指标受专利年龄限制,早期申请的专利相对中后期申请的专利被引用的次数可能会更多。

3. 基础指数指标

(1)专利授权总量

专利授权总量指截止到考察年前一年创新主体获得授权的发明、实用新型、外观设计专利总量,该指标反映考察年之前创新主体所积累的专利基础整体情况。

（2）发明专利授权总量

发明专利授权总量指截止到考察年前一年创新主体获得授权的发明专利总量，该指标反映考察年之前创新主体积累的优势创新成果情况。

（3）优质发明专利数量

优质发明专利数量指截止到考察年前一年创新主体积累的维持时间在5年以上发明专利数量。该指标反映考察年之前创新主体积累的核心发明技术的情况。

（4）优质实用新型专利数量

优质实用新型专利数量指截止到考察年前一年创新主体积累的维持时间在3年以上实用新型专利数量。该指标反映考察年之前创新主体积累的核心实用新型技术的情况。

（5）IPC分类号小类数量

IPC分类号小类数量指截止到考察年前一年创新主体积累的技术领域覆盖程度。

（6）被引用次数总量

被引用次数总量指截止到考察年前一年创新主体积累的专利被引用次数总量。该指标反映考察年之前创新主体专利整体的影响力。

（7）专利发明团队数量

专利发明团队数量指截止到考察年前一年创新主体积累的以第一发明人为代表的专利发明团队数量。该指标反映考察年之前创新主体积累的人才资源情况。

4. 有效指数指标

（1）有效专利数量

有效专利数量指截止到考察年前一年创新主体积累的有效专利数量。该指标在统计时不仅需要计算专利维持有效的时间，并且在统计考察年该项指标的数值时，需要判断在考察年的前一年该专利是否仍维持有效，进而精确地掌握创新主体有效专利数量的变化情况。

（2）有效专利保有率

有效专利保有率指截止到考察年前一年创新主体积累的有效专利总量/授权专利总量。该指标反映创新主体对于已经获得授权专利的维持情况。

（3）有效发明专利总量

有效发明专利总量指截止到考察年前一年创新主体积累的有效发明专利数量。考察方法同有效专利数量指标。该指标反映创新主体积累的优势创新成果的维持情况。

（4）有效发明专利保有率

有效发明专利保有率指截止到考察年前一年创新主体积累的有效发明专利总量/发明专利授权总量。该指标反映创新主体对于已经获得授权的发明专利的维持情况。

附录 B　我国拥有专利的船舶与海工装备制造企业名录

附表 B-1　全国拥有自主知识产权的船舶与海工装备制造企业

序号	企业名称	地区
1	芜湖造船厂有限公司	安徽
2	长航集团芜湖江东船厂有限公司	安徽
3	芜湖市皖南造船有限公司	安徽
4	安润集团安徽中润重工有限公司	安徽
5	蚌埠市神舟机械有限公司	安徽
6	马鞍山天宇船舶制造有限公司	安徽
7	安徽省枞阳县泰航船舶有限公司	安徽
8	安徽省五洲船舶制造有限公司	安徽
9	芜湖新远船业修造有限公司	安徽
10	福建省马尾造船股份有限公司	福建
11	厦门船舶重工股份有限公司	福建
12	福建东南造船有限公司	福建
13	福建宝中海洋工程股份有限公司	福建
14	福建新胜海船业有限公司	福建
15	福建省华海船业有限公司	福建
16	福建省平潭雄鹰船厂有限公司	福建
17	福建省立新船舶工程有限公司	福建
18	福建省长兴船舶重工有限公司	福建
19	厦门市海陆工程有限公司	福建
20	福建省白马船厂	福建
21	福建国安船业有限公司	福建
22	福建福宁船舶重工有限公司	福建
23	福建华东船厂有限公司	福建
24	中船黄埔文冲船舶有限公司	广东
25	广船国际有限公司	广东
26	广州文冲船厂有限责任公司	广东
27	江门市南洋船舶工程有限公司	广东

序号	企业名称	地区
28	广新海事重工股份有限公司	广东
29	招商局重工(深圳)有限公司	广东
30	广东精锢海洋工程股份有限公司	广东
31	广州中船文冲船坞有限公司	广东
32	广东中远海运重工有限公司	广东
33	太平洋海洋工程(珠海)有限公司	广东
34	广东新船重工有限公司	广东
35	广州黄船海洋工程有限公司	广东
36	广东粤新海洋工程装备股份有限公司	广东
37	友联船厂(蛇口)有限公司	广东
38	显利(珠海)造船有限公司	广东
39	广东新粤丰海洋工程装备有限公司	广东
40	广州市番禺灵山造船厂有限公司	广东
41	广州市顺海造船有限公司	广东
42	佛山市南海珠峰造船有限公司	广东
43	中山利德丰造船有限公司	广东
44	广州海明船舶维修服务有限公司	广东
45	广东锐新船舶工程有限公司	广东
46	东莞市南祥造船有限公司	广东
47	中兴海陆工程有限公司	广东
48	广州航通船业有限公司	广东
49	中船桂江造船有限公司	广西
50	广西金达造船有限公司	广西
51	中船西江造船有限公司	广西
52	中船广西船舶及海洋工程有限公司	广西
53	山海关船舶重工有限责任公司	河北
54	山海关造船重工有限责任公司	河北
55	武昌船舶重工集团有限公司	湖北
56	中国葛洲坝集团机械船舶有限公司	湖北
57	宜昌发中船务有限公司	湖北
58	长航集团宜昌船厂有限公司	湖北
59	长航集团武汉青山船厂有限公司	湖北
60	鄂州市光大造船股份有限公司	湖北

序号	企业名称	地区
61	宜昌新高湖造船有限公司	湖北
62	武汉双柳武船重工有限责任公司	湖北
63	武汉南华黄冈江北造船有限公司	湖北
64	宜昌达门船舶有限公司	湖北
65	益阳中海船舶有限责任公司	湖南
66	湖南长沙船舶有限公司	湖南
67	中船澄西船舶修造有限公司	江苏
68	江苏新扬子造船有限公司	江苏
69	招商局重工(江苏)有限公司	江苏
70	惠生(南通)重工有限公司	江苏
71	南通中远海运川崎船舶工程有限公司	江苏
72	南通中远船务工程有限公司	江苏
73	南京金陵船厂有限公司	江苏
74	江苏省镇江船厂(集团)有限公司	江苏
75	江苏扬子鑫福造船有限公司	江苏
76	中航鼎衡造船有限公司	江苏
77	南通象屿海洋装备有限责任公司	江苏
78	江苏韩通船舶重工有限公司	江苏
79	江苏大津重工有限公司	江苏
80	江苏宏强船舶重工有限公司	江苏
81	南通中集太平洋海洋工程有限公司	江苏
82	江苏扬子江船厂有限公司	江苏
83	泰州口岸船舶有限公司	江苏
84	江苏熔盛重工有限公司	江苏
85	南通港闸船舶制造有限公司	江苏
86	南通长青沙船舶工程有限公司	江苏
87	新大洋造船有限公司	江苏
88	无锡红旗船厂有限公司	江苏
89	江苏新时代造船有限公司	江苏
90	南通润邦海洋工程装备有限公司	江苏
91	南通通州海通船舶修造有限公司	江苏
92	上海振华重工启东海洋工程股份有限公司	江苏
93	扬州中远海运重工有限公司	江苏

序号	企业名称	地区
94	启东丰顺船舶重工有限公司	江苏
95	启东中远海运海洋工程有限公司	江苏
96	江苏新世纪造船有限公司	江苏
97	江苏新韩通船舶重工有限公司	江苏
98	江苏大洋海洋装备有限公司	江苏
99	泰州三福船舶工程有限公司	江苏
100	华泰重工（南通）有限公司	江苏
101	江苏海通海洋工程装备有限公司	江苏
102	中船澄西新荣船舶有限公司	江苏
103	扬州国裕船舶制造有限公司	江苏
104	泰州中航船舶重工有限公司	江苏
105	南京东泽船舶制造有限公司	江苏
106	舜天造船（扬州）有限公司	江苏
107	吉宝（南通）重工有限公司	江苏
108	吉宝（南通）船厂有限公司	江苏
109	江苏润扬船业有限公司	江苏
110	江苏华夏重工有限公司	江苏
111	南京奕淳船舶制造有限公司	江苏
112	扬州龙和造船有限公司	江苏
113	江苏华滋能源工程有限公司	江苏
114	江苏奕淳船舶重工有限公司	江苏
115	江苏通洋船舶有限公司	江苏
116	江苏海新船务重工有限公司	江苏
117	南京蓝昇船舶修造有限公司	江苏
118	江苏省无锡船厂有限公司	江苏
119	江西华东船业有限公司	江西
120	同方江新造船有限公司	江西
121	江西江州联合造船有限责任公司	江西
122	九江翔升造船有限公司	江西
123	九江银星造船股份有限公司	江西
124	大连船舶重工集团有限公司	辽宁
125	渤海船舶重工有限责任公司	辽宁
126	渤海装备辽河重工有限公司	辽宁

序号	企业名称	地区
127	渤海造船厂集团有限公司	辽宁
128	大连中远海运重工有限公司	辽宁
129	大连中远海运川崎船舶工程有限公司	辽宁
130	大连辽南船厂	辽宁
131	大连渔轮有限公司	辽宁
132	大连船舶重工集团海洋工程有限公司	辽宁
133	辽宁东宝集团船舶制造有限公司	辽宁
134	STX(大连)造船有限公司	辽宁
135	大连松辽船厂	辽宁
136	烟台中集来福士海洋工程有限公司	山东
137	青岛海西重机有限责任公司	山东
138	青岛造船厂有限公司	山东
139	青岛北海船舶重工有限责任公司	山东
140	中航威海船厂有限公司	山东
141	蓬莱中柏京鲁船业有限公司	山东
142	蓬莱巨涛海洋工程重工有限公司	山东
143	山东航宇船业集团股份有限公司	山东
144	黄海造船有限公司	山东
145	青岛武船重工有限公司	山东
146	青岛前进船厂	山东
147	龙口市丛林铝合金船舶有限公司	山东
148	山东丛林凯瓦铝合金船舶有限公司	山东
149	日照港达船舶重工有限公司	山东
150	青岛致远海洋船舶重工有限公司	山东
151	威海东海船舶修造有限公司	山东
152	威海三进船业有限公司	山东
153	青岛扬帆船舶制造有限公司	山东
154	上海振华重工(集团)股份有限公司	上海
155	沪东中华造船(集团)有限公司	上海
156	上海外高桥造船有限公司	上海
157	江南造船(集团)有限责任公司	上海
158	上海船厂船舶有限公司	上海
159	上海江南长兴造船有限责任公司	上海

序号	企业名称	地区
160	上海外高桥造船海洋工程有限公司	上海
161	上海中远船务工程有限公司	上海
162	上海华润大东船务工程有限公司	上海
163	上海江南造船厂有限公司	上海
164	天津新港船舶重工有限责任公司	天津
165	天津港轮驳有限公司	天津
166	天津新河船舶重工有限责任公司	天津
167	天津新港船务工程有限公司	天津
168	天津万美达船舶科技发展有限公司	天津
169	金海智造股份有限公司	浙江
170	扬帆集团股份有限公司	浙江
171	舟山长宏国际船舶修造有限公司	浙江
172	舟山市沥港船舶修造有限公司	浙江
173	舟山中远海运重工有限公司	浙江
174	浙江欧华造船股份有限公司	浙江
175	浙江造船有限公司	浙江
176	国营海东造船厂	浙江
177	常石集团(舟山)造船有限公司	浙江
178	台州市五洲船业有限公司	浙江
179	浙江新乐造船股份有限公司	浙江
180	浙江东海岸船业有限公司	浙江
181	台州市东海船舶修造有限公司	浙江
182	台州七八一六船舶工业有限公司	浙江
183	浙江方圆造船有限公司	浙江
184	浙江正和造船有限公司	浙江
185	太平洋海洋工程(舟山)有限公司	浙江
186	台州枫叶船业有限公司	浙江
187	嘉兴市禾东船业有限责任公司	浙江
188	浙江增洲造船有限公司	浙江
189	浙江省海运集团舟山五洲船舶修造有限公司	浙江
190	台州市园山船务工程有限公司	浙江
191	浙江东红船业有限公司	浙江
192	舟山万邦永跃船舶修造有限公司	浙江

序号	企业名称	地区
193	浙江合兴船业有限公司	浙江
194	宁波博大船业有限公司	浙江
195	浙江天时造船有限公司	浙江
196	浙江金港船业股份有限公司	浙江
197	浙江宏盛造船有限公司	浙江
198	浙江东鹏船舶修造有限公司	浙江
199	杭州千岛湖造船有限公司	浙江
200	岱山县高亭船厂	浙江
201	浙江南港船业有限公司	浙江
202	舟山市和泰船舶修造有限公司	浙江
203	舟山市海晨船务工程有限责任公司	浙江
204	舟山隆昇船业有限公司	浙江
205	浙江盘峙船舶修造有限公司	浙江
206	重庆川东船舶重工有限责任公司	重庆
207	重庆东港船舶产业有限公司	重庆
208	重庆中江船业有限公司	重庆

注:专利数据收集时间截止到 2018 年 12 月 31 日(公开公告日),企业按地区拼音升序、专利申请数量降序排序。如有遗漏,敬请指正和谅解。

附录 C 我国船舶与海工装备制造业地区专利指数及排名

（由于 2010 年之前我国船舶与海工装备制造业专利数量较少，此处仅列出 2010—2018 年各地区专利指数情况。）

附表 C-1 2010—2018 年上海专利指数及排名

年份	总指数	排名	数量指数	排名	质量指数	排名	基础指数	排名	有效指数	排名
2018	216.77	1	24.26	1	10.28	1	127.91	1	54.32	1
2017	230.51	1	48.57	2	15.09	1	116.49	1	50.36	1
2016	207.00	1	44.15	2	14.49	2	104.76	1	43.60	1
2015	198.40	1	42.83	1	29.09	1	89.50	1	36.98	1
2014	166.12	1	32.32	2	24.59	1	77.89	1	31.32	1
2013	153.00	1	28.05	1	34.17	1	64.06	1	26.72	1
2012	123.17	1	17.73	2	28.30	1	53.14	1	23.99	1
2011	102.52	1	14.52	1	21.93	1	44.70	1	21.38	1
2010	84.28	1	8.44	2	16.99	2	38.70	1	20.14	1

附表 C-2 2010—2018 年广东专利指数及排名

年份	总指数	排名	数量指数	排名	质量指数	排名	基础指数	排名	有效指数	排名
2018	157.20	2	21.21	2	9.63	2	83.86	3	42.51	2
2017	181.81	2	57.69	1	14.23	2	72.93	3	36.95	2
2016	156.77	2	48.21	1	16.01	1	62.02	3	30.53	2
2015	139.37	3	41.93	2	23.34	2	49.36	3	24.74	3
2014	106.34	3	25.95	2	19.45	2	40.52	4	20.41	4
2013	88.22	3	15.93	3	21.89	3	32.59	4	17.81	4
2012	73.41	4	13.23	3	19.08	2	25.69	4	15.40	4
2011	64.14	4	12.84	2	20.14	2	18.28	4	12.88	4
2010	47.20	4	7.50	4	14.67	4	13.56	3	11.48	3

附表 C-3 2010—2018 年江苏专利指数及排名

年份	总指数	排名	数量指数	排名	质量指数	排名	基础指数	排名	有效指数	排名
2018	135.42	3	10.39	3	5.92	3	87.70	2	31.41	3

年份	总指数	排名	数量指数	排名	质量指数	排名	基础指数	排名	有效指数	排名
2017	143.65	3	20.65	3	10.02	3	82.55	2	30.43	3
2016	147.67	3	30.70	3	12.29	3	74.89	2	29.79	3
2015	144.85	2	33.82	3	22.54	3	62.11	2	26.37	2
2014	132.23	2	37.60	1	23.95	2	48.94	2	21.74	2
2013	106.74	2	24.03	2	23.72	2	38.34	2	20.65	2
2012	94.01	2	25.19	1	25.03	2	27.19	3	16.60	3
2011	65.74	2	14.19	2	17.40	3	19.27	3	14.87	3
2010	60.50	2	19.10	1	19.84	1	10.31	4	11.24	4

附表 C-4 2010—2018 年辽宁专利指数及排名

年份	总指数	排名	数量指数	排名	质量指数	排名	基础指数	排名	有效指数	排名
2018	86.50	4	1.31	8	2.02	6	59.02	4	24.15	4
2017	96.23	4	7.67	5	6.83	4	56.36	4	25.37	4
2016	94.62	4	9.67	6	8.27	5	52.94	4	23.75	4
2015	93.34	4	8.51	6	13.08	6	48.33	4	23.42	4
2014	90.31	4	12.45	4	13.80	5	42.67	3	21.39	3
2013	84.38	4	11.02	4	16.68	4	36.82	3	19.86	3
2012	77.40	3	11.46	4	17.67	4	30.47	2	17.80	2
2011	65.59	3	9.57	4	14.79	4	25.26	2	15.96	2
2010	57.68	3	8.10	3	14.70	3	20.52	2	14.36	2

附表 C-5 2010—2018 年山东专利指数及排名

年份	总指数	排名	数量指数	排名	质量指数	排名	基础指数	排名	有效指数	排名
2018	55.42	5	1.39	6	1.51	8	33.10	5	19.41	5
2017	62.38	5	8.27	4	3.61	8	31.31	5	19.19	5
2016	63.09	5	11.07	5	5.33	8	28.65	5	18.04	5
2015	66.89	5	14.86	4	14.67	5	22.09	5	15.27	5
2014	53.32	5	10.16	6	11.65	6	17.76	6	13.75	6
2013	49.68	5	9.78	5	15.44	5	12.22	7	12.25	7
2012	38.82	6	7.53	5	13.74	5	6.89	7	10.66	7
2011	26.21	7	3.89	7	8.27	7	4.17	7	9.89	8
2010	21.53	6	2.97	6	6.97	6	2.49	7	9.10	9

附表 C-6　2010—2018 年浙江专利指数及排名

年份	总指数	排名	数量指数	排名	质量指数	排名	基础指数	排名	有效指数	排名
2018	54.24	6	2.49	5	2.90	5	32.04	6	16.81	7
2017	58.15	6	6.88	6	5.57	6	29.47	6	16.24	7
2016	61.51	6	12.06	4	8.38	4	26.12	6	14.95	7
2015	59.46	6	9.74	5	15.14	4	20.76	7	13.82	7
2014	52.72	6	10.18	5	14.67	4	14.97	7	12.90	7
2013	36.82	7	3.94	7	7.94	8	12.40	6	12.54	6
2012	35.54	7	5.32	8	10.13	6	8.54	6	11.54	6
2011	32.48	6	6.14	5	11.61	5	4.60	6	10.14	6
2010	21.46	7	2.73	7	6.70	7	2.56	6	9.47	7

附表 C-7　2010—2018 年湖北专利指数及排名

年份	总指数	排名	数量指数	排名	质量指数	排名	基础指数	排名	有效指数	排名
2018	49.43	7	1.34	7	1.76	7	28.71	7	17.62	6
2017	53.49	7	3.12	8	5.99	5	27.11	7	17.25	6
2016	55.65	7	7.66	7	7.32	7	24.75	7	15.92	6
2015	53.84	7	8.03	7	9.00	7	21.84	6	14.96	6
2014	48.44	7	6.80	7	7.51	8	19.36	5	14.77	5
2013	48.48	6	7.58	6	11.38	6	15.94	5	13.59	5
2012	41.30	5	6.40	6	9.47	8	12.85	5	12.58	5
2011	35.07	5	4.69	6	8.81	6	9.88	5	11.69	5
2010	35.19	5	6.51	5	12.06	5	6.05	5	10.56	5

附表 C-8　2010—2018 年安徽专利指数及排名

年份	总指数	排名	数量指数	排名	质量指数	排名	基础指数	排名	有效指数	排名
2018	34.80	8	6.99	4	4.83	4	13.66	9	9.32	12
2017	28.84	9	3.16	7	3.15	9	12.84	9	9.69	9
2016	29.53	9	3.97	9	3.35	10	11.70	9	10.50	9
2015	32.20	9	7.81	8	6.52	9	9.24	9	8.62	15
2014	27.07	9	3.03	9	6.10	9	8.10	8	9.84	9
2013	24.41	9	1.07	10	5.06	10	7.63	8	10.65	8
2012	24.25	8	2.30	9	5.60	8	5.78	8	10.57	8
2011	22.34	8	2.36	8	5.91	8	4.03	8	10.03	7
2010	19.18	8	2.15	8	6.08	8	1.56	9	9.39	8

附表 C - 9   2010—2018 年福建专利指数及排名

年份	总指数	排名	数量指数	排名	质量指数	排名	基础指数	排名	有效指数	排名
2018	33.49	9	0.37	12	0.38	12	18.46	8	14.29	8
2017	37.77	8	2.84	9	4.23	7	17.10	8	13.61	8
2016	40.97	8	7.44	8	7.39	6	13.90	8	12.23	8
2015	33.49	8	2.56	10	6.79	8	11.91	8	12.22	8
2014	35.03	8	5.86	8	9.88	7	8.02	9	11.28	8
2013	28.46	8	3.21	8	9.65	7	5.10	9	10.50	9
2012	20.17	9	5.63	7	10.05	7	0.89	12	3.61	14
2011	4.77	13	0.26	12	0.33	13	0.84	11	3.34	13
2010	2.14	12	0.49	9	1.36	9	0.29	11	0.00	12

附表 C - 10   2010—2018 年天津专利指数及排名

年份	总指数	排名	数量指数	排名	质量指数	排名	基础指数	排名	有效指数	排名
2018	19.98	10	0.58	9	0.88	9	8.68	10	9.84	9
2017	21.25	10	1.62	10	2.52	10	7.67	10	9.44	12
2016	20.10	10	0.69	13	2.89	11	7.32	10	9.22	12
2015	18.39	11	0.76	11	2.08	12	6.57	10	8.97	12
2014	19.46	10	0.72	10	3.74	10	6.03	10	8.97	14
2013	20.50	10	0.96	11	6.28	9	4.87	10	8.38	15
2012	19.19	10	1.23	11	4.80	12	3.49	9	9.68	9
2011	15.57	9	0.73	10	2.49	12	2.64	9	9.72	9
2010	13.08	9	0.19	10	0.91	10	2.31	8	9.67	6

附表 C - 11   2010—2018 年广西专利指数及排名

年份	总指数	排名	数量指数	排名	质量指数	排名	基础指数	排名	有效指数	排名
2018	15.47	11	0.55	10	0.63	10	4.66	11	9.62	10
2017	15.75	11	0.89	12	1.02	12	4.32	11	9.53	11
2016	16.18	12	1.63	10	1.52	14	3.78	11	9.26	11
2015	20.98	10	5.45	9	2.96	11	2.68	12	9.88	9
2014	15.58	11	0.60	11	2.67	11	2.53	12	9.78	10
2013	15.85	11	1.86	9	3.10	12	1.30	12	9.60	11
2012	15.72	12	1.32	10	4.79	13	0.27	14	9.35	12
2011	8.37	11	0.23	13	3.83	10	0.11	14	4.21	12
2010	0.23	13	0.04	13	0.19	13	0.00	14	0.00	14

附表 C-12 2010—2018年重庆专利指数及排名

年份	总指数	排名	数量指数	排名	质量指数	排名	基础指数	排名	有效指数	排名
2018	13.95	12	0.42	11	0.63	11	4.11	12	8.80	14
2017	13.93	12	0.49	13	0.63	13	3.72	12	9.09	13
2016	14.73	13	0.53	14	2.05	12	3.23	12	8.93	14
2015	12.55	13	0.12	13	0.54	13	3.06	11	8.84	14
2014	12.52	13	0.12	14	0.54	14	2.81	11	9.06	12
2013	13.71	13	0.27	13	1.29	13	2.31	11	9.83	10
2012	17.61	11	1.18	12	5.36	10	1.49	10	9.58	10
2011	11.00	10	0.76	9	5.02	9	0.90	10	4.32	10
2010	5.62	10	0.12	11	0.55	11	0.67	10	4.28	10

附表 C-13 2010—2018年河北专利指数及排名

年份	总指数	排名	数量指数	排名	质量指数	排名	基础指数	排名	有效指数	排名
2018	12.71	13	0.00	14	0.00	14	3.27	14	9.44	11
2017	13.55	13	0.34	14	0.63	14	3.04	13	9.54	10
2016	17.04	11	0.75	12	3.89	9	2.67	13	9.72	10
2015	16.76	12	0.61	12	4.18	10	2.40	13	9.58	10
2014	12.85	12	0.27	13	0.95	13	1.97	13	9.67	11
2013	15.32	12	0.80	12	3.89	11	1.14	13	9.49	12
2012	10.51	13	0.72	13	5.09	11	0.46	13	4.24	13
2011	4.89	12	0.04	14	0.29	14	0.33	12	4.23	11
2010	4.78	11	0.08	12	0.37	12	0.12	13	4.21	11

附表 C-14 2010—2018年湖南专利指数及排名

年份	总指数	排名	数量指数	排名	质量指数	排名	基础指数	排名	有效指数	排名
2018	10.24	14	0.00	15	0.00	15	1.29	15	8.95	13
2017	10.24	14	0.00	15	0.00	15	1.29	15	8.95	14
2016	10.24	15	0.00	15	0.00	15	1.29	15	8.95	13
2015	10.24	15	0.00	15	0.00	15	1.29	15	8.95	13
2014	10.31	15	0.04	15	0.18	15	1.18	14	8.90	15
2013	10.58	14	0.19	14	1.00	14	0.82	15	8.57	14
2012	5.37	15	0.50	14	4.68	14	0.19	15	0.00	15
2011	0.19	15	0.00	15	0.00	15	0.19	13	0.00	14
2010	0.19	14	0.00	14	0.00	14	0.19	12	0.00	13

附表 C-15 2010—2018 年江西专利指数及排名

年份	总指数	排名	数量指数	排名	质量指数	排名	基础指数	排名	有效指数	排名
2018	6.95	15	0.04	13	0.13	13	3.50	13	3.29	15
2017	7.50	15	1.20	11	1.89	11	2.44	14	1.97	15
2016	10.98	14	0.81	11	1.68	13	1.63	14	6.85	15
2015	11.06	14	0.00	14	0.00	14	1.63	14	9.43	11
2014	12.31	14	0.58	12	1.67	12	1.01	15	9.05	13
2013	10.06	15	0.00	15	0.00	15	1.01	14	9.05	13
2012	10.45	14	0.00	15	0.00	15	1.01	11	9.44	11
2011	4.23	14	0.69	11	3.54	11	0.00	15	0.00	15

附录 D 我国船舶与海工装备制造企业专利指数及排名

（由于每个企业开始申请专利的时间不同，故计算每个企业专利指数的
起始年份也不同。）

附表 D-1 上海振华重工（集团）股份有限公司

年份	总指数	排名	数量指数	排名	质量指数	排名	基础指数	排名	有效指数	排名
2018	213.58	1	30.92	1	9.73	2	119.51	1	53.42	1
2017	225.25	1	52.35	2	15.34	1	109.57	1	47.98	1
2016	198.04	1	43.28	2	15.12	1	97.81	1	41.84	1
2015	177.96	1	31.92	4	21.90	1	86.32	1	37.82	1
2014	156.13	1	26.63	1	20.38	1	75.93	1	33.20	1
2013	162.82	1	40.59	1	37.17	1	59.05	1	26.01	1
2012	124.34	1	25.94	1	32.31	1	45.24	1	20.86	1
2011	92.97	1	16.78	1	23.20	1	35.29	1	17.71	2
2010	60.79	3	2.99	19	7.23	19	32.74	1	17.83	1
2009	73.40	1	13.60	1	18.50	1	25.60	2	15.70	2
2008	53.12	3	5.50	3	10.19	4	22.49	2	14.95	2
2007	48.20	2	4.06	4	10.14	5	19.95	2	14.05	1
2006	54.71	2	12.24	2	17.67	2	12.92	2	11.89	1
2005	45.37	1	12.73	1	17.18	1	6.17	3	9.29	3
2004	21.93	4	2.18	4	5.54	6	5.27	1	8.93	1
2003	29.15	1	7.85	1	12.30	1	1.10	4	7.89	2
2002	8.76	2	1.92	2	6.84	2	0.00	15	0.00	15

附表 D-2 广船国际有限公司

年份	总指数	排名	数量指数	排名	质量指数	排名	基础指数	排名	有效指数	排名
2018	146.06	2	26.73	2	9.03	3	74.11	4	36.19	4
2017	166.76	3	58.09	1	15.11	2	63.10	5	30.46	5
2016	128.78	5	36.41	3	13.28	3	54.55	5	24.54	5
2015	125.82	3	47.32	1	18.80	4	41.72	6	17.98	8
2014	76.34	7	12.17	8	12.94	7	35.57	5	15.66	8
2013	66.32	9	6.58	13	14.89	9	30.80	6	14.06	9
2012	56.63	8	5.31	16	10.96	14	27.35	6	13.01	8

续附表

年份	总指数	排名	数量指数	排名	质量指数	排名	基础指数	排名	有效指数	排名
2011	55.61	5	7.68	6	14.67	5	21.65	6	11.62	8
2010	47.82	7	6.34	8	14.25	6	16.84	7	10.39	8
2009	38.68	7	5.29	9	12.22	5	11.90	7	9.26	8
2008	28.52	7	3.17	6	6.87	11	9.68	7	8.81	8
2007	24.74	7	2.19	10	6.75	10	7.47	6	8.33	7
2006	21.80	7	1.88	10	6.00	10	6.13	6	7.80	7
2005	20.00	7	2.29	6	7.22	7	3.51	6	6.98	7
2004	13.27	6	0.95	6	6.26	5	2.91	5	3.14	8
2003	6.71	7	0.10	7	0.49	7	2.75	2	3.36	3
2002	6.40	3	0.10	3	0.37	4	2.62	1	3.30	2
2001	6.67	2	0.21	2	1.04	3	2.24	1	3.18	2
2000	5.99	1	0.21	1	0.92	1	1.82	1	3.03	2
1999	5.96	1	0.21	1	0.95	1	1.40	1	3.40	1
1998	5.08	1	0.10	2	0.40	2	1.21	1	3.37	1
1997	5.01	1	0.21	1	0.80	1	0.71	1	3.30	1
1996	4.12	1	0.10	1	0.25	1	0.50	1	3.26	1
1995	4.18	1	0.10	1	0.64	1	0.20	11	3.23	5
1994	0.30	7	0.05	3	0.25	3	0.00	11	0.00	11

附表 D-3　沪东中华造船(集团)有限公司

年份	总指数	排名	数量指数	排名	质量指数	排名	基础指数	排名	有效指数	排名
2018	139.30	3	8.49	9	3.25	11	88.56	2	39.00	2
2017	168.09	2	40.53	4	12.87	4	78.97	3	35.72	2
2016	140.37	2	28.59	4	11.83	5	69.57	3	30.38	3
2015	126.47	2	22.12	5	19.91	2	58.14	3	26.30	3
2014	102.10	3	12.14	9	14.64	3	51.52	3	23.81	3
2013	98.35	3	13.97	7	18.43	4	44.74	3	21.21	3
2012	80.21	3	7.97	9	12.95	11	39.42	3	19.88	2
2011	74.31	3	9.60	3	11.94	6	34.41	2	18.36	1
2010	70.49	2	9.03	4	16.28	3	28.58	3	16.60	3
2009	60.74	2	9.62	3	12.02	7	23.80	3	15.30	3
2008	62.64	1	14.36	1	18.65	1	16.87	4	12.76	3
2007	43.83	3	7.78	2	10.96	4	13.57	4	11.52	3

续附表

年份	总指数	排名	数量指数	排名	质量指数	排名	基础指数	排名	有效指数	排名
2006	38.58	3	8.29	3	9.45	4	10.40	3	10.44	3
2005	33.34	3	6.31	3	10.52	4	7.13	2	9.37	2
2004	29.12	2	6.21	2	10.62	2	3.71	4	8.58	2
2003	20.29	2	6.28	2	10.57	3	0.20	16	3.23	5
2002	3.43	5	0.00	6	0.00	6	0.20	14	3.23	3
2001	0.30	8	0.05	4	0.25	4	0.00	14	0.00	14

附表 D-4 中船黄埔文冲船舶有限公司

年份	总指数	排名	数量指数	排名	质量指数	排名	基础指数	排名	有效指数	排名
2018	134.63	4	21.11	4	8.25	4	67.11	6	38.15	3
2017	154.32	4	51.48	3	13.94	3	56.39	7	32.51	4
2016	130.34	3	45.55	1	14.00	2	45.30	8	25.50	4
2015	109.17	6	37.03	2	16.75	6	35.26	10	20.13	5
2014	82.17	5	23.72	3	14.53	4	27.68	10	16.25	7
2013	67.13	8	15.11	3	16.97	7	21.27	10	13.79	10
2012	51.38	9	9.10	6	13.26	10	16.76	11	12.26	9
2011	46.00	9	8.48	4	15.41	3	11.68	11	10.43	11
2010	37.42	10	8.78	5	13.02	7	6.85	11	8.77	11
2009	27.91	10	6.02	6	11.80	8	2.47	12	7.62	22
2008	12.00	13	1.26	15	7.76	9	0.77	15	2.20	22
2007	1.38	22	0.21	16	0.92	15	0.24	25	0.00	27
2006	0.24	27	0.00	27	0.00	27	0.24	21	0.00	21
2005	0.24	21	0.00	21	0.00	21	0.24	17	0.00	17
2004	0.24	17	0.00	17	0.00	17	0.24	16	0.00	16
2003	0.24	15	0.00	15	0.00	15	0.24	12	0.00	13
2002	0.24	13	0.00	13	0.00	13	0.24	10	0.00	11
2001	0.24	11	0.00	11	0.00	11	0.24	10	0.00	10
2000	0.24	10	0.00	10	0.00	10	0.24	10	0.00	10
1999	0.24	11	0.00	11	0.00	11	0.24	11	0.00	11
1998	0.24	12	0.00	12	0.00	12	0.24	10	0.00	11
1997	0.24	11	0.00	11	0.00	11	0.24	10	0.00	11
1996	0.24	11	0.00	11	0.00	11	0.24	10	0.00	11
1995	0.24	11	0.00	11	0.00	11	0.24	9	0.00	10

年份	总指数	排名	数量指数	排名	质量指数	排名	基础指数	排名	有效指数	排名
1994	0.24	10	0.00	10	0.00	10	0.24	8	0.00	8
1993	3.48	4	0.00	4	0.00	4	0.24	7	3.23	4
1992	3.48	4	0.00	5	0.00	5	0.24	6	3.23	4
1991	3.48	6	0.00	7	0.00	7	0.24	6	3.23	6
1990	3.48	6	0.00	6	0.00	6	0.24	6	3.23	6
1989	0.48	7	0.10	1	0.37	1	0.00	7	0.00	7

附表 D-5　上海外高桥造船有限公司

年份	总指数	排名	数量指数	排名	质量指数	排名	基础指数	排名	有效指数	排名
2018	128.17	5	26.25	3	9.75	1	70.02	5	22.15	8
2017	119.65	6	20.26	5	10.85	6	63.54	4	25.00	7
2016	112.04	6	21.28	5	11.76	6	56.87	4	22.13	7
2015	112.71	5	34.56	3	13.00	9	48.33	4	16.82	9
2014	81.75	6	12.47	7	10.69	12	44.12	4	14.47	11
2013	73.83	5	4.73	20	13.65	11	40.08	4	15.38	6
2012	73.40	4	6.74	12	15.34	4	34.90	4	16.42	5
2011	66.92	4	7.38	7	15.36	4	29.33	5	14.85	5
2010	54.72	6	3.98	14	9.91	9	26.55	4	14.28	4
2009	53.83	5	6.26	5	12.21	6	22.25	4	13.11	4
2008	42.56	5	3.12	7	8.67	8	18.68	3	12.09	4
2007	40.49	4	3.96	5	11.23	3	14.22	3	11.07	4
2006	37.43	4	4.88	4	13.51	3	9.18	4	9.87	4
2005	31.07	4	5.66	4	12.61	3	4.09	5	8.71	5
2004	22.20	3	3.41	3	8.68	3	2.02	6	8.09	5
2003	10.42	5	2.49	4	7.93	4	0.00	18	0.00	18

附表 D-6　大连船舶重工集团有限公司

年份	总指数	排名	数量指数	排名	质量指数	排名	基础指数	排名	有效指数	排名
2018	122.56	6	1.87	19	2.50	15	82.90	3	35.30	5
2017	126.58	5	7.09	14	5.50	15	80.07	2	33.92	3
2016	129.80	4	14.78	9	9.78	8	74.01	2	31.24	2
2015	125.66	4	11.37	14	19.14	3	66.07	2	29.08	2
2014	115.39	2	16.02	5	14.91	2	58.51	2	25.94	2

年份	总指数	排名	数量指数	排名	质量指数	排名	基础指数	排名	有效指数	排名
2013	108.88	2	15.88	2	21.24	3	49.10	2	22.66	2
2012	99.95	2	16.62	2	23.57	2	40.09	2	19.68	3
2011	83.37	2	14.50	2	20.06	2	32.19	4	16.63	4
2010	72.40	1	14.28	1	22.01	1	22.62	5	13.49	5
2009	54.72	4	10.35	2	17.75	2	15.33	5	11.30	5
2008	43.93	4	11.15	2	12.24	2	10.46	6	10.09	6
2007	36.15	5	8.03	1	12.40	2	6.80	7	8.93	6
2006	23.94	6	3.11	5	7.62	8	4.68	7	8.53	6
2005	24.00	5	5.54	5	9.55	5	1.86	7	7.04	6
2004	8.90	7	0.00	9	0.00	9	1.86	7	7.04	6
2003	9.81	6	0.74	5	5.43	5	1.37	3	2.27	6
2002	4.21	4	0.00	5	0.00	5	1.37	3	2.83	4
2001	4.89	3	0.10	3	1.13	3	0.96	3	2.69	3
2000	3.66	3	0.00	3	0.00	3	0.96	3	2.69	3
1999	2.94	4	0.20	3	0.62	2	0.49	5	1.63	6
1998	2.12	5	0.00	7	0.00	7	0.49	3	1.63	5
1997	2.12	4	0.00	5	0.00	5	0.49	2	1.63	4
1996	2.12	6	0.00	6	0.00	6	0.49	2	1.63	6
1995	3.75	3	0.00	4	0.00	4	0.49	1	3.26	1
1994	3.95	1	0.10	1	0.37	1	0.24	7	3.23	3
1993	3.48	5	0.00	5	0.00	5	0.24	8	3.23	5
1992	3.48	5	0.00	5	0.00	5	0.24	7	3.23	5
1991	0.48	8	0.10	1	0.37	1	0.00	8	0.00	8

附表 D-7　江南造船(集团)有限责任公司

年份	总指数	排名	数量指数	排名	质量指数	排名	基础指数	排名	有效指数	排名
2018	115.23	7	10.50	8	6.75	6	66.58	7	31.40	6
2017	115.01	7	17.36	8	11.92	5	58.32	6	27.39	6
2016	104.00	7	16.00	8	12.06	4	51.46	6	24.48	6
2015	100.51	7	20.21	7	17.25	5	42.36	5	20.69	4
2014	91.20	4	25.90	2	13.67	6	35.14	6	16.49	5
2013	69.10	6	8.60	8	17.03	6	28.89	7	14.58	8
2012	56.87	7	4.83	18	14.02	6	24.63	7	13.38	7

年份	总指数	排名	数量指数	排名	质量指数	排名	基础指数	排名	有效指数	排名
2011	49.77	7	4.54	14	11.88	7	21.09	7	12.26	7
2010	42.34	8	4.02	13	8.75	12	17.97	6	11.60	6
2009	39.31	6	4.17	11	9.25	10	15.06	6	10.84	6
2008	37.41	6	4.36	5	10.43	3	12.33	5	10.28	5
2007	32.09	6	3.44	8	8.68	7	10.32	5	9.64	5
2006	27.53	5	2.37	7	8.20	6	7.81	5	9.15	5
2005	22.29	6	1.63	7	5.96	9	5.90	4	8.81	4
2004	21.91	5	2.13	5	6.92	4	4.46	2	8.41	3
2003	14.37	4	0.62	6	1.54	6	3.84	1	8.38	1
2002	20.20	1	3.03	1	7.61	1	1.69	2	7.87	1
2001	10.43	1	0.64	1	5.07	1	1.33	2	3.40	1
2000	4.95	2	0.10	2	0.40	2	1.08	2	3.37	1
1999	4.73	2	0.21	2	0.52	3	0.70	2	3.30	2
1998	1.52	8	0.31	1	1.20	1	0.00	13	0.00	13

附表 D-8　广州文冲船厂有限责任公司

年份	总指数	排名	数量指数	排名	质量指数	排名	基础指数	排名	有效指数	排名
2018	76.44	8	10.51	7	5.50	7	39.51	11	20.92	10
2017	79.95	9	18.11	6	6.88	8	35.86	12	19.10	10
2016	76.42	11	18.95	6	9.78	7	31.11	12	16.59	10
2015	63.01	12	11.39	13	9.15	15	27.26	12	15.21	11
2014	58.08	12	11.14	10	10.43	14	23.35	12	13.17	12
2013	47.67	12	5.28	19	9.91	14	20.33	11	12.16	12
2012	43.49	13	3.81	22	10.94	15	17.44	9	11.30	11
2011	35.10	11	2.40	27	6.52	23	15.42	9	10.76	9
2010	34.32	11	2.79	20	9.12	11	12.33	8	10.09	9
2009	32.51	9	4.98	10	9.18	11	9.18	8	9.17	9
2008	27.72	8	2.75	8	9.66	5	6.68	8	8.62	9
2007	20.87	9	2.44	9	5.74	11	4.55	8	8.13	9
2006	21.39	8	2.98	6	8.56	5	2.58	8	7.27	9
2005	10.83	8	1.37	8	8.95	6	0.52	8	0.00	12
2004	2.15	9	0.00	11	0.00	11	0.52	9	1.63	9
2003	2.15	9	0.00	9	0.00	9	0.52	6	1.63	7

年份	总指数	排名	数量指数	排名	质量指数	排名	基础指数	排名	有效指数	排名
2002	2.15	6	0.00	7	0.00	7	0.52	5	1.63	5
2001	2.15	5	0.00	6	0.00	6	0.52	5	1.63	5
2000	2.15	5	0.00	5	0.00	5	0.52	5	1.63	5
1999	2.15	6	0.00	6	0.00	6	0.52	4	1.63	5
1998	0.77	9	0.10	3	0.40	3	0.26	6	0.00	8
1997	0.26	9	0.00	9	0.00	9	0.26	7	0.00	9
1996	3.49	3	0.00	3	0.00	3	0.26	6	3.23	3
1995	3.49	4	0.00	5	0.00	5	0.26	4	3.23	2
1994	3.49	2	0.00	4	0.00	4	0.26	3	3.23	1
1993	3.49	2	0.00	2	0.00	2	0.26	2	3.23	1
1992	0.57	7	0.10	1	0.46	1	0.00	9	0.00	9

附表 D-9 中船澄西船舶修造有限公司

年份	总指数	排名	数量指数	排名	质量指数	排名	基础指数	排名	有效指数	排名
2018	76.26	9	8.23	10	3.75	9	52.07	8	12.21	21
2017	84.74	8	17.51	7	5.32	16	49.49	8	12.42	19
2016	84.43	8	17.57	7	7.10	14	45.89	7	13.87	14
2015	79.37	10	16.10	9	13.92	8	37.15	7	12.20	16
2014	69.55	10	10.54	11	11.99	9	32.07	9	14.95	9
2013	68.61	7	14.09	6	13.98	10	24.99	9	15.56	5
2012	60.13	5	16.61	3	14.46	5	16.87	10	12.20	10
2011	39.27	10	4.69	13	10.84	10	12.98	10	10.75	10
2010	34.04	12	7.12	7	15.61	4	7.03	10	4.28	33
2009	15.70	17	3.74	12	10.27	9	0.60	30	1.10	36
2008	1.69	32	0.00	36	0.00	36	0.60	17	1.10	23
2007	0.69	23	0.05	20	0.25	20	0.39	17	0.00	23
2006	0.39	24	0.00	24	0.00	24	0.39	15	0.00	18
2005	0.39	18	0.00	18	0.00	18	0.39	13	0.00	14
2004	0.39	14	0.00	14	0.00	14	0.39	11	0.00	12
2003	0.39	12	0.00	12	0.00	12	0.39	8	0.00	10
2002	0.39	10	0.00	10	0.00	10	0.39	7	0.00	8
2001	0.39	7	0.00	8	0.00	8	0.39	7	0.00	7
2000	0.39	7	0.00	7	0.00	7	0.39	7	0.00	7

年份	总指数	排名	数量指数	排名	质量指数	排名	基础指数	排名	有效指数	排名
1999	0.39	8	0.00	8	0.00	8	0.39	7	0.00	8
1998	2.03	7	0.00	9	0.00	9	0.39	5	1.63	7
1997	2.03	6	0.00	7	0.00	7	0.39	5	1.63	6
1996	2.03	7	0.00	7	0.00	7	0.39	5	1.63	7
1995	2.03	6	0.00	7	0.00	7	0.39	3	1.63	6
1994	2.03	4	0.00	6	0.00	6	0.39	2	1.63	4
1993	3.99	1	0.10	1	0.40	1	0.26	4	3.23	2
1992	3.49	2	0.00	3	0.00	3	0.26	3	3.23	2
1991	3.49	3	0.00	4	0.00	4	0.26	3	3.23	3
1990	3.49	3	0.00	3	0.00	3	0.26	3	3.23	3
1989	3.49	3	0.00	4	0.00	4	0.26	3	3.23	3
1988	3.49	2	0.00	4	0.00	4	0.26	2	3.23	2
1987	0.54	4	0.10	1	0.43	1	0.00	5	0.00	5

附表 D – 10　武昌船舶重工集团有限公司

年份	总指数	排名	数量指数	排名	质量指数	排名	基础指数	排名	有效指数	排名
2018	70.16	10	1.03	34	0.50	45	44.53	9	24.10	7
2017	72.35	11	1.72	49	2.68	40	43.87	9	24.07	8
2016	82.18	9	10.77	13	8.45	11	40.86	9	22.11	8
2015	80.44	9	15.06	12	8.83	17	36.80	8	19.76	6
2014	70.77	9	10.15	12	9.71	16	32.97	8	17.95	4
2013	74.18	4	14.83	4	17.72	5	26.43	8	15.18	7
2012	57.61	6	8.01	8	13.48	9	22.47	8	13.65	6
2011	46.16	8	4.32	15	9.51	12	19.51	8	12.81	6
2010	55.49	5	12.34	2	20.83	2	11.89	9	10.43	7
2009	35.30	8	6.01	7	13.06	3	6.92	9	9.31	7
2008	24.52	9	1.78	12	9.27	6	4.65	9	8.83	7
2007	22.78	8	3.62	7	8.88	6	2.14	9	8.14	8
2006	17.32	9	2.03	9	6.74	9	0.77	9	7.78	8
2005	7.41	9	1.28	9	6.13	8	0.00	20	0.00	20

附表 D-11　烟台中集来福士海洋工程有限公司

年份	总指数	排名	数量指数	排名	质量指数	排名	基础指数	排名	有效指数	排名
2018	65.77	11	0.31	60	0.50	52	43.88	10	21.08	9
2017	72.79	10	4.65	23	2.87	35	42.87	10	22.40	9
2016	80.71	10	13.79	10	5.17	37	40.21	10	21.54	9
2015	81.79	8	15.97	10	14.56	7	32.86	11	18.40	7
2014	74.00	8	19.87	4	14.19	5	25.06	11	14.88	10
2013	64.02	10	14.49	5	23.32	2	14.52	13	11.69	13
2012	44.31	12	9.40	5	19.55	3	6.12	21	9.23	19
2011	23.70	17	2.98	21	7.67	16	4.60	20	8.46	22
2010	23.38	16	4.59	11	9.26	10	2.37	21	7.17	31
2009	16.52	14	1.28	23	5.61	22	1.77	15	7.86	15
2008	9.62	16	0.00	32	0.00	32	1.77	12	7.86	12
2007	11.30	12	3.88	6	7.43	8	0.00	30	0.00	30

附表 D-12　渤海船舶重工有限责任公司

年份	总指数	排名	数量指数	排名	质量指数	排名	基础指数	排名	有效指数	排名
2018	50.42	12	0.00	70	0.00	70	38.54	12	11.88	23
2017	53.68	12	0.00	109	0.00	109	38.54	11	15.14	12
2016	53.93	12	0.00	113	0.00	113	38.54	11	15.39	12
2015	63.54	11	4.33	27	5.72	38	36.71	9	16.78	10
2014	62.13	11	5.32	24	6.21	35	34.11	7	16.48	6
2013	51.25	11	0.00	96	0.00	96	34.11	5	17.13	4
2012	51.25	10	0.00	95	0.00	95	34.11	5	17.13	4
2011	51.25	6	0.00	83	0.00	83	34.11	3	17.13	3
2010	59.18	4	2.59	21	7.36	16	32.56	2	16.67	2
2009	56.92	3	2.46	17	8.33	14	30.09	1	16.05	1
2008	56.97	2	5.17	4	8.92	7	27.69	1	15.20	1
2007	57.81	1	6.12	3	14.54	1	23.17	1	13.97	2
2006	64.89	1	15.95	1	23.48	1	14.15	1	11.30	2
2005	42.57	2	8.44	2	14.44	2	9.80	1	9.90	1
2004	36.43	1	7.32	1	16.79	1	3.91	3	8.40	4
2003	15.21	3	4.07	3	11.15	2	0.00	17	0.00	17

附表 D-13 中国葛洲坝集团机械船舶有限公司

年份	总指数	排名	数量指数	排名	质量指数	排名	基础指数	排名	有效指数	排名
2018	47.71	13	3.26	13	3.25	12	24.73	15	16.48	12
2017	52.78	13	7.14	13	10.32	7	20.45	18	14.87	15
2016	48.93	13	9.81	15	9.22	9	17.01	18	12.88	17
2015	42.55	15	6.68	18	10.48	10	13.76	20	11.62	18
2014	37.97	18	8.81	15	8.13	20	10.56	20	10.48	20
2013	29.17	22	4.18	22	6.66	26	8.51	21	9.82	20
2012	29.68	18	6.97	11	9.04	20	4.86	26	8.80	24
2011	20.59	21	2.96	22	5.74	30	3.59	23	8.30	23
2010	18.83	20	3.19	18	6.12	25	1.64	28	7.88	20
2009	9.52	25	0.00	43	0.00	43	1.64	16	7.88	13
2008	10.31	15	0.36	26	0.58	29	1.52	13	7.85	13
2007	10.33	13	1.54	12	4.89	13	0.63	12	3.26	12
2006	4.17	12	0.10	12	0.40	14	0.44	14	3.23	11
2005	3.67	10	0.00	13	0.00	13	0.44	12	3.23	8
2004	1.35	10	0.36	7	0.98	7	0.00	19	0.00	19

附表 D-14 上海船厂船舶有限公司

年份	总指数	排名	数量指数	排名	质量指数	排名	基础指数	排名	有效指数	排名
2018	45.39	14	0.73	47	1.50	23	27.73	13	15.43	14
2017	52.30	14	6.25	18	6.00	12	25.17	13	14.88	14
2016	48.16	16	6.66	25	5.15	38	22.21	13	14.13	13
2015	44.81	14	5.39	20	6.52	31	19.59	13	13.31	12
2014	46.62	13	7.79	17	11.46	10	15.63	13	11.74	14
2013	40.14	13	6.27	15	10.91	12	12.39	14	10.57	15
2012	31.72	15	2.10	43	9.41	17	10.23	13	9.99	13
2011	26.86	15	3.47	18	5.59	33	8.30	13	9.49	14
2010	25.41	13	2.58	22	7.54	15	6.36	12	8.94	10
2009	22.68	11	3.35	13	7.42	16	3.53	11	8.38	10
2008	18.80	10	2.54	9	6.51	12	1.84	11	7.92	11
2007	12.29	11	1.59	11	7.18	9	0.29	18	3.23	14
2006	0.69	18	0.10	13	0.58	12	0.00	26	0.00	26

附表 D – 15 招商局重工(江苏)有限公司

年份	总指数	排名	数量指数	排名	质量指数	排名	基础指数	排名	有效指数	排名
2018	42.89	15	11.63	6	4.75	8	13.91	29	12.60	20
2017	32.05	27	4.15	26	4.53	19	11.74	30	11.63	22
2016	33.69	25	9.36	16	9.02	10	5.77	58	9.55	34
2015	23.29	37	5.17	21	5.79	37	3.64	66	8.70	49
2014	20.81	39	3.39	34	7.76	26	1.67	90	7.99	64
2013	8.00	94	3.00	31	4.99	49	0.00	122	0.00	122

附表 D – 16 江苏新扬子造船有限公司

年份	总指数	排名	数量指数	排名	质量指数	排名	基础指数	排名	有效指数	排名
2018	41.80	16	3.47	11	3.50	10	24.92	14	9.91	33
2017	41.14	18	4.30	25	3.75	25	22.79	14	10.31	28
2016	43.16	19	5.03	33	5.74	27	20.05	15	12.33	18
2015	41.80	17	8.58	16	5.18	43	16.86	14	11.18	20
2014	40.72	15	6.87	20	8.79	17	14.40	15	10.66	19
2013	33.50	17	3.74	24	8.50	19	10.41	17	10.85	14
2012	33.50	14	6.20	14	13.56	8	4.72	27	9.02	22
2011	16.83	32	2.81	24	3.64	51	2.27	32	8.11	29
2010	11.92	30	1.14	38	2.29	41	0.75	39	7.74	25
2009	8.49	28	0.00	44	0.00	44	0.75	25	7.74	18
2008	4.72	24	1.11	16	3.62	18	0.00	36	0.00	36

附表 D – 17 南通中远船务工程有限公司

年份	总指数	排名	数量指数	排名	质量指数	排名	基础指数	排名	有效指数	排名
2018	40.59	17	0.00	71	0.00	71	23.18	17	17.42	11
2017	46.13	16	4.53	24	2.00	47	22.32	15	17.28	11
2016	48.24	15	6.92	22	3.89	52	21.01	14	16.40	11
2015	58.62	13	20.33	6	8.99	16	16.14	15	13.16	13
2014	36.66	19	2.56	42	5.84	40	15.53	14	12.72	13
2013	34.87	15	3.59	25	4.42	55	14.57	12	12.29	11
2012	45.77	11	11.40	4	13.67	7	10.27	12	10.43	12
2011	20.70	19	0.00	84	0.00	84	10.27	12	10.43	12
2010	39.18	9	10.41	3	15.14	5	4.87	13	8.76	12
2009	18.49	13	5.76	8	12.73	4	0.00	45	0.00	45

附表 D-18　上海江南长兴造船有限责任公司

年份	总指数	排名	数量指数	排名	质量指数	排名	基础指数	排名	有效指数	排名
2018	40.15	18	1.34	29	1.50	22	23.70	16	13.62	15
2017	48.55	15	9.25	11	4.39	20	20.88	17	14.02	16
2016	47.94	17	10.97	12	6.86	17	18.11	17	12.00	20
2015	40.11	18	3.93	30	9.83	12	15.20	17	11.15	21
2014	35.63	20	3.89	31	8.56	18	12.87	16	10.31	21
2013	26.66	24	1.45	40	3.72	57	11.26	15	10.22	17
2012	30.05	17	2.42	38	9.00	21	8.99	14	9.63	14
2011	28.28	14	3.15	19	10.32	11	6.00	16	8.81	17
2010	21.06	18	2.46	23	7.27	18	3.14	18	8.19	15
2009	18.52	12	2.37	18	7.93	15	0.51	31	7.71	19
2008	6.26	22	0.74	21	5.52	16	0.00	35	0.00	35

附表 D-19　福建省马尾造船股份有限公司

年份	总指数	排名	数量指数	排名	质量指数	排名	基础指数	排名	有效指数	排名
2018	39.07	19	0.51	50	0.25	56	22.81	18	15.50	13
2017	41.11	19	2.23	42	2.00	49	21.87	16	15.02	13
2016	48.29	14	10.74	14	5.74	28	18.70	16	13.11	16
2015	38.01	19	3.16	35	6.69	28	15.77	16	12.38	15
2014	38.94	17	7.39	18	8.09	21	12.64	17	10.82	16
2013	36.52	14	6.42	14	15.24	8	5.95	30	8.91	32
2012	20.09	36	6.54	13	12.87	12	0.68	83	0.00	96
2011	0.68	94	0.00	96	0.00	96	0.68	64	0.00	73
2010	0.68	70	0.00	73	0.00	73	0.68	42	0.00	53
2009	0.68	52	0.00	53	0.00	53	0.68	28	0.00	37
2008	0.68	36	0.00	37	0.00	37	0.68	16	0.00	24
2007	0.68	24	0.00	24	0.00	24	0.68	11	0.00	20
2006	0.68	19	0.00	22	0.00	22	0.68	10	0.00	16
2005	0.68	14	0.00	16	0.00	16	0.68	8	0.00	11
2004	0.68	11	0.00	12	0.00	12	0.68	8	0.00	10
2003	0.68	10	0.00	10	0.00	10	0.68	5	0.00	8
2002	0.68	7	0.00	8	0.00	8	0.68	4	0.00	6
2001	2.31	4	0.00	5	0.00	5	0.68	4	1.63	4
2000	2.31	4	0.00	4	0.00	4	0.68	4	1.63	4

续附表

年份	总指数	排名	数量指数	排名	质量指数	排名	基础指数	排名	有效指数	排名
1999	2.31	5	0.00	5	0.00	5	0.68	3	1.63	4
1998	2.31	4	0.00	6	0.00	6	0.68	2	1.63	4
1997	0.91	7	0.10	2	0.37	2	0.43	4	0.00	7
1996	0.43	8	0.00	8	0.00	8	0.43	4	0.00	8
1995	0.43	7	0.00	8	0.00	8	0.43	2	0.00	7
1994	0.43	6	0.00	7	0.00	7	0.43	1	0.00	5
1993	0.43	6	0.00	8	0.00	8	0.43	1	0.00	6
1992	3.66	1	0.00	2	0.00	2	0.43	1	3.23	1
1991	3.66	1	0.00	2	0.00	2	0.43	1	3.23	1
1990	3.66	1	0.00	1	0.00	1	0.43	1	3.23	1
1989	3.66	1	0.00	2	0.00	2	0.43	1	3.23	1
1988	0.71	5	0.10	1	0.43	1	0.18	5	0.00	5
1987	0.18	5	0.00	5	0.00	5	0.18	4	0.00	4
1986	0.54	3	0.26	1	0.28	3	0.00	4	0.00	4

附表 D–20　江门市南洋船舶工程有限公司

年份	总指数	排名	数量指数	排名	质量指数	排名	基础指数	排名	有效指数	排名
2018	34.31	20	1.86	20	1.78	18	19.11	20	11.57	24
2017	37.24	21	2.95	32	2.78	37	18.23	20	13.28	18
2016	40.78	20	5.24	31	5.47	31	16.77	19	13.30	15
2015	42.05	16	6.95	17	9.15	14	13.24	21	12.70	14
2014	39.31	16	9.48	13	10.08	15	8.58	30	11.16	15
2013	31.41	18	5.82	16	9.88	15	5.76	34	9.95	19
2012	28.26	19	8.33	7	9.14	19	2.43	45	8.36	32
2011	10.38	52	4.92	12	5.46	36	0.00	82	0.00	82

附表 D–21　南通中远海运川崎船舶工程有限公司

年份	总指数	排名	数量指数	排名	质量指数	排名	基础指数	排名	有效指数	排名
2018	33.95	21	0.00	72	0.00	72	20.33	19	13.62	16
2017	36.27	23	1.76	48	2.00	50	19.17	19	13.34	17
2016	43.88	18	8.58	19	6.82	18	16.39	20	12.10	19
2015	34.04	20	2.52	42	4.74	48	15.17	18	11.60	19
2014	43.70	14	14.67	6	12.46	8	8.26	31	8.31	50

年份	总指数	排名	数量指数	排名	质量指数	排名	基础指数	排名	有效指数	排名
2013	19.24	40	1.55	37	3.52	58	6.20	29	7.96	61
2012	23.69	27	2.75	33	7.74	26	4.57	28	8.62	27
2011	13.63	43	0.10	78	0.46	78	4.48	21	8.58	20
2010	18.10	21	6.03	9	8.63	13	0.21	56	3.23	51
2009	3.44	46	0.00	52	0.00	52	0.21	43	3.23	35
2008	0.64	37	0.36	27	0.28	31	0.00	44	0.00	44

附表 D–22　金海智造股份有限公司

年份	总指数	排名	数量指数	排名	质量指数	排名	基础指数	排名	有效指数	排名
2018	31.92	22	2.85	14	3.25	13	13.86	30	11.96	22
2017	30.84	29	5.29	21	5.00	17	10.18	36	10.37	26
2016	27.91	32	2.63	45	6.49	19	9.11	33	9.69	33
2015	25.63	31	1.80	53	6.59	30	7.96	33	9.28	35
2014	27.37	28	4.10	30	11.34	11	3.81	53	8.11	62
2013	11.92	66	0.00	103	0.00	103	3.81	45	8.11	56
2012	14.67	49	1.14	58	3.08	60	2.37	47	8.08	42
2011	12.68	44	1.04	52	3.16	55	0.74	62	7.74	45
2010	6.83	46	0.85	43	5.98	27	0.00	64	0.00	64

附表 D–23　渤海造船厂集团有限公司

年份	总指数	排名	数量指数	排名	质量指数	排名	基础指数	排名	有效指数	排名
2018	31.21	23	0.51	51	0.50	47	17.47	21	12.73	19
2017	38.91	20	6.35	16	6.00	11	14.58	22	11.98	20
2016	34.87	24	6.90	24	4.78	46	12.21	26	10.97	23
2015	24.62	34	0.57	86	1.36	87	11.83	26	10.87	24
2014	23.46	33	0.21	102	0.77	94	11.67	18	10.80	17
2013	29.60	21	3.00	30	6.22	30	9.99	19	10.38	16
2012	31.09	16	4.93	17	9.39	18	7.32	18	9.45	17
2011	29.12	13	6.24	9	11.86	8	2.74	28	8.28	25
2010	18.90	19	3.23	17	7.35	17	0.61	43	7.71	28
2009	8.53	27	0.10	41	0.40	40	0.36	36	7.67	21
2008	8.03	18	0.00	33	0.00	33	0.36	24	7.67	15
2007	5.68	15	0.64	14	5.04	12	0.00	31	0.00	31

附表 D-24　招商局重工(深圳)有限公司

年份	总指数	排名	数量指数	排名	质量指数	排名	基础指数	排名	有效指数	排名
2018	29.39	24	1.91	17	1.75	20	14.54	25	11.19	26
2017	33.06	25	5.60	20	6.28	9	10.86	34	10.32	27
2016	25.89	33	4.51	34	4.84	45	7.24	41	9.30	40
2015	18.06	59	0.88	78	1.74	81	6.37	41	9.08	39
2014	23.15	35	2.75	40	7.26	28	4.73	44	8.41	40
2013	19.24	39	0.95	56	6.24	29	3.90	43	8.15	49
2012	18.10	40	0.95	64	6.36	36	2.94	39	7.85	52
2011	16.99	31	0.85	55	5.87	27	2.24	33	8.03	32
2010	16.71	23	1.28	32	5.95	28	1.68	27	7.81	22
2009	10.57	23	0.62	32	1.14	35	1.03	22	7.77	16
2008	7.19	20	0.95	18	6.24	13	0.00	33	0.00	33

附表 D-25　芜湖市皖南造船有限公司

年份	总指数	排名	数量指数	排名	质量指数	排名	基础指数	排名	有效指数	排名
2018	29.04	25	20.45	5	7.06	5	1.53	149	0.00	186
2017	8.91	117	5.66	19	3.25	31	0.00	195	0.00	195

附表 D-26　惠生(南通)重工有限公司

年份	总指数	排名	数量指数	排名	质量指数	排名	基础指数	排名	有效指数	排名
2018	28.88	26	1.80	22	1.25	24	15.90	23	9.93	32
2017	32.55	26	4.79	22	4.00	23	14.26	23	9.50	40
2016	30.91	29	6.07	27	4.05	51	12.01	29	8.77	52
2015	21.40	45	0.00	108	0.00	108	12.01	22	9.38	31
2014	28.15	25	4.60	27	4.53	63	10.33	23	8.68	35
2013	30.74	20	7.48	11	6.87	24	7.42	24	8.97	30
2012	18.26	39	0.98	63	1.36	79	6.80	19	9.12	20
2011	16.28	35	0.10	76	0.37	80	6.72	14	9.08	15
2010	25.22	14	7.49	30	5.66	30	4.07	15	8.00	19
2009	15.74	16	6.81	4	8.93	13	0.00	46	0.00	46

附表 D-27　广州中船文冲船坞有限公司

年份	总指数	排名	数量指数	排名	质量指数	排名	基础指数	排名	有效指数	排名
2018	28.73	27	3.29	12	2.75	14	11.73	37	10.97	27

年份	总指数	排名	数量指数	排名	质量指数	排名	基础指数	排名	有效指数	排名
2017	31.65	28	6.26	17	6.27	10	9.14	38	9.98	31
2016	28.60	31	6.04	28	7.41	13	6.30	48	8.85	46
2015	21.44	44	2.47	43	5.93	35	4.58	56	8.46	57
2014	17.27	53	1.31	66	4.04	65	3.71	55	8.21	58
2013	13.63	58	1.06	52	6.30	28	2.67	61	3.60	90
2012	6.90	88	0.21	87	0.89	82	2.26	49	3.53	72
2011	7.11	65	0.52	70	1.92	63	1.31	42	3.37	61
2010	5.02	52	0.10	58	0.55	57	1.03	37	3.33	43
2009	2.38	48	0.42	37	1.97	28	0.00	53	0.00	53

附表 D‑28　广东精铟海洋工程股份有限公司

年份	总指数	排名	数量指数	排名	质量指数	排名	基础指数	排名	有效指数	排名
2018	28.54	28	1.29	31	1.00	30	12.71	34	13.55	17
2017	42.64	17	15.11	9	5.99	13	9.64	37	11.90	21
2016	37.06	21	13.31	11	6.95	16	6.92	43	9.88	31
2015	23.64	36	3.99	29	5.00	45	5.37	48	9.29	34
2014	22.30	37	3.75	32	6.14	37	3.89	50	8.51	37
2013	14.52	56	2.88	32	5.46	38	2.37	68	3.80	87
2012	7.65	81	0.42	83	1.63	78	1.93	54	3.67	69
2011	5.17	74	1.45	43	3.71	49	0.00	87	0.00	87

附表 D‑29　广新海事重工股份有限公司

年份	总指数	排名	数量指数	排名	质量指数	排名	基础指数	排名	有效指数	排名
2018	26.39	29	2.32	16	1.75	19	15.46	24	6.87	105
2017	36.70	22	9.00	12	4.75	18	14.21	24	8.74	55
2016	31.29	27	3.97	36	2.03	67	13.58	22	11.70	22
2015	33.64	21	6.46	19	4.16	52	11.98	23	11.03	22
2014	33.50	22	6.92	19	7.05	31	9.74	26	9.80	25
2013	25.87	26	3.39	27	6.58	27	6.85	26	9.05	29
2012	23.57	28	7.08	10	11.12	13	1.91	55	3.47	75
2011	5.15	75	1.86	35	3.29	52	0.00	88	0.00	88

附表 D-30 青岛海西重机有限责任公司

年份	总指数	排名	数量指数	排名	质量指数	排名	基础指数	排名	有效指数	排名
2018	26.08	30	1.49	25	1.25	26	10.36	39	12.97	18
2017	34.32	24	11.17	10	3.97	24	7.64	47	11.54	23
2016	29.35	30	8.65	18	5.26	33	5.36	62	10.07	29
2015	27.81	24	10.16	15	7.30	27	2.12	91	8.24	63
2014	16.58	58	1.59	59	5.82	42	1.25	98	7.92	69
2013	14.67	54	0.85	61	5.28	43	0.81	94	7.74	71
2012	9.81	70	0.72	74	0.98	80	0.43	94	7.67	61
2011	6.04	72	0.64	67	5.40	37	0.00	83	0.00	83

附表 D-31 芜湖造船厂有限公司

年份	总指数	排名	数量指数	排名	质量指数	排名	基础指数	排名	有效指数	排名
2018	25.71	31	0.00	73	0.00	73	14.49	26	11.22	25
2017	29.76	30	2.53	37	2.50	42	13.61	26	11.11	25
2016	31.13	28	3.44	42	5.18	36	12.28	25	10.23	27
2015	26.63	30	1.21	72	3.92	55	11.48	28	10.02	26
2014	26.86	29	1.99	53	4.62	62	10.47	21	9.79	26
2013	20.25	37	0.00	98	0.00	98	10.47	16	9.79	22
2012	24.17	25	1.92	47	4.68	53	8.33	16	9.23	18
2011	20.62	20	1.40	44	3.68	50	6.70	15	8.84	16
2010	23.90	15	4.53	12	10.74	8	1.36	33	7.27	30
2009	5.86	34	1.31	22	4.29	25	0.26	41	0.00	42
2008	0.26	42	0.00	42	0.00	42	0.26	27	0.00	29
2007	0.26	29	0.00	29	0.00	29	0.26	22	0.00	26
2006	3.49	14	0.00	18	0.00	18	0.26	17	3.23	12
2005	3.49	11	0.00	14	0.00	14	0.26	15	3.23	9
2004	3.49	8	0.00	10	0.00	10	0.26	13	3.23	7
2003	3.49	8	0.00	8	0.00	8	0.26	10	3.23	4
2002	0.54	8	0.10	4	0.43	3	0.00	16	0.00	16

附表 D-32 扬帆集团股份有限公司

年份	总指数	排名	数量指数	排名	质量指数	排名	基础指数	排名	有效指数	排名
2018	24.16	32	0.51	52	0.50	48	14.29	27	8.85	50
2017	24.37	35	0.47	92	0.50	87	14.06	25	9.34	44

年份	总指数	排名	数量指数	排名	质量指数	排名	基础指数	排名	有效指数	排名
2016	35.99	22	9.10	17	5.97	25	12.16	27	8.77	53
2015	24.67	33	1.00	75	2.74	69	11.84	25	9.09	37
2014	27.39	27	2.63	41	5.23	50	10.35	22	9.19	27
2013	20.43	34	0.00	97	0.00	97	10.35	18	10.08	18
2012	26.12	20	2.68	34	4.90	51	8.91	15	9.63	15
2011	31.40	12	7.20	8	11.49	9	4.67	19	8.05	31
2010	17.65	22	1.90	27	4.38	34	3.64	16	7.73	26
2009	14.56	18	1.80	20	7.22	17	2.08	13	3.47	23
2008	7.60	19	0.98	17	3.14	19	0.25	28	3.23	20
2007	3.48	20	0.00	22	0.00	22	0.25	24	3.23	17
2006	3.48	15	0.00	19	0.00	19	0.25	19	3.23	13
2005	0.51	15	0.10	11	0.40	11	0.00	22	0.00	22

附表 D−33　渤海装备辽河重工有限公司

年份	总指数	排名	数量指数	排名	质量指数	排名	基础指数	排名	有效指数	排名
2018	24.00	33	0.00	74	0.00	74	17.39	22	6.62	108
2017	29.13	31	0.26	100	0.25	103	17.39	21	11.24	24
2016	35.47	23	3.82	40	5.67	29	15.66	21	10.32	26
2015	29.63	22	1.24	71	1.81	79	14.81	19	11.77	17
2014	35.58	21	5.32	23	7.90	24	11.65	19	10.70	18
2013	34.10	16	7.90	9	10.81	13	6.27	28	9.12	27
2012	25.36	23	5.78	15	10.81	16	0.96	76	7.81	54
2011	9.29	55	0.10	79	0.64	75	0.77	60	7.77	43
2010	9.93	35	0.85	42	5.52	31	0.33	51	3.23	48
2009	3.56	44	0.00	50	0.00	50	0.33	37	3.23	33
2008	0.87	34	0.10	30	0.76	28	0.00	42	0.00	42

附表 D−34　江苏省镇江船厂(集团)有限公司

年份	总指数	排名	数量指数	排名	质量指数	排名	基础指数	排名	有效指数	排名
2018	23.85	34	1.44	26	0.75	38	11.45	38	10.20	30
2017	23.48	39	1.40	57	1.25	68	10.76	35	10.08	30
2016	31.96	26	7.71	20	5.07	40	8.70	34	10.48	25
2015	21.28	47	1.45	64	2.18	76	7.38	35	10.27	25

年份	总指数	排名	数量指数	排名	质量指数	排名	基础指数	排名	有效指数	排名
2014	24.19	32	2.23	49	5.50	44	6.62	35	9.84	24
2013	27.24	23	7.58	10	6.90	23	4.02	41	8.73	35
2012	17.52	41	3.40	27	2.51	63	3.14	36	8.46	30
2011	17.37	29	0.85	53	5.53	35	2.70	29	8.29	24
2010	12.92	28	1.38	30	5.79	29	2.07	23	3.67	34
2009	7.70	31	0.73	28	2.33	27	1.22	19	3.43	24
2008	2.91	30	0.73	22	2.18	22	0.00	38	0.00	38

附表 D－35　上海外高桥造船海洋工程有限公司

年份	总指数	排名	数量指数	排名	质量指数	排名	基础指数	排名	有效指数	排名
2018	22.98	35	1.65	24	0.50	43	13.23	31	7.61	97
2017	27.31	32	2.89	33	3.65	27	10.87	33	9.90	32
2016	21.85	43	0.67	89	0.75	92	10.52	32	9.91	30
2015	27.76	25	3.75	32	5.20	42	9.25	32	9.56	29
2014	25.23	31	2.13	51	5.32	46	8.66	29	9.13	28
2013	19.79	38	0.62	73	2.07	66	7.66	23	9.44	25
2012	25.43	22	2.63	36	8.88	22	5.13	23	8.78	25
2011	23.53	18	3.60	16	9.40	13	2.53	31	8.01	33
2010	8.76	38	1.94	26	6.82	20	0.00	60	0.00	60

附表 D－36　天津新港船舶重工有限责任公司

年份	总指数	排名	数量指数	排名	质量指数	排名	基础指数	排名	有效指数	排名
2018	22.96	36	1.03	35	0.75	39	12.75	32	8.43	63
2017	23.80	38	1.40	56	2.50	43	11.68	31	8.22	72
2016	21.48	46	0.83	82	1.75	72	10.92	31	7.98	76
2015	21.34	46	1.25	70	3.08	65	9.55	31	7.47	91
2014	19.07	44	0.98	75	2.59	75	8.24	32	7.25	85
2013	22.76	29	1.99	35	8.94	16	5.79	33	6.04	82
2012	15.30	45	0.42	82	1.73	74	4.99	24	8.17	39
2011	13.83	41	0.10	77	0.37	81	4.85	18	8.50	21
2010	13.88	26	0.21	54	0.77	54	4.47	14	8.43	13
2009	14.00	19	0.57	34	1.14	36	3.96	10	8.33	11
2008	14.06	12	0.67	23	2.34	21	2.85	10	8.19	10

续附表

年份	总指数	排名	数量指数	排名	质量指数	排名	基础指数	排名	有效指数	排名
2007	12.71	10	0.52	15	2.22	14	1.95	10	8.03	10
2006	10.31	10	2.34	8	7.97	7	0.00	24	0.00	24

附表 D-37 南通象屿海洋装备有限责任公司

年份	总指数	排名	数量指数	排名	质量指数	排名	基础指数	排名	有效指数	排名
2018	21.54	37	0.00	75	0.00	75	12.37	36	9.17	42
2017	24.45	34	2.17	45	1.75	53	11.68	32	8.86	53
2016	22.26	38	0.00	114	0.00	114	11.68	30	10.58	24
2015	22.67	39	0.00	107	0.00	107	11.68	27	10.99	23
2014	30.96	23	6.03	22	4.79	59	10.00	24	10.14	22
2013	31.27	19	7.33	12	8.93	17	5.92	31	9.09	28
2012	22.85	30	2.65	35	7.28	31	4.39	29	8.52	28
2011	18.07	26	1.83	36	5.59	32	2.53	30	8.11	28
2010	10.64	33	0.00	62	0.00	62	2.53	20	8.11	16
2009	8.25	29	2.51	16	5.75	21	0.00	49	0.00	49

附表 D-38 青岛造船厂有限公司

年份	总指数	排名	数量指数	排名	质量指数	排名	基础指数	排名	有效指数	排名
2018	20.38	38	0.51	53	0.50	49	9.19	42	10.18	31
2017	22.04	40	2.84	34	1.00	77	8.56	40	9.63	37
2016	18.93	54	0.31	103	0.75	94	8.35	36	9.52	36
2015	26.65	29	3.17	34	8.19	19	6.57	39	8.71	48
2014	22.17	38	1.47	63	6.99	32	5.47	38	8.24	56
2013	21.39	32	2.68	34	7.87	20	2.99	58	7.85	66
2012	10.84	64	1.52	50	4.82	52	1.56	63	2.94	92
2011	6.10	71	0.67	64	1.42	68	0.71	63	3.30	65
2010	4.01	58	0.00	68	0.00	68	0.71	41	3.30	44
2009	4.01	40	0.00	46	0.00	46	0.71	27	3.30	29
2008	4.58	25	0.21	29	0.89	27	0.24	29	3.23	21
2007	3.48	21	0.00	23	0.00	23	0.24	27	3.23	19
2006	3.48	16	0.00	20	0.00	20	0.24	20	3.23	14
2005	0.48	16	0.10	12	0.37	12	0.00	23	0.00	23

附表 D-39 江苏扬子鑫福造船有限公司

年份	总指数	排名	数量指数	排名	质量指数	排名	基础指数	排名	有效指数	排名
2018	19.95	39	0.00	76	0.00	76	9.58	41	10.37	29
2017	24.25	37	4.09	27	3.25	32	7.39	49	9.52	39
2016	19.46	50	1.71	54	2.02	68	6.43	47	9.31	39
2015	19.77	55	2.17	49	3.71	59	4.96	53	8.94	41
2014	16.76	56	8.74	16	8.01	22	0.00	136	0.00	136

附表 D-40 南京金陵船厂有限公司

年份	总指数	排名	数量指数	排名	质量指数	排名	基础指数	排名	有效指数	排名
2018	19.76	40	0.00	77	0.00	77	13.96	28	5.80	115
2017	21.95	41	1.55	52	1.50	61	13.18	27	5.72	116
2016	19.76	49	0.78	85	1.00	84	12.52	23	5.46	112
2015	27.54	27	1.58	59	7.42	26	11.33	29	7.21	94
2014	26.07	30	1.89	56	7.69	27	9.48	27	7.01	87
2013	22.95	28	1.06	51	6.79	25	8.32	22	6.78	81
2012	22.37	32	1.06	59	6.38	35	7.47	17	7.46	63
2011	24.45	16	1.82	37	6.73	21	5.83	17	10.08	13
2010	21.09	17	3.29	16	6.33	22	3.43	17	8.05	18
2009	12.59	20	3.32	15	9.02	12	0.26	40	0.00	41
2008	0.26	41	0.00	41	0.00	41	0.26	26	0.00	28
2007	0.26	28	0.00	28	0.00	28	0.26	21	0.00	25
2006	0.26	26	0.00	26	0.00	26	0.26	18	0.00	20
2005	0.26	20	0.00	20	0.00	20	0.26	16	0.00	16
2004	0.26	16	0.00	16	0.00	16	0.26	14	0.00	14
2003	0.26	14	0.00	14	0.00	14	0.26	11	0.00	12
2002	0.26	12	0.00	12	0.00	12	0.26	9	0.00	10
2001	0.26	10	0.00	10	0.00	10	0.26	9	0.00	9
2000	0.26	9	0.00	9	0.00	9	0.26	9	0.00	9
1999	0.26	10	0.00	10	0.00	10	0.26	9	0.00	10
1998	0.26	11	0.00	11	0.00	11	0.26	8	0.00	10
1997	0.26	10	0.00	10	0.00	10	0.26	8	0.00	10
1996	0.26	10	0.00	10	0.00	10	0.26	8	0.00	10
1995	0.26	10	0.00	10	0.00	10	0.26	6	0.00	9

年份	总指数	排名	数量指数	排名	质量指数	排名	基础指数	排名	有效指数	排名
1994	0.26	9	0.00	9	0.00	9	0.26	5	0.00	7
1993	0.26	8	0.00	8	0.00	8	0.26	5	0.00	8
1992	0.26	9	0.00	9	0.00	9	0.26	4	0.00	8
1991	3.49	4	0.00	5	0.00	5	0.26	4	3.23	4
1990	3.49	4	0.00	4	0.00	4	0.26	4	3.23	4
1989	3.49	4	0.00	5	0.00	5	0.26	4	3.23	4
1988	3.49	3	0.00	5	0.00	5	0.26	3	3.23	3
1987	3.49	2	0.00	3	0.00	3	0.26	2	3.23	2
1986	3.49	1	0.00	4	0.00	4	0.26	1	3.23	1
1985	0.54	1	0.10	1	0.43	1	0.00	1	0.00	1

附表 D–41　厦门船舶重工股份有限公司

年份	总指数	排名	数量指数	排名	质量指数	排名	基础指数	排名	有效指数	排名
2018	19.53	41	0.47	56	0.50	50	9.61	40	8.95	47
2017	20.09	45	0.62	88	1.50	64	9.08	39	8.88	52
2016	22.56	37	1.31	60	3.49	56	8.46	35	9.29	41
2015	20.85	48	1.35	65	4.42	50	6.23	42	8.85	45
2014	17.88	50	2.02	52	3.46	70	4.13	49	8.28	52
2013	12.40	63	0.00	100	0.00	100	4.13	40	8.28	45
2012	11.05	63	3.80	23	7.26	32	0.00	102	0.00	102

附表 D–42　舟山长宏国际船舶修造有限公司

年份	总指数	排名	数量指数	排名	质量指数	排名	基础指数	排名	有效指数	排名
2018	19.27	42	0.00	78	0.00	78	8.67	43	10.59	28
2017	24.34	36	3.60	29	2.81	36	7.73	44	10.21	29
2016	17.94	59	0.00	117	0.00	117	7.73	37	10.21	28
2015	27.56	26	4.83	22	7.77	24	5.65	45	9.31	32
2014	19.72	43	9.11	14	10.60	13	0.00	135	0.00	135

附表 D–43　大连中远海运重工有限公司

年份	总指数	排名	数量指数	排名	质量指数	排名	基础指数	排名	有效指数	排名
2018	19.17	43	0.00	79	0.00	79	12.71	33	6.45	110
2017	25.01	33	2.17	44	1.31	65	12.06	29	9.46	42

续附表

年份	总指数	排名	数量指数	排名	质量指数	排名	基础指数	排名	有效指数	排名
2016	21.60	44	0.00	115	0.00	115	12.06	28	9.53	35
2015	26.67	28	2.93	38	3.18	64	11.12	30	9.45	30
2014	28.13	26	4.23	28	6.00	38	8.98	28	8.92	31
2013	26.54	25	4.12	23	5.51	36	7.11	25	9.79	21
2012	25.74	21	4.27	19	7.54	28	4.95	25	8.98	23
2011	18.52	24	6.13	10	8.18	14	0.77	61	3.43	57
2010	1.95	68	0.98	39	0.96	51	0.00	74	0.00	74

附表 D - 44　长航集团芜湖江东船厂有限公司

年份	总指数	排名	数量指数	排名	质量指数	排名	基础指数	排名	有效指数	排名
2018	18.85	44	1.03	36	1.00	32	12.42	35	4.41	123
2017	17.43	53	0.00	111	0.00	111	12.42	28	5.02	117
2016	17.98	58	0.00	116	0.00	116	12.42	24	5.56	110
2015	22.98	38	1.57	60	2.85	67	11.87	24	6.69	96
2014	29.37	24	4.69	26	8.31	19	9.78	25	6.60	90
2013	22.00	31	0.94	57	2.31	61	9.15	20	9.61	24
2012	24.31	24	3.17	31	4.95	50	6.66	20	9.53	16
2011	19.85	22	2.85	31	4.22	47	4.08	22	8.69	19
2010	14.77	25	1.45	29	2.52	40	2.57	19	8.22	14
2009	11.93	21	0.62	31	1.48	31	1.81	14	8.02	12
2008	9.35	17	2.27	11	7.08	10	0.00	32	0.00	32

附表 D - 45　青岛北海船舶重工有限责任公司

年份	总指数	排名	数量指数	排名	质量指数	排名	基础指数	排名	有效指数	排名
2018	18.63	45	0.31	61	0.25	61	8.34	45	9.73	37
2017	21.55	43	1.11	68	2.77	38	7.94	42	9.73	36
2016	24.89	34	4.01	35	5.20	35	6.18	52	9.49	37
2015	22.24	40	2.13	50	5.57	40	5.46	47	9.08	40
2014	20.60	40	1.49	62	5.20	52	5.14	43	8.77	34
2013	20.29	35	1.38	43	5.57	35	4.63	38	8.70	36
2012	21.23	34	2.13	42	7.39	30	3.42	33	8.30	33
2011	17.34	30	0.85	54	5.56	34	2.81	27	8.13	27
2010	12.12	29	0.47	50	1.36	48	2.24	22	8.06	17

年份	总指数	排名	数量指数	排名	质量指数	排名	基础指数	排名	有效指数	排名
2009	16.28	15	0.85	27	6.11	19	1.44	18	7.88	14
2008	15.08	11	0.74	20	5.71	15	0.88	14	7.74	14
2007	8.89	14	0.10	17	0.46	17	0.62	13	7.71	11
2006	6.24	11	0.74	11	5.50	11	0.00	25	0.00	25

附表 D－46　福建东南造船有限公司

年份	总指数	排名	数量指数	排名	质量指数	排名	基础指数	排名	有效指数	排名
2018	18.33	46	0.00	80	0.00	80	8.45	44	9.88	34
2017	18.33	49	0.00	110	0.00	110	8.45	41	9.88	33
2016	24.60	35	3.94	37	6.08	22	5.48	61	9.10	45
2015	15.06	67	0.10	100	0.37	99	5.29	50	9.30	33
2014	22.34	36	4.20	29	6.92	33	2.82	71	8.40	41
2013	17.53	42	1.38	44	5.79	34	2.21	72	8.14	51
2012	7.99	80	2.35	39	5.64	45	0.00	106	0.00	106

附表 D－47　南通中集太平洋海洋工程有限公司

年份	总指数	排名	数量指数	排名	质量指数	排名	基础指数	排名	有效指数	排名
2018	17.87	47	0.00	81	0.00	81	8.09	47	9.77	36
2017	18.65	47	0.72	85	0.25	98	7.86	43	9.81	34
2016	19.11	51	0.98	77	0.75	91	7.63	38	9.74	32
2015	21.51	43	2.39	45	2.69	70	6.86	37	9.57	28
2014	23.42	34	2.34	46	5.94	39	6.04	37	9.10	29
2013	20.28	36	1.52	38	5.00	48	4.96	37	8.79	34
2012	22.85	29	3.62	26	8.17	24	2.95	38	8.11	41
2011	9.08	56	2.51	26	6.57	22	0.00	79	0.00	79

附表 D－48　重庆川东船舶重工有限责任公司

年份	总指数	排名	数量指数	排名	质量指数	排名	基础指数	排名	有效指数	排名
2018	17.60	48	0.98	40	1.00	35	7.72	49	7.89	89
2017	17.28	54	0.78	79	1.00	79	7.17	50	8.33	66
2016	18.43	55	1.26	64	2.50	64	6.52	46	8.15	68
2015	14.67	68	0.00	111	0.00	111	6.52	40	8.15	69
2014	15.48	61	0.21	103	0.74	98	6.15	36	8.38	44

续附表

年份	总指数	排名	数量指数	排名	质量指数	排名	基础指数	排名	有效指数	排名
2013	16.37	48	0.31	83	1.11	78	5.76	35	9.19	26
2012	24.06	26	3.27	29	8.69	23	3.67	30	8.42	31
2011	15.64	37	2.11	30	7.83	15	2.14	34	3.57	50
2010	6.59	47	0.31	52	1.20	49	1.61	29	3.47	37
2009	5.80	36	0.31	39	1.20	33	0.91	23	3.37	26
2008	2.03	31	0.52	24	1.51	24	0.00	40	0.00	40

附表 D-49 江苏新时代造船有限公司

年份	总指数	排名	数量指数	排名	质量指数	排名	基础指数	排名	有效指数	排名
2018	17.52	49	1.90	18	0.25	53	6.29	60	9.07	44
2017	15.82	63	0.26	101	0.25	104	6.24	58	9.07	47
2016	21.97	42	1.78	53	6.99	15	4.61	65	8.59	56
2015	14.55	69	0.88	79	1.82	78	3.46	69	8.39	59
2014	12.22	72	0.21	104	0.49	103	3.20	63	8.32	48
2013	13.12	60	5.70	17	7.42	21	0.00	117	0.00	117

附表 D-50 江苏韩通船舶重工有限公司

年份	总指数	排名	数量指数	排名	质量指数	排名	基础指数	排名	有效指数	排名
2018	17.44	50	0.00	82	0.00	82	7.83	48	9.62	38
2017	21.07	44	2.22	43	2.25	45	7.13	51	9.47	41
2016	22.11	40	3.14	43	3.65	55	6.08	53	9.24	42
2015	19.91	53	2.65	40	3.31	62	5.07	51	8.88	42
2014	18.41	48	2.45	44	3.99	66	3.58	57	8.39	42
2013	17.51	43	0.74	64	5.22	44	3.31	51	8.24	48
2012	12.64	57	2.19	41	5.66	44	1.49	67	3.30	86
2011	6.15	70	0.31	74	1.20	70	1.13	47	3.50	52
2010	2.90	65	0.94	41	1.96	46	0.00	72	0.00	72

附表 D-51 中航鼎衡造船有限公司

年份	总指数	排名	数量指数	排名	质量指数	排名	基础指数	排名	有效指数	排名
2018	17.22	51	1.39	28	1.50	21	6.23	62	8.10	77
2017	17.57	52	2.48	38	2.03	46	5.10	67	7.97	87
2016	19.88	48	6.13	26	3.87	54	3.03	87	6.86	102

年份	总指数	排名	数量指数	排名	质量指数	排名	基础指数	排名	有效指数	排名
2015	15.24	66	3.09	36	1.67	82	2.30	87	8.18	67
2014	13.47	69	2.53	43	1.49	90	1.52	92	7.94	67
2013	9.46	81	0.00	111	0.00	111	1.52	85	7.94	62
2012	9.61	71	3.68	25	2.28	65	0.42	95	3.23	89
2011	2.06	91	1.13	48	0.92	73	0.00	98	0.00	98

附表 D－52　上海中远船务工程有限公司

年份	总指数	排名	数量指数	排名	质量指数	排名	基础指数	排名	有效指数	排名
2018	17.18	52	0.00	83	0.00	83	7.66	51	9.53	39
2017	17.18	57	0.00	112	0.00	112	7.66	46	9.53	38
2016	17.85	61	0.47	93	0.50	96	7.43	40	9.46	38
2015	23.68	35	1.70	55	6.25	32	6.63	38	9.10	36
2014	18.92	47	3.32	36	7.12	30	4.44	45	4.04	95
2013	9.47	79	0.52	76	1.36	74	3.72	47	3.87	86
2012	7.42	84	2.08	44	5.34	47	0.00	107	0.00	107

附表 D－53　广东中远海运重工有限公司

年份	总指数	排名	数量指数	排名	质量指数	排名	基础指数	排名	有效指数	排名
2018	16.83	53	0.88	42	0.75	41	8.12	46	7.08	100
2017	18.33	48	2.74	35	2.50	41	6.79	54	6.31	110
2016	14.35	72	1.04	72	1.03	81	5.85	57	6.44	106
2015	18.37	57	1.47	63	6.64	29	4.66	54	5.60	101
2014	16.74	57	0.74	84	5.05	54	4.22	46	6.72	88
2013	13.54	59	0.31	84	1.23	76	3.58	49	8.42	40
2012	18.70	38	1.06	60	6.31	37	2.83	41	8.51	29
2011	18.21	25	3.48	17	5.81	28	1.09	49	7.84	37
2010	8.35	40	1.21	36	3.27	36	0.60	44	3.26	45
2009	3.87	41	0.00	47	0.00	47	0.60	29	3.26	30
2008	1.46	33	0.47	25	0.99	26	0.00	41	0.00	41

附表 D－54　蓬莱中柏京鲁船业有限公司

年份	总指数	排名	数量指数	排名	质量指数	排名	基础指数	排名	有效指数	排名
2018	16.63	54	0.00	84	0.00	84	7.23	53	9.41	40

年份	总指数	排名	数量指数	排名	质量指数	排名	基础指数	排名	有效指数	排名
2017	17.01	58	0.36	94	0.25	100	7.02	53	9.37	43
2016	22.07	41	1.38	58	5.02	42	6.55	45	9.12	44
2015	21.68	41	1.06	74	6.22	33	5.52	46	8.88	43
2014	14.73	64	0.10	108	0.40	105	5.39	40	8.84	32
2013	14.23	57	0.00	99	0.00	99	5.39	36	8.84	33
2012	21.78	33	2.58	37	7.48	29	3.43	32	8.29	36
2011	16.44	34	2.07	32	5.80	29	0.79	58	7.78	40
2010	7.50	44	1.28	35	6.22	23	0.00	62	0.00	62

附表 D-55　蚌埠市神舟机械有限公司

年份	总指数	排名	数量指数	排名	质量指数	排名	基础指数	排名	有效指数	排名
2018	16.23	55	2.69	15	2.25	16	3.98	83	7.32	98
2017	11.30	94	0.00	124	0.00	124	3.98	78	7.32	101
2016	16.36	66	5.76	29	2.96	61	2.32	103	5.32	113
2015	7.64	117	0.00	138	0.00	138	2.32	86	5.32	102
2014	10.59	83	0.00	125	0.00	125	2.32	77	8.28	53
2013	15.89	50	0.74	68	5.10	46	1.92	76	8.13	54
2012	13.92	52	1.36	53	3.45	57	1.15	72	7.96	47
2011	7.29	64	2.39	28	4.91	44	0.00	85	0.00	85

附表 D-56　常石集团（舟山）造船有限公司

年份	总指数	排名	数量指数	排名	质量指数	排名	基础指数	排名	有效指数	排名
2018	15.87	56	1.81	21	2.00	17	3.52	94	8.54	56
2017	17.80	51	1.16	65	5.74	14	2.64	103	8.26	67
2016	16.37	65	1.16	68	5.24	34	1.99	114	7.98	77
2015	7.53	119	2.42	44	5.11	44	0.00	171	0.00	171

附表 D-57　舟山中远海运重工有限公司

年份	总指数	排名	数量指数	排名	质量指数	排名	基础指数	排名	有效指数	排名
2018	15.84	57	0.00	85	0.00	85	7.20	54	8.64	53
2017	18.05	50	0.73	81	1.50	63	6.76	55	9.06	50
2016	22.14	39	1.37	59	5.99	24	5.98	56	8.80	49
2015	17.10	61	0.83	80	2.59	72	5.02	52	8.66	50

年份	总指数	排名	数量指数	排名	质量指数	排名	基础指数	排名	有效指数	排名
2014	19.76	42	1.06	71	6.15	36	4.14	47	8.41	39
2013	15.52	52	1.45	42	3.49	59	2.47	64	8.11	57
2012	12.41	58	0.78	70	2.10	67	1.59	62	7.94	48
2011	9.53	53	0.00	87	0.00	87	1.59	38	7.94	34
2010	6.35	48	1.99	25	4.37	35	0.00	66	0.00	66

附表 D-58 中船桂江造船有限公司

年份	总指数	排名	数量指数	排名	质量指数	排名	基础指数	排名	有效指数	排名
2018	15.81	58	0.51	54	0.25	57	6.74	57	8.31	68
2017	16.22	60	0.57	91	0.75	85	6.65	56	8.26	68
2016	18.14	57	2.09	48	2.18	66	6.02	55	7.86	82
2015	18.27	58	1.15	73	2.31	75	5.73	44	9.08	38
2014	20.31	41	1.38	65	4.80	56	5.30	42	8.83	33
2013	22.17	30	5.33	18	5.20	45	3.19	53	8.45	39
2012	20.14	35	3.75	24	8.03	25	0.65	84	7.71	59
2011	9.37	54	0.64	66	5.25	38	0.25	75	3.23	69
2010	0.51	73	0.10	61	0.40	61	0.00	77	0.00	77

附表 D-59 山海关船舶重工有限责任公司

年份	总指数	排名	数量指数	排名	质量指数	排名	基础指数	排名	有效指数	排名
2018	15.56	59	0.00	86	0.00	86	6.82	56	8.74	52
2017	17.27	55	1.03	73	1.25	72	6.22	59	8.77	54
2016	21.49	45	2.13	47	5.27	32	5.32	64	8.78	50
2015	20.20	51	1.59	58	5.51	41	4.64	55	8.46	56
2014	14.49	65	0.78	80	1.98	84	3.45	59	8.29	51
2013	16.82	46	1.73	36	5.31	42	1.86	78	7.91	64
2012	11.39	60	0.95	65	6.02	39	1.09	73	3.33	84
2011	4.83	77	0.10	80	0.64	76	0.79	59	3.30	64
2010	4.50	55	0.21	57	0.77	55	0.29	52	3.23	49
2009	3.52	45	0.00	51	0.00	51	0.29	38	3.23	34
2008	0.69	35	0.10	31	0.58	30	0.00	43	0.00	43

附表 D-60 舟山市沥港船舶修造有限公司

年份	总指数	排名	数量指数	排名	质量指数	排名	基础指数	排名	有效指数	排名
2018	15.10	60	0.00	87	0.00	87	5.33	70	9.78	35
2017	15.10	67	0.00	113	0.00	113	5.33	66	9.78	35
2016	18.97	53	5.66	30	6.40	20	2.98	88	3.94	119
2015	8.15	112	2.29	47	5.87	36	0.00	170	0.00	170

附表 D-61 天津港轮驳有限公司

年份	总指数	排名	数量指数	排名	质量指数	排名	基础指数	排名	有效指数	排名
2018	14.98	61	1.03	37	1.00	33	4.50	78	8.45	61
2017	13.08	80	0.00	119	0.00	119	4.50	70	8.58	59
2016	13.83	76	0.47	94	0.50	97	4.21	68	8.65	54
2015	14.05	72	0.83	81	0.92	92	3.75	64	8.55	53
2014	13.57	67	0.85	76	5.29	47	3.42	60	4.01	97
2013	7.99	95	0.21	90	0.74	86	3.10	55	3.94	85
2012	8.51	76	0.52	79	1.67	76	2.55	43	3.77	68
2011	7.86	62	0.62	68	1.88	64	1.79	36	3.57	51
2010	6.29	49	0.31	53	1.11	50	1.39	31	3.47	38
2009	6.17	33	0.57	35	1.20	34	1.04	21	3.37	25
2008	5.12	23	0.31	28	1.05	25	0.50	18	3.26	17
2007	3.96	17	0.10	18	0.37	18	0.25	23	3.23	16
2006	0.51	21	0.10	15	0.40	15	0.00	28	0.00	28

附表 D-62 大连中远海运川崎船舶工程有限公司

年份	总指数	排名	数量指数	排名	质量指数	排名	基础指数	排名	有效指数	排名
2018	14.93	62	0.77	45	0.75	42	4.63	75	8.77	51
2017	17.24	56	1.35	58	3.52	28	3.77	82	8.59	58
2016	13.35	81	0.42	97	1.00	86	3.48	79	8.46	58
2015	13.62	74	2.89	39	6.13	34	1.17	122	3.43	125
2014	4.60	132	0.00	150	0.00	150	1.17	99	3.43	108
2013	2.70	123	0.73	71	1.97	68	0.00	128	0.00	128

附表 D-63 广州黄船海洋工程有限公司

年份	总指数	排名	数量指数	排名	质量指数	排名	基础指数	排名	有效指数	排名
2018	14.87	63	1.03	38	0.75	40	3.97	84	9.12	43

年份	总指数	排名	数量指数	排名	质量指数	排名	基础指数	排名	有效指数	排名
2017	13.09	79	0.00	118	0.00	118	3.97	79	9.12	46
2016	13.43	79	7.35	21	6.08	23	0.00	185	0.00	185

附表 D-64　广东新船重工有限公司

年份	总指数	排名	数量指数	排名	质量指数	排名	基础指数	排名	有效指数	排名
2018	14.62	64	0.36	59	0.25	60	4.78	74	9.22	41
2017	21.86	42	6.68	15	4.06	22	2.77	99	8.35	65
2016	10.47	101	1.42	57	3.30	58	2.04	111	3.70	122
2015	5.74	130	0.00	145	0.00	145	2.04	94	3.70	110
2014	5.46	118	1.56	61	3.90	67	0.00	145	0.00	145

附表 D-65　太平洋海洋工程(珠海)有限公司

年份	总指数	排名	数量指数	排名	质量指数	排名	基础指数	排名	有效指数	排名
2018	14.59	65	0.00	88	0.00	88	6.54	58	8.05	79
2017	19.04	46	1.54	53	3.49	30	6.22	60	7.79	92
2016	14.01	73	0.00	120	0.00	120	6.22	50	7.79	86
2015	19.92	52	4.27	28	10.38	11	1.67	107	3.60	114
2014	5.27	120	0.00	147	0.00	147	1.67	89	3.60	102
2013	3.49	121	1.25	49	2.24	62	0.00	125	0.00	125

附表 D-66　南通长青沙船舶工程有限公司

年份	总指数	排名	数量指数	排名	质量指数	排名	基础指数	排名	有效指数	排名
2018	14.52	66	1.44	27	0.50	44	5.65	67	6.92	103
2017	14.54	71	0.00	114	0.00	114	5.65	65	8.89	51
2016	15.00	68	0.21	106	0.50	102	5.48	60	8.81	48
2015	20.44	49	2.37	46	5.68	39	4.13	59	8.26	62
2014	15.29	63	1.15	69	2.34	80	3.66	56	8.14	61
2013	18.53	41	1.28	47	6.04	31	3.07	57	8.14	50
2012	13.81	53	2.01	46	2.19	66	1.70	60	7.91	49
2011	10.46	51	0.64	65	5.04	43	1.35	41	3.43	55
2010	2.98	64	0.73	45	2.25	42	0.00	69	0.00	69

附表 D－67　南通润邦海洋工程装备有限公司

年份	总指数	排名	数量指数	排名	质量指数	排名	基础指数	排名	有效指数	排名
2018	14.38	67	0.26	62	0.25	62	6.26	61	7.61	96
2017	15.73	64	0.10	108	0.25	108	6.11	62	9.26	45
2016	16.43	64	0.78	86	0.84	88	5.60	59	9.21	43
2015	18.83	56	1.57	61	4.02	54	4.36	57	8.87	44
2014	18.94	46	2.37	45	5.07	53	3.12	65	8.38	45
2013	15.62	51	1.31	46	3.81	56	2.37	69	8.13	53
2012	16.36	43	1.85	48	5.71	43	0.98	74	7.81	53
2011	8.24	60	1.38	45	6.85	20	0.00	78	0.00	78

附表 D－68　江苏宏强船舶重工有限公司

年份	总指数	排名	数量指数	排名	质量指数	排名	基础指数	排名	有效指数	排名
2018	14.37	68	0.00	89	0.00	89	7.72	50	6.65	107
2017	14.97	69	0.21	103	0.50	91	7.66	45	6.60	107
2016	23.49	36	1.78	52	6.24	21	6.87	44	8.59	55
2015	24.92	32	4.66	24	7.95	22	4.11	60	8.20	65
2014	12.12	74	1.78	57	3.55	69	2.96	70	3.84	98
2013	7.96	96	0.78	63	0.99	82	2.53	62	3.67	89
2012	7.40	85	0.73	73	1.73	73	1.52	64	3.43	77
2011	3.23	86	0.73	61	2.50	59	0.00	91	0.00	91

附表 D－69　无锡红旗船厂有限公司

年份	总指数	排名	数量指数	排名	质量指数	排名	基础指数	排名	有效指数	排名
2018	14.31	69	0.00	90	0.00	90	5.41	69	8.91	49
2017	16.19	61	1.25	63	2.00	51	4.47	72	8.47	61
2016	14.56	70	1.03	75	1.06	80	4.19	69	8.28	61
2015	13.37	76	0.52	88	1.36	86	3.42	70	8.08	71
2014	15.67	60	2.28	47	5.27	49	0.41	127	7.71	78
2013	8.11	92	0.00	118	0.00	118	0.41	109	7.71	73
2012	5.87	90	0.74	72	5.13	48	0.00	108	0.00	108

附表 D－70　中船西江造船有限公司

年份	总指数	排名	数量指数	排名	质量指数	排名	基础指数	排名	有效指数	排名
2018	14.18	70	1.08	33	1.00	31	3.82	86	8.28	69

续附表

年份	总指数	排名	数量指数	排名	质量指数	排名	基础指数	排名	有效指数	排名
2017	14.99	68	2.32	40	1.53	59	3.03	94	8.11	81
2016	13.30	82	1.96	49	1.25	75	2.12	108	7.98	78
2015	9.12	104	1.62	56	2.46	73	1.62	110	3.43	121
2014	5.50	117	0.36	101	0.37	108	1.37	95	3.40	109
2013	2.69	124	0.62	74	2.07	65	0.00	127	0.00	127

附表 D-71　大连辽南船厂

年份	总指数	排名	数量指数	排名	质量指数	排名	基础指数	排名	有效指数	排名
2018	14.06	71	0.00	91	0.00	91	5.44	68	8.62	54
2017	15.12	66	4.06	28	4.25	21	3.11	92	3.70	128
2016	8.35	125	1.09	71	2.34	65	1.48	128	3.43	135
2015	3.08	166	0.73	82	2.35	74	0.00	178	0.00	178

附表 D-72　浙江欧华造船股份有限公司

年份	总指数	排名	数量指数	排名	质量指数	排名	基础指数	排名	有效指数	排名
2018	14.04	72	0.00	92	0.00	92	5.71	65	8.32	67
2017	14.14	75	0.00	115	0.00	115	5.71	64	8.43	62
2016	20.05	47	1.59	55	4.98	44	5.36	63	8.12	70
2015	21.68	42	3.91	31	8.02	21	3.18	71	6.56	97
2014	16.77	55	0.64	91	4.74	61	3.08	66	8.31	49
2013	12.92	62	0.73	70	1.69	70	2.42	67	8.08	60
2012	12.40	59	1.30	55	2.48	64	0.88	78	7.74	56
2011	8.62	59	0.00	90	0.00	90	0.88	55	7.74	44
2010	9.36	36	0.47	51	0.86	52	0.36	50	7.67	29
2009	5.71	37	0.64	30	5.07	23	0.00	50	0.00	50

附表 D-73　上海振华重工启东海洋工程股份有限公司

年份	总指数	排名	数量指数	排名	质量指数	排名	基础指数	排名	有效指数	排名
2018	13.86	73	0.26	63	0.25	63	5.70	66	7.65	94
2017	16.18	62	2.27	41	2.75	39	4.01	77	7.14	103
2016	11.16	96	0.00	126	0.00	126	4.01	71	7.14	100
2015	12.37	77	0.00	112	0.00	112	4.01	61	8.35	60
2014	17.52	51	0.64	90	4.80	58	3.84	52	8.24	55

年份	总指数	排名	数量指数	排名	质量指数	排名	基础指数	排名	有效指数	排名
2013	12.08	65	0.00	102	0.00	102	3.84	44	8.24	47
2012	11.23	62	0.90	67	3.16	58	3.40	34	3.77	67
2011	7.01	66	1.77	39	5.24	39	0.00	84	0.00	84

附表 D-74 中航威海船厂有限公司

年份	总指数	排名	数量指数	排名	质量指数	排名	基础指数	排名	有效指数	排名
2018	13.38	74	0.47	57	0.50	51	4.42	80	8.00	83
2017	14.45	72	2.07	46	1.25	67	3.71	83	7.42	100
2016	11.66	93	0.36	101	0.50	101	3.46	80	7.34	98
2015	13.75	73	0.94	76	2.80	68	2.00	97	8.01	73
2014	11.23	77	0.85	77	5.44	45	1.48	94	3.47	105
2013	5.65	103	0.31	86	1.11	79	0.86	93	3.37	101
2012	4.22	99	0.00	107	0.00	107	0.86	79	3.37	82
2011	3.30	85	1.55	40	1.75	66	0.00	95	0.00	95

附表 D-75 天津新河船舶重工有限责任公司

年份	总指数	排名	数量指数	排名	质量指数	排名	基础指数	排名	有效指数	排名
2018	13.36	75	0.00	93	0.00	93	5.22	73	8.14	75
2017	14.17	74	1.04	70	1.25	70	4.29	75	7.59	97
2016	16.95	62	0.64	90	4.74	50	4.13	70	7.45	97
2015	11.57	82	0.00	115	0.00	115	4.13	58	7.45	92
2014	12.58	71	0.00	121	0.00	121	4.13	48	8.45	38
2013	13.03	61	0.21	88	0.52	90	3.92	42	8.38	43
2012	13.30	54	2.25	40	5.62	46	1.96	52	3.47	74
2011	4.59	79	1.35	46	3.24	53	0.00	89	0.00	89

附表 D-76 启东丰顺船舶重工有限公司

年份	总指数	排名	数量指数	排名	质量指数	排名	基础指数	排名	有效指数	排名
2018	13.23	76	0.00	94	0.00	94	4.31	81	8.92	48
2017	14.38	73	0.94	74	1.25	73	3.58	87	8.62	57
2016	13.44	78	0.93	79	1.25	76	2.78	90	8.48	57
2015	12.25	79	4.35	25	7.91	23	0.00	169	0.00	169

附表 D-77　江苏大津重工有限公司

年份	总指数	排名	数量指数	排名	质量指数	排名	基础指数	排名	有效指数	排名
2018	13.23	77	0.00	95	0.00	95	5.23	72	8.00	82
2017	15.61	65	1.24	64	1.25	69	4.39	74	8.72	56
2016	14.00	74	3.91	38	3.10	59	3.12	84	3.87	120
2015	12.28	78	4.33	26	3.22	63	1.26	119	3.47	119
2014	4.88	127	2.89	38	1.99	83	0.00	153	0.00	153

附表 D-78　新大洋造船有限公司

年份	总指数	排名	数量指数	排名	质量指数	排名	基础指数	排名	有效指数	排名
2018	13.21	78	0.00	96	0.00	96	6.30	59	6.91	104
2017	13.21	78	0.00	117	0.00	117	6.30	57	6.91	106
2016	14.38	71	0.00	119	0.00	119	6.30	49	8.08	71
2015	16.03	64	0.47	91	1.02	91	6.03	43	8.51	54
2014	15.46	62	0.57	94	1.11	92	5.41	39	8.37	46
2013	15.23	53	1.03	55	1.52	72	4.57	39	8.10	58
2012	14.11	51	1.24	56	1.89	71	3.36	35	7.62	62
2011	15.65	36	3.09	20	4.46	46	1.50	39	6.61	48
2010	8.11	42	0.00	65	0.00	65	1.50	30	6.61	32
2009	9.20	26	3.34	14	5.86	20	0.00	48	0.00	48

附表 D-79　安润集团安徽中润重工有限公司

年份	总指数	排名	数量指数	排名	质量指数	排名	基础指数	排名	有效指数	排名
2018	13.08	79	0.00	97	0.00	97	6.22	63	6.87	106
2017	13.80	76	0.00	116	0.00	116	6.22	61	7.58	98
2016	17.93	60	0.00	118	0.00	118	6.22	51	11.72	21
2015	27.85	23	18.33	8	9.51	13	0.00	166	0.00	166

附表 D-80　蓬莱巨涛海洋工程重工有限公司

年份	总指数	排名	数量指数	排名	质量指数	排名	基础指数	排名	有效指数	排名
2018	12.81	80	1.14	32	1.25	28	4.51	77	5.91	114
2017	10.94	98	0.36	96	0.25	102	4.48	71	5.85	115
2016	11.46	94	0.93	80	1.25	77	3.73	75	5.55	111
2015	14.21	71	3.39	33	7.49	25	1.81	105	1.52	154
2014	9.39	91	0.00	131	0.00	131	1.81	85	7.58	83

年份	总指数	排名	数量指数	排名	质量指数	排名	基础指数	排名	有效指数	排名
2013	9.96	78	0.00	110	0.00	110	1.81	80	8.14	52
2012	15.23	46	0.74	71	5.07	49	1.42	69	8.00	45
2011	14.14	40	1.80	38	3.74	48	0.82	57	7.78	39
2010	8.01	43	1.28	34	6.73	21	0.00	61	0.00	61

附表 D-81　大连船舶重工集团海洋工程有限公司

年份	总指数	排名	数量指数	排名	质量指数	排名	基础指数	排名	有效指数	排名
2018	12.76	81	0.98	41	1.00	36	2.87	108	7.91	86
2017	10.99	97	0.00	126	0.00	126	2.87	97	8.13	80
2016	11.88	88	0.36	100	0.50	100	2.72	91	8.29	60
2015	11.24	87	0.00	117	0.00	117	2.72	80	8.51	55
2014	19.05	45	3.75	33	6.64	34	0.88	108	7.77	76
2013	8.65	85	0.00	113	0.00	113	0.88	92	7.77	69
2012	8.65	74	0.00	100	0.00	100	0.88	77	7.77	55
2011	8.65	58	0.00	89	0.00	89	0.88	54	7.77	41
2010	6.93	45	0.95	40	5.98	26	0.00	63	0.00	63

附表 D-82　国营海东造船厂

年份	总指数	排名	数量指数	排名	质量指数	排名	基础指数	排名	有效指数	排名
2018	12.74	82	0.00	98	0.00	98	3.68	91	9.06	45
2017	12.74	82	0.00	120	0.00	120	3.68	85	9.06	48
2016	13.36	80	5.23	32	8.13	12	0.00	184	0.00	184

附表 D-83　太平洋海洋工程(舟山)有限公司

年份	总指数	排名	数量指数	排名	质量指数	排名	基础指数	排名	有效指数	排名
2018	12.55	83	0.00	99	0.00	99	3.49	96	9.06	46
2017	12.55	85	0.00	121	0.00	121	3.49	88	9.06	49
2016	18.25	56	1.28	62	5.02	43	3.10	85	8.84	47
2015	17.55	60	1.28	69	4.83	47	2.82	79	8.62	51
2014	12.97	70	5.09	25	7.88	25	0.00	138	0.00	138

附表 D-84   泰州口岸船舶有限公司

年份	总指数	排名	数量指数	排名	质量指数	排名	基础指数	排名	有效指数	排名
2018	12.33	84	0.00	100	0.00	100	5.29	71	7.04	101
2017	12.90	81	0.73	82	1.25	74	4.51	69	6.42	108
2016	11.91	87	1.14	70	1.50	74	3.64	77	5.63	109
2015	10.99	88	1.60	57	1.39	85	2.96	77	5.04	106
2014	8.00	103	0.00	141	0.00	141	2.96	69	5.04	93
2013	10.10	77	0.00	109	0.00	109	2.96	59	7.14	80
2012	10.36	68	0.00	97	0.00	97	2.96	37	7.40	64
2011	11.15	49	0.00	86	0.00	86	2.96	25	8.19	26
2010	11.78	31	3.50	15	3.08	37	1.73	25	3.47	36
2009	8.02	30	2.06	19	1.92	29	0.74	26	3.30	28
2008	3.23	29	1.60	14	1.63	23	0.00	39	0.00	39

附表 D-85   江苏扬子江船厂有限公司

年份	总指数	排名	数量指数	排名	质量指数	排名	基础指数	排名	有效指数	排名
2018	12.28	85	0.00	101	0.00	101	7.58	52	4.70	121
2017	12.28	87	0.00	122	0.00	122	7.58	48	4.70	121
2016	13.27	83	0.00	123	0.00	123	7.58	39	5.68	108
2015	15.69	65	0.00	110	0.00	110	7.58	34	8.11	70
2014	18.33	49	2.22	50	5.83	41	6.67	34	3.61	100
2013	11.91	67	0.21	89	0.53	89	6.49	27	4.68	83
2012	13.06	56	0.94	66	2.02	68	5.73	22	4.38	65
2011	13.79	42	1.87	34	5.17	42	2.98	24	3.77	49
2010	8.32	41	0.62	47	2.06	45	2.06	24	3.57	35
2009	5.00	38	1.40	21	3.60	26	0.00	52	0.00	52

附表 D-86   福建宝中海洋工程股份有限公司

年份	总指数	排名	数量指数	排名	质量指数	排名	基础指数	排名	有效指数	排名
2018	12.23	86	0.00	102	0.00	102	3.75	89	8.48	59
2017	11.92	90	1.42	55	3.74	26	2.92	96	3.84	126
2016	8.94	118	1.25	65	2.87	62	1.39	131	3.43	136
2015	4.82	141	0.00	150	0.00	150	1.39	114	3.43	123
2014	3.65	143	1.24	68	2.41	79	0.00	151	0.00	151

附表 D-87 上海华润大东船务工程有限公司

年份	总指数	排名	数量指数	排名	质量指数	排名	基础指数	排名	有效指数	排名
2018	12.15	87	0.00	103	0.00	103	3.75	88	8.40	65
2017	13.30	77	0.88	75	1.50	62	2.72	100	8.19	76
2016	10.91	97	0.00	127	0.00	127	2.72	92	8.19	66
2015	10.91	89	0.00	118	0.00	118	2.72	81	8.19	66
2014	10.91	80	0.00	123	0.00	123	2.72	72	8.19	60
2013	11.69	69	2.86	33	8.83	18	0.00	116	0.00	116

附表 D-88 启东中远海运海洋工程有限公司

年份	总指数	排名	数量指数	排名	质量指数	排名	基础指数	排名	有效指数	排名
2018	11.97	88	0.00	104	0.00	104	3.42	97	8.55	55
2017	16.41	59	3.34	30	2.00	48	2.52	106	8.55	60
2016	19.03	52	6.92	23	3.89	53	0.54	165	7.67	92
2015	8.21	111	0.00	133	0.00	133	0.54	148	7.67	87
2014	8.21	101	0.00	139	0.00	139	0.54	122	7.67	81
2013	8.21	91	0.00	117	0.00	117	0.54	102	7.67	76
2012	4.00	101	0.90	68	3.10	59	0.00	109	0.00	109

附表 D-89 广东粤新海洋工程装备股份有限公司

年份	总指数	排名	数量指数	排名	质量指数	排名	基础指数	排名	有效指数	排名
2018	11.79	89	0.00	105	0.00	105	3.35	99	8.45	62
2017	12.71	84	0.62	89	1.25	76	2.59	105	8.24	71
2016	12.13	86	1.03	76	0.75	90	2.27	105	8.08	73
2015	11.31	85	0.57	87	0.89	93	1.87	103	7.98	76
2014	10.61	82	0.74	85	4.89	55	1.51	93	3.47	104
2013	6.58	100	0.88	60	1.11	80	1.16	87	3.43	95
2012	2.64	106	0.98	62	1.66	77	0.00	110	0.00	110

附表 D-90 福建新胜海船业有限公司

年份	总指数	排名	数量指数	排名	质量指数	排名	基础指数	排名	有效指数	排名
2018	11.52	90	0.00	106	0.00	106	3.11	103	8.41	64
2017	12.42	86	0.73	83	1.25	75	2.27	118	8.18	77
2016	11.72	92	1.14	69	1.75	71	1.02	144	7.81	84
2015	8.82	107	0.00	130	0.00	130	1.02	127	7.81	80

续附表

年份	总指数	排名	数量指数	排名	质量指数	排名	基础指数	排名	有效指数	排名
2014	8.82	96	0.00	134	0.00	134	1.02	103	7.81	73
2013	6.95	97	1.06	54	5.89	33	0.00	119	0.00	119

附表 D-91　显利(珠海)造船有限公司

年份	总指数	排名	数量指数	排名	质量指数	排名	基础指数	排名	有效指数	排名
2018	11.44	91	0.00	107	0.00	107	2.95	105	8.50	58
2017	14.58	70	1.57	51	2.28	44	2.48	111	8.25	69
2016	12.23	85	1.90	50	5.52	30	1.34	133	3.47	133
2015	4.81	142	0.00	151	0.00	151	1.34	116	3.47	117
2014	4.81	130	0.00	149	0.00	149	1.34	96	3.47	106
2013	4.81	109	0.00	123	0.00	123	1.34	86	3.47	94
2012	4.81	94	0.00	105	0.00	105	1.34	70	3.47	76
2011	2.86	88	0.83	57	2.03	62	0.00	94	0.00	94

附表 D-92　华泰重工(南通)有限公司

年份	总指数	排名	数量指数	排名	质量指数	排名	基础指数	排名	有效指数	排名
2018	11.43	92	0.00	108	0.00	108	3.07	104	8.35	66
2017	11.43	93	0.00	123	0.00	123	3.07	93	8.35	64
2016	11.85	89	0.00	124	0.00	124	3.07	86	8.78	51
2015	11.85	81	0.00	114	0.00	114	3.07	75	8.78	46
2014	13.56	68	6.42	21	7.14	29	0.00	139	0.00	139

附表 D-93　浙江新乐造船股份有限公司

年份	总指数	排名	数量指数	排名	质量指数	排名	基础指数	排名	有效指数	排名
2018	11.29	93	0.00	109	0.00	109	2.76	111	8.52	57
2017	12.72	83	1.35	60	1.00	78	2.12	121	8.25	70
2016	8.54	122	3.51	41	5.04	41	0.00	186	0.00	186

附表 D-94　台州七八一六船舶工业有限公司

年份	总指数	排名	数量指数	排名	质量指数	排名	基础指数	排名	有效指数	排名
2018	11.19	94	0.00	110	0.00	110	2.71	112	8.48	60
2017	12.21	88	0.83	78	0.50	86	2.50	109	8.38	63
2016	11.29	95	0.42	98	0.25	108	2.38	100	8.24	62

续附表

年份	总指数	排名	数量指数	排名	质量指数	排名	基础指数	排名	有效指数	排名
2015	9.89	100	1.31	68	2.95	66	2.00	99	3.64	112
2014	7.65	106	1.14	70	2.86	72	0.38	129	3.26	123
2013	3.65	120	0.00	131	0.00	131	0.38	110	3.26	107
2012	0.73	110	0.21	90	0.52	86	0.00	113	0.00	113

附表 D-95　中船澄西新荣船舶有限公司

年份	总指数	排名	数量指数	排名	质量指数	排名	基础指数	排名	有效指数	排名
2018	11.07	95	0.00	111	0.00	111	3.17	101	7.90	87
2017	12.00	89	0.73	84	1.75	58	2.05	124	7.47	99
2016	9.53	113	0.00	138	0.00	138	2.05	110	7.47	96
2015	9.96	97	0.00	124	0.00	124	2.05	93	7.91	77
2014	6.84	109	1.63	58	5.21	51	0.00	142	0.00	142

附表 D-96　广西金达造船有限公司

年份	总指数	排名	数量指数	排名	质量指数	排名	基础指数	排名	有效指数	排名
2018	11.06	96	0.00	112	0.00	112	2.84	110	8.22	71
2017	11.06	96	0.00	125	0.00	125	2.84	98	8.22	74
2016	13.05	84	1.29	61	1.06	79	2.49	97	8.22	64
2015	19.84	54	15.16	11	4.68	49	0.00	172	0.00	172

附表 D-97　江苏海通海洋工程装备有限公司

年份	总指数	排名	数量指数	排名	质量指数	排名	基础指数	排名	有效指数	排名
2018	11.04	97	0.00	113	0.00	113	2.86	109	8.18	73
2017	11.47	92	0.36	95	0.25	101	2.72	101	8.14	79
2016	11.76	90	0.47	95	0.87	87	2.35	102	8.08	72
2015	11.46	83	0.31	92	1.17	88	2.00	98	7.98	75
2014	9.55	90	1.58	60	7.97	23	0.00	137	0.00	137

附表 D-98　江苏新世纪造船有限公司

年份	总指数	排名	数量指数	排名	质量指数	排名	基础指数	排名	有效指数	排名
2018	10.81	98	0.00	114	0.00	114	3.78	87	7.03	102
2017	10.81	99	0.00	127	0.00	127	3.78	81	7.03	104
2016	10.81	98	0.00	128	0.00	128	3.78	73	7.03	101

年份	总指数	排名	数量指数	排名	质量指数	排名	基础指数	排名	有效指数	排名
2015	10.81	90	0.00	119	0.00	119	3.78	63	7.03	95
2014	10.81	81	0.00	124	0.00	124	3.78	54	7.03	86
2013	11.04	72	0.00	106	0.00	106	3.78	46	7.25	78
2012	14.66	50	4.04	20	5.99	40	1.23	71	3.40	80
2011	4.63	78	0.00	91	0.00	91	1.23	44	3.40	58
2010	4.63	54	0.00	66	0.00	66	1.23	34	3.40	39
2009	2.96	47	1.14	25	1.82	30	0.00	54	0.00	54

附表 D-99　南京东泽船舶制造有限公司

年份	总指数	排名	数量指数	排名	质量指数	排名	基础指数	排名	有效指数	排名
2018	10.74	99	0.00	115	0.00	115	2.52	115	8.22	70
2017	10.74	100	0.00	128	0.00	128	2.52	107	8.22	73
2016	10.74	99	0.00	129	0.00	129	2.52	94	8.22	63
2015	10.76	91	2.63	41	8.13	20	0.00	168	0.00	168

附表 D-100　益阳中海船舶有限责任公司

年份	总指数	排名	数量指数	排名	质量指数	排名	基础指数	排名	有效指数	排名
2018	10.34	100	0.00	116	0.00	116	2.30	124	8.04	80
2017	10.34	103	0.00	130	0.00	130	2.30	117	8.04	83
2016	10.34	102	0.00	130	0.00	130	2.30	104	8.04	74
2015	10.34	93	0.00	121	0.00	121	2.30	88	8.04	72
2014	10.54	84	0.10	110	0.37	109	2.05	79	8.01	63
2013	10.93	73	0.31	85	1.17	77	1.53	84	7.91	65
2012	8.40	78	1.37	52	7.04	33	0.00	103	0.00	103

附表 D-101　广州市顺海造船有限公司

年份	总指数	排名	数量指数	排名	质量指数	排名	基础指数	排名	有效指数	排名
2018	10.33	101	0.62	48	0.25	55	1.34	153	8.13	76
2017	10.43	102	1.08	69	0.25	96	1.07	153	8.03	84
2016	14.86	69	1.49	56	5.08	39	0.55	164	7.74	88
2015	8.29	110	0.00	132	0.00	132	0.55	147	7.74	84
2014	6.14	114	0.85	78	5.29	48	0.00	141	0.00	141

附表 D‑102　长航集团武汉青山船厂有限公司

年份	总指数	排名	数量指数	排名	质量指数	排名	基础指数	排名	有效指数	排名
2018	10.32	102	0.00	117	0.00	117	4.05	82	6.26	111
2017	10.32	104	0.00	131	0.00	131	4.05	76	6.26	111
2016	16.82	63	0.74	87	4.77	48	3.74	74	7.57	94
2015	11.30	86	0.00	116	0.00	116	3.74	65	7.57	90
2014	17.43	52	0.74	83	4.80	57	3.53	58	8.35	47
2013	11.88	68	0.00	104	0.00	104	3.53	50	8.35	44
2012	13.13	55	0.88	69	1.75	72	2.35	48	8.15	40
2011	17.61	27	1.47	41	7.51	17	0.86	56	7.77	42
2010	8.63	39	0.00	64	0.00	64	0.86	38	7.77	24
2009	7.12	32	0.95	26	6.16	18	0.00	47	0.00	47

附表 D‑103　青岛武船重工有限公司

年份	总指数	排名	数量指数	排名	质量指数	排名	基础指数	排名	有效指数	排名
2018	10.18	103	0.00	118	0.00	118	2.01	133	8.17	74
2017	11.72	91	1.29	62	0.25	95	2.01	126	8.17	78
2016	10.30	103	0.10	110	0.25	110	1.81	121	8.13	69
2015	14.39	70	2.21	48	3.79	58	0.61	144	7.78	82
2014	8.39	100	0.00	138	0.00	138	0.61	119	7.78	75
2013	6.67	98	1.28	48	5.39	40	0.00	120	0.00	120

附表 D‑104　舟山万邦永跃船舶修造有限公司

年份	总指数	排名	数量指数	排名	质量指数	排名	基础指数	排名	有效指数	排名
2018	9.97	104	0.51	55	0.25	58	1.26	159	7.94	85
2017	9.95	108	0.78	80	0.75	84	0.65	172	7.77	94
2016	9.10	116	0.85	81	4.77	47	0.25	180	3.23	152
2015	3.48	163	0.00	170	0.00	170	0.25	162	3.23	144
2014	0.51	160	0.10	115	0.40	107	0.00	162	0.00	162

附表 D‑105　浙江合兴船业有限公司

年份	总指数	排名	数量指数	排名	质量指数	排名	基础指数	排名	有效指数	排名
2018	9.96	105	0.00	119	0.00	119	1.95	135	8.01	81
2017	9.96	106	0.00	132	0.00	132	1.95	129	8.01	86
2016	9.96	107	0.00	133	0.00	133	1.95	116	8.01	75

年份	总指数	排名	数量指数	排名	质量指数	排名	基础指数	排名	有效指数	排名
2015	9.96	98	0.00	125	0.00	125	1.95	100	8.01	74
2014	11.82	75	0.62	92	2.30	81	1.09	100	7.81	72
2013	8.31	90	1.06	53	7.25	22	0.00	118	0.00	118

附表 D-106　龙口市丛林铝合金船舶有限公司

年份	总指数	排名	数量指数	排名	质量指数	排名	基础指数	排名	有效指数	排名
2018	9.96	106	0.00	120	0.00	120	1.75	141	8.20	72
2017	9.96	107	0.00	133	0.00	133	1.75	134	8.20	75
2016	9.96	108	0.00	134	0.00	134	1.75	122	8.20	65
2015	9.96	99	0.00	126	0.00	126	1.75	106	8.01	64
2014	9.96	88	0.00	129	0.00	129	1.75	87	8.20	59
2013	8.88	84	4.21	21	4.66	54	0.00	124	0.00	124

附表 D-107　山海关造船重工有限责任公司

年份	总指数	排名	数量指数	排名	质量指数	排名	基础指数	排名	有效指数	排名
2018	9.64	107	0.00	121	0.00	121	1.96	134	7.68	92
2017	9.64	112	0.00	136	0.00	136	1.96	128	7.68	95
2016	9.64	112	0.00	137	0.00	137	1.96	115	7.68	91
2015	9.98	95	0.10	101	0.37	100	1.88	102	7.62	89
2014	9.86	89	0.00	130	0.00	130	1.88	83	7.98	65
2013	11.44	71	0.52	75	2.04	67	1.08	89	7.81	68
2012	7.53	83	1.06	61	6.47	34	0.00	104	0.00	104

附表 D-108　泰州三福船舶工程有限公司

年份	总指数	排名	数量指数	排名	质量指数	排名	基础指数	排名	有效指数	排名
2018	9.49	108	0.00	122	0.00	122	1.83	139	7.66	93
2017	9.49	113	0.00	137	0.00	137	1.83	133	7.66	96
2016	10.14	105	3.86	39	2.61	63	0.40	172	3.26	148
2015	0.71	174	0.21	99	0.50	97	0.00	182	0.00	182

附表 D-109　山东丛林凯瓦铝合金船舶有限公司

年份	总指数	排名	数量指数	排名	质量指数	排名	基础指数	排名	有效指数	排名
2018	9.34	109	0.00	123	0.00	123	1.26	160	8.08	78

续附表

年份	总指数	排名	数量指数	排名	质量指数	排名	基础指数	排名	有效指数	排名
2017	9.34	114	0.00	138	0.00	138	1.26	147	8.08	82
2016	9.46	114	1.85	51	3.33	57	0.88	149	3.40	145
2015	4.28	150	0.00	159	0.00	159	0.88	133	3.40	134
2014	2.03	151	0.51	95	1.52	88	0.00	157	0.00	157

附表 D-110 江苏熔盛重工有限公司

年份	总指数	排名	数量指数	排名	质量指数	排名	基础指数	排名	有效指数	排名
2018	9.29	110	0.00	124	0.00	124	7.10	55	2.19	168
2017	9.73	111	0.00	135	0.00	135	7.10	52	2.62	156
2016	13.94	75	0.00	121	0.00	121	7.10	42	6.84	103
2015	17.05	62	0.00	109	0.00	109	7.10	36	9.95	27
2014	17.05	54	0.00	119	0.00	119	7.10	33	9.95	23
2013	23.49	27	3.01	29	4.81	51	5.90	32	9.77	23
2012	22.56	31	3.84	21	6.15	38	3.50	31	9.07	21
2011	19.70	23	7.82	5	7.48	18	1.06	51	3.33	63
2010	4.39	57	0.00	67	0.00	67	1.06	36	3.33	42
2009	4.39	39	0.00	45	0.00	45	1.06	20	3.33	27
2008	4.09	26	1.70	13	2.38	20	0.00	37	0.00	37

附表 D-111 日照港达船舶重工有限公司

年份	总指数	排名	数量指数	排名	质量指数	排名	基础指数	排名	有效指数	排名
2018	9.28	111	0.00	125	0.00	125	1.30	157	7.98	84
2017	10.07	105	0.72	86	0.25	99	1.19	148	7.91	89
2016	10.60	100	1.26	63	5.86	26	0.24	181	3.23	153
2015	3.48	164	0.00	171	0.00	171	0.24	164	3.23	146
2014	0.48	161	0.10	116	0.37	112	0.00	163	0.00	163

附表 D-112 友联船厂（蛇口）有限公司

年份	总指数	排名	数量指数	排名	质量指数	排名	基础指数	排名	有效指数	排名
2018	9.22	112	1.29	30	1.25	27	2.91	107	3.77	128
2017	8.41	125	1.45	54	3.00	34	0.66	171	3.30	150
2016	4.20	157	0.21	109	0.50	105	0.26	179	3.23	151
2015	3.49	162	0.00	169	0.00	169	0.26	161	3.23	143

年份	总指数	排名	数量指数	排名	质量指数	排名	基础指数	排名	有效指数	排名
2014	0.54	159	0.10	114	0.43	104	0.00	161	0.00	161

附表 D – 113　浙江东海岸船业有限公司

年份	总指数	排名	数量指数	排名	质量指数	排名	基础指数	排名	有效指数	排名
2018	9.17	113	0.00	126	0.00	126	3.87	85	5.30	116
2017	9.80	110	0.00	134	0.00	134	3.87	80	5.93	114
2016	9.80	110	0.00	135	0.00	135	3.87	72	5.93	107
2015	9.80	101	0.00	127	0.00	127	3.87	62	5.93	99
2014	12.15	73	0.00	122	0.00	122	3.87	51	8.28	54
2013	14.55	55	1.45	41	2.18	63	2.79	60	8.12	55
2012	14.93	47	1.31	54	3.90	55	1.84	59	7.87	50
2011	11.00	50	0.52	69	1.64	67	1.14	46	7.71	46
2010	8.84	37	0.00	63	0.00	63	1.14	35	7.71	27
2009	5.86	35	1.26	24	4.60	24	0.00	51	0.00	51

附表 D – 114　青岛扬帆船舶制造有限公司

年份	总指数	排名	数量指数	排名	质量指数	排名	基础指数	排名	有效指数	排名
2018	8.88	114	0.00	127	0.00	127	1.03	165	7.85	90
2017	8.88	118	0.00	141	0.00	141	1.03	157	7.85	91
2016	8.88	120	0.00	141	0.00	141	1.03	143	7.85	83
2015	8.88	106	0.00	129	0.00	129	1.03	126	7.85	79
2014	8.88	95	0.00	133	0.00	133	1.03	102	7.85	70
2013	10.84	74	1.38	45	5.98	32	0.24	113	3.23	108
2012	0.48	111	0.10	92	0.37	89	0.00	114	0.00	114

附表 D – 115　宜昌达门船舶有限公司

年份	总指数	排名	数量指数	排名	质量指数	排名	基础指数	排名	有效指数	排名
2018	8.73	115	0.00	128	0.00	128	0.96	169	7.77	91
2017	8.73	120	0.00	143	0.00	143	0.96	160	7.77	93
2016	8.85	121	0.10	112	0.25	112	0.76	153	7.74	87
2015	8.50	109	0.00	131	0.00	131	0.76	138	7.74	83
2014	8.50	99	0.00	137	0.00	137	0.76	114	7.74	77
2013	8.50	87	0.00	115	0.00	115	0.76	95	7.74	72

年份	总指数	排名	数量指数	排名	质量指数	排名	基础指数	排名	有效指数	排名
2012	8.50	77	0.00	101	0.00	101	0.76	81	7.74	57
2011	6.50	68	0.85	56	5.65	31	0.00	81	0.00	81

附表 D－116　山东航宇船业集团股份有限公司

年份	总指数	排名	数量指数	排名	质量指数	排名	基础指数	排名	有效指数	排名
2018	8.66	116	0.00	129	0.00	129	2.10	127	6.55	109
2017	8.70	122	0.21	104	0.25	106	1.93	130	6.31	109
2016	8.47	124	0.00	143	0.00	143	1.93	117	6.54	105
2015	9.20	103	0.52	89	1.54	83	1.40	113	5.74	100
2014	5.57	116	1.47	64	2.79	73	0.82	110	0.49	129
2013	4.63	112	0.36	82	0.25	94	0.62	99	3.40	99
2012	1.55	108	0.62	76	0.93	81	0.00	111	0.00	111

附表 D－117　台州市五洲船业有限公司

年份	总指数	排名	数量指数	排名	质量指数	排名	基础指数	排名	有效指数	排名
2018	8.63	117	0.00	130	0.00	130	4.42	79	4.21	124
2017	8.63	123	0.00	144	0.00	144	4.42	73	4.21	124
2016	8.92	119	0.10	111	0.25	111	4.39	67	4.17	117
2015	11.34	84	3.01	37	8.33	18	0.00	167	0.00	167

附表 D－118　安徽省五洲船舶制造有限公司

年份	总指数	排名	数量指数	排名	质量指数	排名	基础指数	排名	有效指数	排名
2018	8.51	118	0.00	131	0.00	131	0.62	185	7.89	88
2017	8.51	124	0.00	145	0.00	145	0.62	176	7.89	90
2016	8.51	123	0.00	142	0.00	142	0.62	160	7.89	81
2015	8.95	105	0.26	95	0.31	103	0.49	150	7.89	78
2014	6.66	111	1.92	55	4.74	60	0.00	143	0.00	143

附表 D－119　扬州中远海运重工有限公司

年份	总指数	排名	数量指数	排名	质量指数	排名	基础指数	排名	有效指数	排名
2018	8.42	119	1.80	23	1.25	25	2.37	121	3.00	161
2017	9.86	109	0.26	102	0.25	105	2.37	114	6.99	105
2016	15.45	67	0.74	88	4.74	49	2.17	106	7.80	85

续附表

年份	总指数	排名	数量指数	排名	质量指数	排名	基础指数	排名	有效指数	排名
2015	9.97	96	0.00	123	0.00	123	2.17	89	7.80	81
2014	11.19	78	0.67	88	0.75	96	1.82	84	7.94	66
2013	9.47	80	3.06	28	2.61	60	0.52	103	3.26	103
2012	4.33	98	0.36	86	0.46	87	0.28	97	3.23	90
2011	0.63	95	0.10	81	0.52	77	0.00	99	0.00	99

附表 D-120 厦门市海陆工程有限公司

年份	总指数	排名	数量指数	排名	质量指数	排名	基础指数	排名	有效指数	排名
2018	8.41	120	0.00	132	0.00	132	0.78	178	7.63	95
2017	8.80	119	0.00	142	0.00	142	0.78	168	8.02	85
2016	9.80	109	0.83	84	0.40	106	0.66	155	7.92	80
2015	5.65	131	1.95	52	3.70	60	0.00	176	0.00	176

附表 D-121   江西华东船业有限公司

年份	总指数	排名	数量指数	排名	质量指数	排名	基础指数	排名	有效指数	排名
2018	8.38	121	0.10	69	0.25	69	3.52	95	4.51	122
2017	11.19	95	3.01	31	3.50	29	1.14	149	3.53	136
2016	2.96	167	1.04	73	1.92	69	0.00	187	0.00	187

附表 D-122   青岛前进船厂

年份	总指数	排名	数量指数	排名	质量指数	排名	基础指数	排名	有效指数	排名
2018	8.35	122	0.00	133	0.00	133	3.37	98	4.98	117
2017	8.35	126	0.00	146	0.00	146	3.37	89	4.98	118
2016	11.74	91	0.00	125	0.00	125	3.37	81	8.37	59
2015	16.91	63	0.64	84	4.89	46	3.12	74	8.26	61
2014	11.61	76	0.10	109	0.25	117	3.03	68	8.23	57
2013	16.81	47	0.74	66	5.50	37	2.48	63	8.08	59
2012	10.61	66	0.10	94	0.25	94	2.25	50	8.02	43
2011	15.51	38	0.74	59	5.17	41	1.72	37	7.87	35
2010	10.25	34	0.21	55	0.86	53	1.37	32	7.81	23
2009	9.62	24	0.21	40	0.80	39	0.87	24	7.74	17
2008	6.75	21	0.85	19	5.90	14	0.00	34	0.00	34

附表 D-123　浙江造船有限公司

年份	总指数	排名	数量指数	排名	质量指数	排名	基础指数	排名	有效指数	排名
2018	8.10	123	0.00	134	0.00	134	6.06	64	2.04	169
2017	10.65	101	0.00	129	0.00	129	6.06	63	4.59	122
2016	13.56	77	0.00	122	0.00	122	6.06	54	7.50	95
2015	20.42	50	1.95	51	4.39	51	5.35	49	8.71	47
2014	14.36	66	0.00	120	0.00	120	5.35	41	9.00	30
2013	21.11	33	3.49	26	5.32	41	3.72	48	8.57	38
2012	16.50	42	1.67	49	4.39	54	2.14	51	8.30	34
2011	12.53	46	2.80	25	5.21	40	1.12	48	3.40	59
2010	2.81	66	0.62	48	2.19	44	0.00	71	0.00	71

附表 D-124　浙江南港船业有限公司

年份	总指数	排名	数量指数	排名	质量指数	排名	基础指数	排名	有效指数	排名
2018	8.02	124	0.00	135	0.00	135	0.75	179	7.27	99
2017	8.02	127	0.00	147	0.00	147	0.75	169	7.27	102
2016	8.02	127	0.00	145	0.00	145	0.75	154	7.27	99
2015	8.02	114	0.00	135	0.00	135	0.75	139	7.27	93
2014	8.59	98	0.00	136	0.00	136	0.75	115	7.84	71
2013	8.59	86	0.00	114	0.00	114	0.75	96	7.84	67
2012	6.98	87	1.16	57	5.82	41	0.00	105	0.00	105

附表 D-125　南京奕淳船舶制造有限公司

年份	总指数	排名	数量指数	排名	质量指数	排名	基础指数	排名	有效指数	排名
2018	7.78	125	0.00	136	0.00	136	1.55	148	6.22	112
2017	7.78	129	0.00	148	0.00	148	1.55	139	6.22	112
2016	9.72	111	0.00	136	0.00	136	1.55	127	8.17	67
2015	9.72	102	0.00	128	0.00	128	1.55	112	8.17	68
2014	8.96	94	3.34	35	5.62	43	0.00	140	0.00	140

附表 D-126　浙江方圆造船有限公司

年份	总指数	排名	数量指数	排名	质量指数	排名	基础指数	排名	有效指数	排名
2018	7.66	126	0.00	137	0.00	137	3.70	90	3.95	125
2017	7.66	130	0.00	149	0.00	149	3.70	84	3.95	125
2016	7.66	129	0.00	147	0.00	147	3.70	76	3.95	118

年份	总指数	排名	数量指数	排名	质量指数	排名	基础指数	排名	有效指数	排名
2015	8.73	108	0.52	90	1.42	84	3.04	76	3.76	108
2014	6.79	110	0.00	144	0.00	144	3.04	67	3.76	99
2013	8.38	88	0.46	78	1.80	69	2.35	70	3.77	88
2012	7.57	82	0.52	80	1.95	70	1.51	65	3.60	71
2011	6.62	67	0.52	71	1.79	65	0.88	53	3.43	56
2010	4.80	53	0.21	56	0.49	58	0.74	40	3.37	41
2009	1.99	49	0.52	36	1.47	32	0.00	55	0.00	55

附表 D-127　南通港闸船舶制造有限公司

年份	总指数	排名	数量指数	排名	质量指数	排名	基础指数	排名	有效指数	排名
2018	7.63	127	0.00	138	0.00	138	4.57	76	3.06	160
2017	8.94	116	0.00	140	0.00	140	4.57	68	4.37	123
2016	8.94	117	0.00	140	0.00	140	4.57	66	4.37	116
2015	13.61	75	4.70	23	3.33	61	3.50	68	2.07	151
2014	9.23	92	2.96	37	1.51	89	3.27	62	1.49	128
2013	12.22	64	0.00	101	0.00	101	3.27	52	8.95	31
2012	16.31	44	2.05	45	2.66	61	2.87	40	8.73	26
2011	11.60	47	0.00	85	0.00	85	2.87	26	8.73	18
2010	13.51	27	5.73	10	7.78	14	0.00	59	0.00	59

附表 D-128　大连渔轮有限公司

年份	总指数	排名	数量指数	排名	质量指数	排名	基础指数	排名	有效指数	排名
2018	7.28	128	0.00	139	0.00	139	3.56	93	3.72	132
2017	8.72	121	1.35	61	1.75	55	2.30	116	3.33	149
2016	6.19	135	0.36	102	0.75	93	2.00	113	3.08	154
2015	5.08	136	0.00	147	0.00	147	2.00	96	3.08	147
2014	4.93	125	0.19	107	0.25	116	1.77	86	2.72	125
2013	4.63	111	0.05	95	0.25	95	1.74	81	2.60	110
2012	3.03	105	0.57	78	2.01	69	0.45	91	0.00	97
2011	0.45	97	0.00	97	0.00	97	0.45	70	0.00	74
2010	0.45	74	0.00	74	0.00	74	0.45	48	0.00	54
2009	0.45	53	0.00	54	0.00	54	0.45	34	0.00	38
2008	0.45	38	0.00	38	0.00	38	0.45	21	0.00	25

年份	总指数	排名	数量指数	排名	质量指数	排名	基础指数	排名	有效指数	排名
2007	0.45	25	0.00	25	0.00	25	0.45	15	0.00	21
2006	0.45	23	0.00	23	0.00	23	0.45	12	0.00	17
2005	0.45	17	0.00	17	0.00	17	0.45	10	0.00	13
2004	0.45	13	0.00	13	0.00	13	0.45	10	0.00	11
2003	0.45	11	0.00	11	0.00	11	0.45	7	0.00	9
2002	0.45	9	0.00	9	0.00	9	0.45	6	0.00	7
2001	0.45	6	0.00	7	0.00	7	0.45	6	0.00	6
2000	0.45	6	0.00	6	0.00	6	0.45	6	0.00	6
1999	0.45	7	0.00	7	0.00	7	0.45	6	0.00	7
1998	2.08	6	0.00	8	0.00	8	0.45	4	1.63	6
1997	2.08	5	0.00	6	0.00	6	0.45	3	1.63	5
1996	3.72	2	0.00	2	0.00	2	0.45	3	3.26	2
1995	3.84	2	0.10	2	0.25	3	0.25	7	3.23	3
1994	3.48	3	0.00	5	0.00	5	0.25	6	3.23	2
1993	3.48	3	0.00	3	0.00	3	0.25	6	3.23	3
1992	3.48	3	0.00	4	0.00	4	0.25	5	3.23	3
1991	3.48	5	0.00	6	0.00	6	0.25	5	3.23	5
1990	3.48	5	0.00	5	0.00	5	0.25	5	3.23	5
1989	3.48	5	0.00	5	0.00	5	0.25	5	3.23	5
1988	3.48	4	0.00	6	0.00	6	0.25	4	3.23	4
1987	3.48	3	0.00	4	0.00	4	0.25	3	3.23	3
1986	0.51	4	0.10	3	0.40	2	0.00	3	0.00	3

附表 D – 129　江苏大洋海洋装备有限公司

年份	总指数	排名	数量指数	排名	质量指数	排名	基础指数	排名	有效指数	排名
2018	7.15	129	0.88	43	1.00	37	1.70	142	3.57	139
2017	7.90	128	2.42	39	1.28	66	0.83	165	3.37	147
2016	1.52	179	0.52	92	1.00	85	0.00	192	0.00	192

附表 D – 130　浙江增洲造船有限公司

年份	总指数	排名	数量指数	排名	质量指数	排名	基础指数	排名	有效指数	排名
2018	7.02	130	0.00	140	0.00	140	3.29	100	3.74	129
2017	7.02	134	0.00	150	0.00	150	3.29	90	3.74	127

年份	总指数	排名	数量指数	排名	质量指数	排名	基础指数	排名	有效指数	排名
2016	7.02	130	0.00	148	0.00	148	3.29	82	3.74	121
2015	7.42	120	0.26	96	0.25	104	3.17	72	3.74	109
2014	7.79	105	0.42	98	1.24	91	2.54	74	3.60	101
2013	6.61	99	0.21	91	0.55	88	2.32	71	3.53	92
2012	7.15	86	0.57	77	1.69	75	1.46	68	3.43	78
2011	2.98	87	0.73	62	2.25	60	0.00	92	0.00	92

附表 D－131　福建省华海船业有限公司

年份	总指数	排名	数量指数	排名	质量指数	排名	基础指数	排名	有效指数	排名
2018	6.93	131	0.00	141	0.00	141	2.03	132	4.90	119
2017	6.93	135	0.00	151	0.00	151	2.03	125	4.90	120
2016	6.93	131	0.00	149	0.00	149	2.03	112	4.90	115
2015	10.41	92	0.00	120	0.00	120	2.03	95	8.39	58
2014	10.41	86	0.00	127	0.00	127	2.03	80	8.39	43
2013	10.41	75	0.00	107	0.00	107	2.03	74	8.39	42
2012	10.84	65	3.15	32	7.69	27	0.00	101	0.00	101

附表 D－132　芜湖新远船业修造有限公司

年份	总指数	排名	数量指数	排名	质量指数	排名	基础指数	排名	有效指数	排名
2018	6.47	132	0.00	142	0.00	142	0.40	197	6.07	113
2017	6.47	136	0.00	152	0.00	152	0.40	187	6.07	113
2016	8.10	126	0.00	144	0.00	144	0.40	173	7.71	89
2015	8.10	113	0.00	134	0.00	134	0.40	155	7.71	85
2014	8.10	102	0.00	140	0.00	140	0.40	128	7.71	79
2013	5.84	101	0.74	69	5.10	47	0.00	121	0.00	121

附表 D－133　吉宝(南通)船厂有限公司

年份	总指数	排名	数量指数	排名	质量指数	排名	基础指数	排名	有效指数	排名
2018	6.31	133	0.00	143	0.00	143	2.67	113	3.64	133
2017	6.31	137	0.00	153	0.00	153	2.67	102	3.64	130
2016	6.31	133	0.00	150	0.00	150	2.67	93	3.64	124
2015	5.21	134	1.35	67	3.86	57	0.00	175	0.00	175

附表 D - 134　浙江禾东船业科技股份有限公司

年份	总指数	排名	数量指数	排名	质量指数	排名	基础指数	排名	有效指数	排名
2018	6.26	134	0.62	49	0.50	46	1.40	151	3.74	131
2017	3.16	166	1.66	50	1.50	60	0.00	199	0.00	199

附表 D - 135　重庆东港船舶产业有限公司

年份	总指数	排名	数量指数	排名	质量指数	排名	基础指数	排名	有效指数	排名
2018	6.26	135	0.26	64	0.25	64	2.18	125	3.57	137
2017	5.75	144	0.00	158	0.00	158	2.18	119	3.57	134
2016	6.28	134	0.31	104	0.75	95	1.75	123	3.47	131
2015	5.98	126	0.31	94	1.11	90	1.19	121	3.37	136
2014	4.75	131	0.10	113	0.37	111	0.94	105	3.33	116
2013	1.99	127	0.42	79	1.58	71	0.00	129	0.00	129

附表 D - 136　福建省立新船舶工程有限公司

年份	总指数	排名	数量指数	排名	质量指数	排名	基础指数	排名	有效指数	排名
2018	6.25	136	0.00	144	0.00	144	2.51	116	3.74	130
2017	7.26	132	1.04	71	1.75	56	1.07	154	3.40	146
2016	4.47	154	0.00	164	0.00	164	1.07	141	3.40	144
2015	2.60	168	0.62	85	1.98	77	0.00	179	0.00	179

附表 D - 137　威海东海船舶修造有限公司

年份	总指数	排名	数量指数	排名	质量指数	排名	基础指数	排名	有效指数	排名
2018	6.22	137	0.00	145	0.00	145	1.39	152	4.83	120
2017	9.33	115	0.00	139	0.00	139	1.39	142	7.94	88
2016	9.33	115	0.00	139	0.00	139	1.39	130	7.94	79
2015	5.81	129	1.73	54	4.08	53	0.00	173	0.00	173

附表 D - 138　吉宝(南通)重工有限公司

年份	总指数	排名	数量指数	排名	质量指数	排名	基础指数	排名	有效指数	排名
2018	6.14	138	0.00	146	0.00	146	2.51	117	3.64	134
2017	6.14	138	0.00	154	0.00	154	2.51	108	3.64	131
2016	6.14	137	0.00	151	0.00	151	2.51	95	3.64	125
2015	5.24	133	1.35	66	3.89	56	0.00	174	0.00	174

附表 D - 139 福建省白马船厂

年份	总指数	排名	数量指数	排名	质量指数	排名	基础指数	排名	有效指数	排名
2018	5.94	139	0.00	147	0.00	147	2.41	120	3.53	140
2017	5.94	140	0.00	156	0.00	156	2.41	113	3.53	135
2016	5.94	139	0.00	153	0.00	153	2.41	99	3.53	127
2015	5.94	127	0.00	143	0.00	143	2.41	84	3.53	115
2014	4.84	128	1.04	72	3.80	68	0.00	146	0.00	146

附表 D - 140 浙江金港船业股份有限公司

年份	总指数	排名	数量指数	排名	质量指数	排名	基础指数	排名	有效指数	排名
2018	5.90	140	0.00	148	0.00	148	0.97	168	4.93	118
2017	5.90	141	0.00	157	0.00	157	0.97	159	4.93	119
2016	5.90	140	0.00	154	0.00	154	0.97	147	4.93	114
2015	5.90	128	0.00	144	0.00	144	0.97	131	4.93	107
2014	5.90	115	0.00	146	0.00	146	0.97	104	4.93	94
2013	8.35	89	0.00	116	0.00	116	0.97	90	7.38	77
2012	8.84	73	0.00	99	0.00	99	0.97	75	7.87	51
2011	8.84	57	0.00	88	0.00	88	0.97	52	7.87	36
2010	10.75	32	1.16	37	6.15	24	0.21	57	3.23	52
2009	0.38	55	0.10	42	0.28	42	0.00	58	0.00	58

附表 D - 141 福建省平潭雄鹰船厂有限公司

年份	总指数	排名	数量指数	排名	质量指数	排名	基础指数	排名	有效指数	排名
2018	5.89	141	0.00	149	0.00	149	2.09	128	3.80	126
2017	5.12	149	1.87	47	3.25	33	0.00	196	0.00	196

附表 D - 142 天津新港船务工程有限公司

年份	总指数	排名	数量指数	排名	质量指数	排名	基础指数	排名	有效指数	排名
2018	5.83	142	0.00	150	0.00	150	2.03	131	3.80	127
2017	7.64	131	1.14	66	2.00	52	1.07	155	3.43	145
2016	4.50	152	0.00	162	0.00	162	1.07	142	3.43	138
2015	4.89	138	0.10	102	0.40	98	0.98	129	3.40	133
2014	5.03	124	0.21	106	0.77	95	0.71	116	3.33	119
2013	4.71	110	0.21	92	0.80	84	0.44	108	3.26	106
2012	0.98	109	0.21	89	0.77	84	0.00	112	0.00	112

附表 D－143　浙江东鹏船舶修造有限公司

年份	总指数	排名	数量指数	排名	质量指数	排名	基础指数	排名	有效指数	排名
2018	5.83	143	0.83	44	1.25	29	0.49	190	3.26	154
2017	3.75	160	0.00	170	0.00	170	0.49	180	3.26	151
2016	3.75	160	0.00	169	0.00	169	0.49	167	3.26	147
2015	3.95	157	0.10	104	0.37	101	0.24	163	3.23	145
2014	0.48	162	0.10	117	0.37	113	0.00	164	0.00	164

附表 D－144　鄂州市光大造船股份有限公司

年份	总指数	排名	数量指数	排名	质量指数	排名	基础指数	排名	有效指数	排名
2018	5.68	144	0.00	151	0.00	151	2.08	130	3.60	136
2017	5.68	145	0.00	159	0.00	159	2.08	123	3.60	133
2016	6.15	136	0.21	107	0.50	103	1.90	118	3.53	128
2015	6.43	123	0.31	93	1.11	89	1.57	111	3.43	122
2014	5.20	121	0.10	111	0.37	110	1.32	97	3.40	110
2013	2.98	122	0.88	58	2.10	64	0.00	126	0.00	126

附表 D－145　江苏华滋能源工程有限公司

年份	总指数	排名	数量指数	排名	质量指数	排名	基础指数	排名	有效指数	排名
2018	5.47	145	1.03	39	1.00	34	0.21	206	3.23	159
2017	0.64	194	0.36	99	0.28	94	0.00	205	0.00	205

附表 D－146　同方江新造船有限公司

年份	总指数	排名	数量指数	排名	质量指数	排名	基础指数	排名	有效指数	排名
2018	5.43	146	0.00	152	0.00	152	1.87	137	3.57	138
2017	5.79	142	0.21	105	0.50	92	1.58	138	3.50	139
2016	2.94	168	1.19	67	1.75	70	0.00	188	0.00	188

附表 D－147　浙江东红船业有限公司

年份	总指数	排名	数量指数	排名	质量指数	排名	基础指数	排名	有效指数	排名
2018	5.39	147	0.00	153	0.00	153	1.76	140	3.64	135
2017	3.10	168	1.35	59	1.75	54	0.00	197	0.00	197

附表 D – 148　辽宁东宝集团船舶制造有限公司

年份	总指数	排名	数量指数	排名	质量指数	排名	基础指数	排名	有效指数	排名
2018	5.20	148	0.00	154	0.00	154	1.66	143	3.53	141
2017	5.66	146	0.21	106	0.50	93	1.49	140	3.47	141
2016	5.31	142	0.21	108	0.50	104	1.20	137	3.40	142
2015	5.10	135	0.21	97	0.74	95	0.82	135	3.33	138
2014	1.96	152	0.42	99	1.55	87	0.00	156	0.00	156

附表 D – 149　青岛致远海洋船舶重工有限公司

年份	总指数	排名	数量指数	排名	质量指数	排名	基础指数	排名	有效指数	排名
2018	5.19	149	0.00	155	0.00	155	2.49	118	2.70	163
2017	6.09	139	0.00	155	0.00	155	2.49	110	3.60	132
2016	6.09	138	0.00	152	0.00	152	2.49	96	3.60	126
2015	6.09	124	0.00	142	0.00	142	2.49	82	3.60	113
2014	5.45	119	1.25	67	4.20	64	0.00	144	0.00	144

附表 D – 150　江苏华夏重工有限公司

年份	总指数	排名	数量指数	排名	质量指数	排名	基础指数	排名	有效指数	排名
2018	5.16	150	0.00	156	0.00	156	1.66	144	3.50	144
2017	5.78	143	0.36	97	0.50	89	1.45	141	3.47	142
2016	4.92	146	0.00	157	0.00	157	1.45	129	3.47	132
2015	6.08	125	0.72	83	0.77	94	1.19	120	3.40	131
2014	5.09	123	0.21	105	0.74	99	0.81	111	3.33	117
2013	1.90	128	0.42	80	1.49	73	0.00	130	0.00	130

　　由于2018年专利指数排名在150名之后的企业专利指数水平相对较低,一些企业已经停产甚至倒闭,故此处不再一一列举。

参 考 文 献

[1] 王庆民.专利信息的情报功能和专利情报分析[J].现代情报,2007(7):225-227.

[2] 中华人民共和国专利法[M].北京:人民出版社,2009.

[3] HEMPHILL T A U S. Patent policy:crafting a 21st century national blueprint for global competitiveness[J]. Knowledge Technology & Policy,2008,21(2):83-96.

[4] MIYAZAWA T,OSADA H. Quantitative indicators for evaluating the competitiveness of a patent[J]. Journal of Intellectual Property Law & Practice,2010,5(3):192-199.

[5] 林海明,杜子芳.主成分分析综合评价应该注意的问题[J].统计研究,2013,30(8):25-31.

[6] 陶永宏.基于共生理论的船舶产业集群形成机理与发展演变研究[D].南京:南京理工大学,2005.

[7] 陶永宏,陈勇.基于产业链的区域船舶产业体系构建研究[J].江苏船舶,2011,28(5):31-33.

[8] 陈勇.江苏船舶产业体系评价与实现路径研究[D].镇江:江苏科技大学,2011.

[9] 陶永宏,马俊文.长三角船舶产业集群结构分析与实证研究[J].中国造船,2006(3):52-56.

[10] 傅小荣,闵兵.中国:海工第三梯队[J].中国石油石化,2012(7):49-51.

[11] 陶永宏.我国海洋工程发展现状[J].中外船舶科技,2009(3):16-25.

[12] Sea Technology Group. Offshore oil & ocean engineering[J]. Sea Technology,2008(28):235-249.

[13] 陈铮.我国民营造船企业关于海工装备的发展研究[D].上海:上海交通大学,2011.

[14] 周国平.对接国家战略推进上海海洋工程产业创新发展[J].船舶与海洋工程,2014(2):1-8.

[15] 中国船舶工业年鉴编辑委员会.中国船舶工业年鉴[M].中国船舶工业行业协会,2011—2019 版.

[16] 中国船舶工业工业协会.2018 年船舶工业经济运行分析[EB/OL]. http://www.cansi. org. cn/,2011—2019.

[17] 朱梅梵,李志春.船舶工业的知识产权保护和创新能力提高[J].船舶工程,2008,30(1):86-88.

[18] 李恒川,王淑梅,王桂平.镇江船舶行业的专利现状与发展对策[J].江苏科技大学学报(社会科学版),2011,11(2):52-56.

[19] 钟巧珍.中船重工造船企业技术性知识产权的开发方式选择研究[D].镇江:江苏科技大学,2014.

[20] 钟丽丹.基于专利文献的我国船舶产业发展趋势研究[J].科技通报,2015(5):255-260.

[21] 李艳,宋余庆,陆介平等.国内外海洋工程装备产业专利竞争力分析:基于生态圈视

角[J].现代情报,2016,36(9):151-158.

[22] 王炼,庞景安,曹燕.企业科技竞争力综合评价指标体系研究[J].科技管理研究,2007(11):88-91.

[23] 张洪涛,朱卫东,管仕平.基于证据推理的汽车企业自主创新能力评价[J].合肥工业大学学报(自然科学版),2009,32(3):383-387.

[24] 李磊,李婷,张在旭.石油企业自主创新能力评价研究[J].石油科技论坛,2009(4):61-64.

[25] 唐炎钊,邹珊刚.企业技术创新能力的多层次灰色评价[J].科技进步与对策,1999(5):46-48.

[26] 宋晓洪.基于DEA的我国装备制造企业自主创新能力综合评价[J].商业研究,2008(6):138-140.

[27] 贺本岚,范秀荣.重庆、陕西、四川大中型工业企业自主创新能力综合评价[J].工业技术经济,2008,27(4):121-123.

[28] 吴菲菲,张广安,张辉等.专利质量综合评价指数:以我国生物医药行业为例[J].科技进步与对策,2014(13):124-129.

[29] 万国臣.基于知识产权的我国船舶产业国际竞争力评价[D].哈尔滨:哈尔滨工程大学,2011.

[30] 叶春明,耿文龙,陆静.基于主成分分析的我国区域专利评价研究[J].科技管理研究,2010,30(19):128-132.

[31] 胡谍,王元地.企业专利质量综合指数研究:以创业板上市公司为例[J].情报杂志,2015(1):77-82.

[32] 钱过,李文娟,袁润.识别核心专利的综合价值指数[J].情报杂志,2014(6):44-48.

[33] 吴殿廷,吴迪.用主成分分析法作多指标综合评价应该注意的问题[J].数学的实践与认识,2015,45(20):143-150.

[34] 黄伟.中国造船业景气指数设计及实证研究[J].中国造船,2017,58(3):191-206.

[35] 王宇,谭龙,孙兵兵.专利发展指数设计与应用[J].技术经济,2013,32(5):22-27,112.